Cruise Tourism

크루즈관광의 이해

김천중 저

백산출판사
BAEKSAN Publishing

머리말

오늘날의 관광산업은 산업혁명의 성과로 자리를 잡고 발전하여 단일분야로는 세계 최대의 산업으로 자리매김을 하였고, 미래에도 이러한 위치는 변하지 않으리라고 예견하고 있다.

많은 세월을 두고 체계적인 변화의 과정을 겪어온 세계의 관광산업과 달리 한국의 관광산업은 단계적인 발전과정을 겪으면서, 경영의 노하우를 쌓아오지 못한 이유로 기반이 허약한 것이 사실이다.

특히, 자연자원이나 역사적 자원과 인공자원이 조화로운 발전을 하여야 함에도 불구하고, 단계적 과정을 밟지 못하고, 정치적 논리로 휘둘려온 한국의 관광산업은 그 기초적 기반이 매우 취약하여 외부의 변화에 신속한 대응을 하지 못하는 모습을 보이고 있다.

한 국가의 관광산업은 모든 산업의 총체이며 그 나라의 문화의 열매라고 할 수가 있다. 이러한 굳건한 토양위에서 장기적인 계획하에서 단계적인 발전을 하여야 함에도 불구하고, 정치적 판단이나 부처간의 이기주의에 영합하여 장기계획을 수정하기도 하는 우를 범하여 왔다.

또한 경영능력에 의하여 자유롭게 발전하여야 하는 관광사업 분야는 정체를 보이거나, 세계적인 관점에서 불균형적인 발전을 해온 것이 사실이다.

세계의 관광산업은 그 이익이 고루 분배되도록 중소기업형의 관광사업에 치중하고 있고, 교통이나 통신, 정보기술 등과 같은 기반시설은 장기적이고 국가적인 관점에서 끊임없는 투자를 하고 있다.

이러한 결과 그 과일을 향유하는 관광기업의 형태는 이익의 분배가 공정하고 기반이 안정적으로 발전할 수 있도록 중소기업형으로 발전시키고 있는 것이 세계적인 추세이다.

그러나 이러한 분야에 대한 인식과 정책의 선택에 혼란의 양상을 보이고 있는 한국의 현실에서 크루즈사업은 새로운 도전과 발전의 나침반 역할을 할 것이다.

필자는 1999년에 이러한 세계시장의 대변혁을 앞두고 『크루즈 사업론』을 편찬하여 강의를 해 오면서 이 분야의 발전에 많은 관심을 가지고 연구와 교육을 하여 왔다.

본 저서에서는 일반인에게도 쉽게 접근이 될 수 있도록 하기 위하여 크루즈선을 선택하는 방법이나 크루즈여행에 준비할 사항이나 선상생활에 관한 내용을 보완하였다.

부록에서 크루즈선에 대한 전문적 자료나 크루즈선사의 운영에 필요한 전문적인 정보를 참고할 수 있도록 전문업체의 주소를 수록하였으며, 크루즈선사와 관련한 직업선택의 기회를 제공하기 위한 구인정보를 수록하였다.

세계의 관광시장은 최고의 완벽한 상품을 최저의 가격으로 시장에 내놓기 위하여 총력을 기울이고 있다. 이러한 관광상품의 대표적인 사례가 크루즈 여행상품이라고 할 수가 있다.

가격이 비싸고 꿈같은 상품으로 알려진 크루즈 여행이 크루즈선사의 선박이 날로 대형화되면서 가격도 저렴해지고 있는 것은 이러한 세계시장의 동향을 웅변적으로 보여주고 있는 것이다.

삼면이 바다인 전통적인 해양국가인 한국도 이러한 경쟁에 들어가기 위한 절호의 시대를 맞이하고 있다.

바다를 가지지 못한 국가에서는 감히 상상하지도 못할 크루즈 여행이 우리에게 자연친화적인 해양개발이나 국토를 아름답게 개조할 수 있는 최고의 기회로 다가오고 있다.

관광산업은 인류의 꿈과 미래를 실현하는 산업으로서, 여러 가지의 기술을 총동원하여 전 역량을 기울인다면, 과거에는 상상하지 못한 성과를 이룩할 수가 있을 것이다.

한반도대운하사업의 성과와 함께 한강에 크루즈선이 접안을 하고, 4대강 하류를 거슬러 오르내리는 크루즈선의 모습을 상상할 수도 있을 것이다.

이러한 변화의 바람이 불어와 한반도를 중심으로 세계 크루즈시장이 재편이 되는 날이 올 것이라는 것을 꿈꾸면서 머리말에 대하고자 한다.

무자년 새해,

용인대 크루즈 & 요트마리나 연구실에서

Contents

제1장 크루즈사업의 의의와 전망

제2장
세계의 크루즈 시장

제3장
세계의 주요 크루즈선박의 분석

제5장

크루즈여행과 경영관리

제6장 세계의 주요항구와 항해구역

제7장 여행업과 크루즈 상품의 판매

Chapter 1

크루즈사업의 의의와 전망

크루즈관광의 이해

크루즈사업의 의의와 전망 제1장

제1절 크루즈사업의 의의

1. 크루즈의 정의

켄델(kendall. 1983)은 크루즈란 위락 추구 여행자에게 다수의 매력적인 항구를 방문하도록 하는 해안 항해라고 정의하였다. 곧 크루즈란 유람선을 이용한 독특한 관광여행으로 정기운항의 여객선이 아닌 선박회사가 포괄요금으로 관광객을 모집하여 운항하는 것으로 위락 여행자에게 다수의 매력적인 항구를 방문하는 항해여행을 말한다.

한국관광공사는 크루즈관광이란 운송보다는 순수관광목적의 선박여행으로 숙박, 음식, 위락 등 관광객을 위한 시설을 갖추고, 수준 높은 관광 상품을 제공하면서 관광을 목적으로 하는 역사도시, 항구도시, 휴양지, 자연경관이 뛰어난 곳 등 관광적인 요소가 내재되어 있는 여러 국가의 관광지를 기항하면서 안전하게 운항하는 선박관광으로 정의한다.

따라서 크루즈란 숙박이 가능한 선박을 이용하여 비교적 장거리의 항해를 하면서 때때로 경치가 수려한 항구나 관광지에 하선하여 여행하는 것을 말한다. 이러한 여행은 각종 여행 상품 중에서 관광목적의 여가여행자들에게 가장 큰 만족도를 줄 수 있는 완성도 높은 여행 상품이다. 수익 측면에서는 비교적 고가의 경비를 요하므로 여행사의 수익도 높고, 정박하는 지역에 경제적 기여가 높은 상품으로 부대효과가 높아 최고의 완성도가 높은 관광 상품으로 인식되고 있다.

〈그림 1-1〉 메이플라워호

〈표 1-1〉 크루즈 정의

구 분	연구자	크루즈개념
사전적 정의	–	• 여러 항구를 방문하여 항해하는 것(to sail about touching at a series of ports) • 여행목적이나 목적지 없이 여행하는 것(to travel without destination or purpose) • 신속하고, 평온하게, 또는 힘들이지 않고 움직이는 것(to move or proceed speedily, smoothly, or effortlessly)
법적 정의 (국내)	해운법	• 국내항 간, 국내항과 외국항 간 또는 이국항 간을 13인 이상의 여객정원을 가진 5톤 이상의 선박으로 정기 또는 부정기적으로 운항하는 해상여객운송사업(해운법 제2조 1항 및 2항, 해운법 제7장 보칙 제51조) ※ 현재 해양수산부에서는 크루즈 관련 항목을 신설할 계획
	관광진흥법	• 관광유람선업에 해당하며 해운법에 의한 해상여객운송사업 면허를 받은 자 또는 유선 및 도선업법에 의한 유선사업의 면허를 받거나 신고한 자로서 선박을 이용하여 관광객에게 관광을 할 수 있도록 하는 업(관광진흥법 시행령 제2조 3항) ※ 국제적으로 통용되는 크루즈선박의 기준의 상세화가 필요함

협회·연구 기관의 정의	CLIA(1995)	떠다니는 리조트
	한국관광공사 (1987)	운송보다는 순수관광 목적의 선박여행으로 숙박, 음식, 위락 등 관광객을 위한 시설을 갖추고 수준 높은 관광상품을 제공하면서 수려한 관광지를 안전하게 순항하는 여행
	한국관광연구원 (1999)	숙박과 오락 및 여가활동을 할 수 있는 시설을 가지고 수준 높은 서비스를 제공하면서 2개국, 2개 기항지 이상을 연계하여 비교적 장거리의 일정에 따라 관광을 목적으로 운항하는 선박여행
학문적 정의	Kendall(1983)	위락 추구 여행자들에게 다수의 매력적인 항구를 방문하게 하는 해안 항해 여행
	Holloway (1985)	선박을 이용하여 관광을 목적으로 하는 주요 항해
	Ritter & Schafer(1998)	유영성(遊泳性)의 여가환경 구조에 맞게끔 만들어진 선상여행
	김천중(1999)	숙박과 오락 및 여가활동을 할 수 있고 비교적 장거리여행도 가능하게 하는 시설을 갖춘 선박여행
	이경모(2004)	운송보다 순수관광목적의 여행으로 국내외항을 정기 또는 부정기적으로 운항하는 선박에서 다양한 등급의 숙박·음식 및 식당시설, 다양한 위락활동 등에 필요한 시설을 갖추고, 수준 높은 관광서비스를 제공하면서 기항지를 안전하게 순항하는 여행
	하인수(2004)	SIT(Special Interest Tour) 성격이 강한 위락 선박 여행으로, 선내에서의 다양한 여가활동과 다수의 매력적인 항구 방문 및 해안에서의 수상 레크리에이션 활동 등을 통해 관광욕구를 충족시키는 여행

자료 : 한국문화관광정책연구원

2. 크루즈의 개념

일반적으로 운송의 개념을 지니는 페리 여객선과는 달리 크루즈는 운송보다 순수관광목적의 선박여행으로 숙박, 음식, 위락 등 관광객을 위한 시설을 갖추고, 수준 높은 관광서비스를 제공하면서 수려한 관광지를 안전하게 순항하는 여행이라고 할 수 있다.

따라서 크루즈는 운송서비스를 제공하는 '선박' 그리고 숙박·음식 서비스를 제공하는 '호텔' 및 위락활동을 제공하는 '리조트'의 기능을 합친 개념이라고 할 수 있다. 반면 유람선이나 페리는 운항목적이나 숙박시설 등에서 크루즈의 개념과 차이가 있다.

유람선은 단시간에 제한된 지역 내의 자연경관이나 관광명소가 있는 연안 등을 주유하는 숙박시설이 갖추어지지 않은 선박을 말한다. 많은 유람선들이 크루즈라는 명칭을 사용하고 있지만 크루즈의 일반적인 운영형태와 다른 경우가 많다.

그리고 페리(ferry)는 여객 또는 여객과 화물을 함께 운송하는 선박을 말하며, 이는 운송이 주목적이며 정기적이고 출발지와 도착지가 정해져 있다. 우리나라에서는 '여객선' 또는 '화물여객선'이라고 한다.

법적으로는 우리나라 해운관련 법규에 크루즈에 관한 법률이 별도로 명시되어 있지 않으나 크루즈가 여객을 대상으로 하고 국내외항을 운항한다는 측면에서 해운법에서 언급되고 있는 '해운업(海運業)'에 해당된다고 볼 수 있다.

우리나라 '해운법 제2조(정의) 1항'에 따르면 해운업은 해상여객운송사업 · 해상화물운송사업 · 해운중개업 · 해운대리점업 · 선박대여업 및 선박관리업으로 구분하고 있으며, 동법 제2조 2항에 "해상여객운송사업"이라 함은 해상 또는 해상과 연접한 내륙수로에서 여객선(13인 이상의 여객정원을 가진 선박)으로 사람 또는 사람과 물건을 운송하거나 이에 수반되는 업무를 처리하는 사업으로 규정하고 있다. 또한 동법 제3조(사업의 종류)에 해상여객운송사업을 다음과 같이 구분하고 있다.

또한 해운법 제7장 보칙 제51조(적용제외)에 총톤수 5톤 미만의 선박에 대하여 해상여객운송사업을 적용하지 않는 것으로 언급되어 있다.

〈표 1-2〉 해운법의 해상여객운송사업 구분

구분	내용
내항정기 여객운송사업	국내항(해상 또는 해상과 연접한 내륙수로에 소재한 장소로서 상시적으로 선박에 사람이 타고 내리거나 물건을 싣고 내릴 수 있는 장소를 포함한다. 이하 같다)간에 일정한 항로 및 일정표에 의하여 운항하는 해상여객운송사업
내항부정기 여객운송사업	국내항 간에 일정한 항로 또는 일정표에 의하지 아니하고 운항하는 해상여객운송사업
외항정기 여객운송사업	국내항과 외국항 간 또는 외국항 간에 일정한 항로 및 일정표에 의하여 운항하는 해상여객운송사업
외항부정기 여객운송사업	국내항과 외국항 또는 외국항 간에 일정한 항로 및 일정표에 의하지 아니하고 운항하는 해상여객운송사업

자료 : 해운법 제3조(사업의 종류)

따라서 우리나라 해운법에 '크루즈'로 명시된 법 규정은 없으나, 사업의 성격을 고려해보면, 크루즈는 해운법에서 언급하고 있는 해상여객운송사업으로 간주할 수 있다. 그러므로 법적으로 크루즈는 '국내항 간, 국내항과 외국항 간 또는 외국항 간을 13인 이상의 여객정원을 가진 5톤 이상의 선박으로 정기 또는 부정기적으로 운항하는 해상여객운송사업'이라고 할 수 있다.

3. 크루즈의 특성

크루즈는 운송측면에서 일반 여객선 또는 페리와 그 개념이 다를 뿐 아니라, 여행의 형태에 있어서도 일반 여행과 구분되는 점이 많다. 크루즈의 대표적인 특성은 다음과 같이 구분할 수 있다.

1) 정기여객선과의 차이점

크루즈선박은 일반 정기여객선 또는 페리와 운항정기성, 객실의 등급수, 선박의 내부시설, 예약과 판매관리 및 승무원 구조에 있어 확연한 차이를 보이고 있다.

(1) 부정기 운항

일반 정기 여객선과 달리 크루즈선박은 정기운항보다 부정기 운항을 택하는 경우가 많다. 일부 카리브 해의 단기크루즈를 제외하고 대부분의 크루즈선박은 계절에 따라, 또는 경제·정치적 상황 및 시장의 수요·공급 상황에 따라 크루즈항로를 변경한다. 따라서 관련관청으로부터 허가된 일정항로를 공시하여 정기적으로 승객을 수송하는 일반 여객선과는 달리 크루즈는 계획된 부정기 항로를 택하고 있다.

(2) 다양한 객실등급

크루즈선박의 승객용 선실(객실)은 한정된 소수 등급으로 구성된 일반 여객선과 달리 매우 다양한 등급으로 구성되어 있다. 단기 크루즈를 운영하는 크루즈사의 경우 비교적 작은 5~10개 정도의 등급으로 객실을 구분하고 있으나, 10일 이상 또는 세계 일주와 같은 중장기 크루즈를 운영하고 있는 선박의 경우 10~20개 등급의 객실을 운영하여 중간소득 계층의 승객부터 고소득 계층의 승객까지 다양한 계층을 표적으로 하고 있다.

(3) 선박시설

일반 여객선 또는 페리는 운송시간동안 체재할 기본적인 숙박시설과 식사시설 및 오락시설을 갖추고 있지만, 크루즈선박의 경우 호텔수준의 다양한 등급의 객실과 여러 종류의 식당시설과 바(bar)시설, 쾌적한 환경의 내부 장식, 다수의 승객용 엘리베이터, 테이블게임과 슬롯머신의 카지노시설, 다수의 수영장, 사우나, 휘트니스센터, 극장, 도서관, 선박의 흔들림을 최소화하는 스태빌라이저(stabilizer) 등 승객을 위한 다양한 시설을 갖추고 있다.

(4) 예약관리

정기여객선의 운송요금과 예약 및 판매는 비교적 단순하여 정해진 공시요금 및 일정한 유통체계를 갖추고 있으나, 크루즈선박의 요금은 객실등급별, 유통경로별, 시장수요별로 서로 다른 요금을 적용하며, 예약과 판매도 일반 정기 여객선에 비해 복잡한 구조를 지닌다. 예약과 판매의 경우 정기여객선보다 장기간의 판매기간(sales lead time)을 필요로 하며, 예약의 변경 및 취소로 조건도 정기여객선에 비해 복잡한 양상을 띤다.

(5) 승무원 구조

정기여객선의 경우 승객의 안전과 운송 등 승무원의 업무가 비교적 제한되어 있는 반면, 크루즈선박 승무원의 경우 승객의 안전과 운송은 물론 편안한 숙박과 식사, 선상에서의 다양한 여가활동을 지원할 수 있는 업무 수행능력을 지녀야 한다. 따라서 크루즈선박 승무원은 좀 더 서비스 지향적이어야 하며, 승객활동중심의 사고를 필요로 한다.

2) 일반여행과의 차이

크루즈여행은 일반여행과는 달리 특별분야관심관광(SIT ; Special Interest Tourism)의 한 분야로 불리고 있으며, 이는 일반 패키지여행 또는 위락추구여행에 비해 선박여행에 관심이 있는 일부계층이 선호하고 있는 것으로 보여진다. 따라서 크루즈여행 수요는 일반여행을 경험한 계층이 차기여행 상품으로 선택하는 경우가 많아 당분간 수요고갈 현상이 발생할 것으로 보이지는 않으며, 지속적으로 성장할 수 있는 여행상품 유형이라고 할 수 있다.

크루즈여행이 일반여행과 다른 몇 가지 특성은 다음과 같다.

(1) 상품의 개념

일반여행의 경우 여행상품의 형태를 단체여행, 또는 개인여행으로 확연히 구분하여 선택하도록 되어 있으나, 크루즈여행은 동일한 선박에서 단체로 여행을 하되 선상과 육상에서의 활동을 개별적으로 할 수 있도록 함으로써 여행비용의 효율성과 활동의 자율성을 동시에 확보하고 있다. 또한 일반 선박(페리)을 이용한 여행의 경우 승선요금에 숙박은 포함되어 있으나 선상에서의 식사는 포함되어 있지 않은 경우가 대부분이다. 그러나 크루즈여행의 경우 승선요금에는 해당 선실 숙박요금과 모든 선내 식사, 엔터테인먼트, 스포츠 활동, 영화, 사교활동을 위한 프로그램 및 대부분 선내 활동에 필요한 비용이 포함되어 있다.

그러나 크루즈 승선요금에 포함되어 있지 않은 요금은 대부분 개인적 성격의 비용으로 알콜음료, 팁, 미용실 이용료, 기항지관광, 카지노 등의 이용에 필요한 경비이다.

(2) 수요시장

크루즈여행상품은 과거에 비해 빠른 속도로 대중화되고, 상품을 이용하는 계층도 다양해졌으나, 위의 표에 나타난 것처럼 아직도 소득수준이 상대적으로 높은 계층에 의해 이용되고 있다. 따라서 일반여행자에 비해 소비규모가 크며, 수준 높은 서비스를 제공받고자 하는 계층으로 구성되어 있다. 이로 인해 아시아에서도 싱가폴과 홍콩을 비롯해 많은 국가들이 크루즈유치를 위해 노력하고 있으며, 이러한 노력은 향후 지속될 것으로 보여진다. 수요시장 동향의 자세한 사항은 크루즈 수요현황에서 다루고자 한다.

(3) 입출국 수속

항공을 이용한 입출국 수속의 경우 입국과 출국시 승객 개인이 특정인의 도움 없이 CIQ 수속(Customs, Immigration & Quaratine)을 밟아야 하지만, 크루즈여행의 경우 최초 승선시 여권을 선박의 사무장(cruise purser)에게 위탁시키고, 사무장의 협조하에 각 항구에서 입출국수속이 진행되어진다. 크루즈전용 터미널이 있는 경우 출국에 대한 수속은 공항의 CIQ와 동일한 방법으로 수하물체크인후 CIQ수속을 마치고 버퍼존(중립지대 ; buffer zone)[1]을 지나 선박에 탑승하지만, 크루즈선박의 입항에 대하여 호의적인 국가에서 입국심사의 경우 다소 다르게 진행될 수 있다.

위에서 언급한 것처럼 대부분의 크루즈여행객은 세계 각국에서 유치하고자 하는 노력을 기울이고 있고, 이로 인해 관광관련 행정당국에서 CIQ관련 당국에 사전에 협조를 의뢰하여 간편한 절차로 CIQ를 거치도록 하는 경우가 많기 때문이다.

크루즈입항에 대해 호의적인 국가에서 대개의 경우 다수의 CIQ관리들이 도선사(導船士; pilot)와 함께 항구의 외항에 위치한 도선사 탑승위치(pilot station)까지 동승하여 선박에 선탑하고, 도선되어 정박할 선석까지 유도되는 동안 일괄적으로 선상에서 입국수속을 진행하게 된다. 이러한 입국수속 진행시 승객을 선내 라운지에 집합시켜 여권과 얼굴을 각각 대조하는 경우도 있으며, CIQ관리들이 선박의 사무장에게 입국자 목록을 받아 개별면접없이 일괄 수속처리 하는 경우도 있다.

또한 기항지에서의 출국수속의 경우에도 크루즈선박의 사무장에게 전원 탑승을 신용으로 확인하고, 별도의 개별면접없이 일괄적으로 출국수속을 행해 주는 경우가 많다. 따라서

1) 버퍼존(중립지대 ; buffer zone) – 출국자가 출국수속을 마치고, 선박과 항공기 등 교통수단에 탑승하기 직전까지의 공간, 또는 입국자가 교통수단에서 내려 입국수속을 행하기 전까지의 공간을 의미한다.

크루즈승객은 항공여행과 다르게 CIQ관리와의 직접 대면 없이 출입국 수속을 행하게 되며, 이러한 편리함이 크루즈여행의 장점으로 부각되고 있다. 이를 요약하면 다음의 표와 같다.

〈표 1-3〉 입출국 상황별 수속절차

구분	상황	수속절차
육상수속	크루즈 전용 터미널이 있는 경우	수하물체크인 → CIQ개별수속 → 편의시설이 있는 버퍼존 → 승선
	크루즈전용터미널이 없는 경우	국제여객터미널(또는 임시여객수속장)에서 CIQ 개별수속 → 도보 또는 셔틀버스로 선석으로 이동→승선
선상수속	CIQ직접면접이 없는 선상수속	Pilot station접근 시부터 선실에서 대기 → 선내라운지에서 직접 대면 없이 CIQ 일괄수속 → 하선 → 버퍼존 → 입국
	CIQ직접면접이 있는 선상수속	Pilot station접근 시부터 선실에서 대기 → 선내라운지에서 안내에 따라 개별적으로 CIQ수속 → 하선 → 버퍼존 → 입국

자료 : 이경모(2004), 『크루즈산업의 이해』

(4) 수하물관리

크루즈여행은 일반여행에 비해 수하물관리가 용이한 편이다. 일반여행의 경우 목적지를 이동할 때마다 수하물을 포장하고 풀어야 하지만, 크루즈여행의 경우 승선시 선실에 풀어 보관한 수하물의 내용을 다시 꾸리지 않고, 기항지마다 수하물 없이 승하선해도 되는 장점을 지니고 있다.

(5) 기상환경영향

항공여행의 경우 태풍이나 폭우와 같이 기상환경이 악화되어도 다소의 출발지연 및 공항선회 등으로 기상의 영향을 피할 수 있으나, 크루즈 여행의 경우 태풍이나 파고가 높은 날씨에 순항하지 못하고, 기상이 악화된 현장통과를 지연시키며, 대체로 그 영향을 받아야 하는 단점이 있다. 이 때문에 대부분의 크루즈선박은 스태빌라이저(stabilizer)를 장착하여 선박의 롤링과 피칭을 감소시키고는 있으나, 크루즈여행은 항공여행에 비해 기상환경의 영향을 많이 감수해야 한다.

4. 크루즈 구성요소와 분류

1) 크루즈의 구성요소

(1) 크루즈의 주요 구성요소

크루즈의 주요 구성요소는 크루즈 수요시장, 크루즈선박, 크루즈 기항지 및 크루즈 활동으로 구분할 수 있다. 크루즈 수요시장은 주로 여행업체를 통해 조직되고 모집되며, 항공업체와 연계되어 판매되고, 각국의 관광청과 연계되어 홍보된다.

크루즈선박은 이를 건조하는 한정된 수의 전문 업체에 의해 제작되고 있으며, 아직 국내에서 건조된 크루즈선박은 없고, 주로 유럽의 조선업체들이 크루즈선박 건조에 참여하고 있다. 일본은 최근 자체적으로 크루즈선박을 건조하여 공급함으로써 크루즈시장 확대를 가능케 하고 있다.

크루즈의 특징 중 하나는 목적지가 없더라도 선상생활만을 즐기며 항해하는 여행(cruise to nowhere)이 가능하다는 것이지만, 크루즈산업의 주요 구성요소중 하나는 기항지로서 여행 중 방문하게 될 기항지의 매력이 크루즈상품을 구매하는 수요시장의 선택기준중 하나라고 할 수 있다. 물론 크루즈 승객이 희망하는 특정 선상활동 또는 선상 프로그램을 크루즈선사가 제공한다면 기항지의 매력이 감소하겠으나 대부분의 크루즈승객은 크루즈 여행 중 1~2일에 한 번씩 매력 있는 항구에 기항하는 것을 희망하고 있다.

(2) 크루즈산업의 기타 구성요소

위에 언급된 크루즈산업의 구성요소 외에도 많은 업계와 기관들이 크루즈산업과 관련되어 있다. 대표적인 업종으로 해운대리점업은 크루즈선박의 입출항에 있어 물품의 공급, 사전 수속의 진행, 유관기관과의 협조, 현지정보의 제공 등에 있어 중요한 역할을 담당하고 있다. 그 외에도 해운·항만관련 행정기관, 선박 설비·장비 제조업체, 선박용품 공급업체, 구난·보험·법률업체, 운송·하역·창고업체, 해운·항만관련 국제조직·협회 등이 크루즈산업과 밀접하게 연관되어 있다.

2) 크루즈의 분류

현대의 크루즈는 다양한 방법에 의해 분류할 수 있으나 주로 크루즈 항해지역에 따라, 선박의 크기에 따라, 또는 크루즈목적에 따라 분류하는 방법이 있다.

(1) 선박의 규모에 따른 분류

크루즈선박의 규모에 따라 소형선박 크루즈(small ship cruise), 중형선박 크루즈(mid-size ship cruise), 대형선박 크루즈(large ship cruise) 및 초대형선박(Very Large Cruise Vessel)으로 구분된다. 소형 선박은 25,000GT 이하 규모의 선박으로 일반적으로 승객을 500명 정도까지 수용하고, 중형선박은 25,000~70,000GT 규모로 승객을 500~1,700명 규모로 수용하며, 대형 선박은 70,000~100,000GT급의 규모로 승객을 1,700명 이상 수용하며, 초대형선박은 100,000GT 이상으로 승객정원 2,500명 이상인 선박을 의미한다.

중형규모의 크루즈선박은 경제성을 보전하기 힘들어 점차 감소하고 있는 추세이지만, 특정 세분시장 또는 틈새시장에 포지셔닝하기 용이한 소형선박이나 규모의 경제 효과를 추구할 수 있는 대형선박의 수는 증가하고 있다. 선박의 규모에 따른 장단점은 선박현황에서 자세히 다루고자 한다.

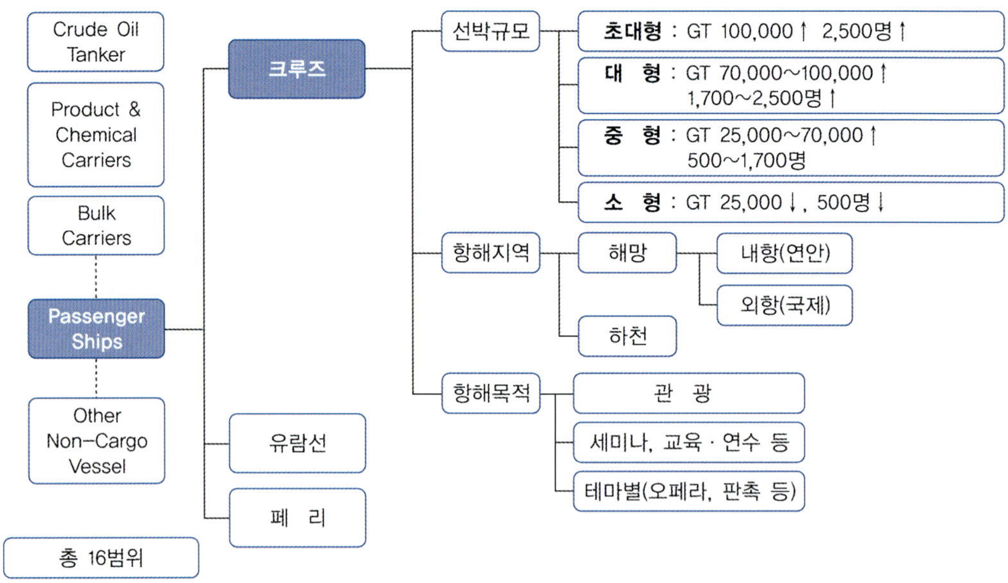

자료 : 이경모(2004), 『크루즈산업의 이해』

〈그림 1-2〉 크루즈의 분류

(2) 항해지역에 따른 분류

크루즈선박의 주요 항해 지역에 따라 해양크루즈(ocean cruise), 연안크루즈(coastal cruise) 및 하천크루즈(river cruise)로 구분된다. 해양크루즈는 일반적인 개념의 크루즈로 대양을 항해하거나 국가 간을 이동하는 개념의 크루즈를 말하며, 연안크루즈는 한 지역의 해안을 따라 항해하는 크루즈를 말한다. 하천크루즈는 미국의 미시시피 강이나 유럽 및 러시아의 크고 긴 강을 따라 숙박을 제공하며 항해하는 크루즈를 의미한다. 별도의 수식어 없이 일반적으로 크루즈라 함은 국제적으로 해양크루즈를 뜻하고 있다.

(3) 크루즈목적에 따른 분류

크루즈 목적에 따라 관광크루즈(pleasure cruise), 세미나크루즈(seminar cruise) 및 테마크루즈(theme cruise)로 구분할 수 있다. 관광크루즈는 위락과 휴식 등의 관광목적으로 크루즈를 즐기는 형태를 의미하며, 대부분의 경우 크루즈선사에서 직접 운영하고 판매한다.

이에 비해 세미나크루즈는 기업이나 사회·문화·경제·정치단체 등이 교육이나 훈련 및 연수를 목적으로 행하는 크루즈를 뜻하며, 일본에서 많이 행해지고, 주로 관련단체에서 선박을 전세 내어 승객을 모집하고, 기항지를 선택하여 운영한다. 이 경우 크루즈선사는 선박을 임대해 주고, 숙박과 식사 및 선상 프로그램을 운영하게 된다.

테마크루즈는 오페라크루즈(opera cruise), 판촉크루즈(sales promotion cruise), 상품발표회크루즈(product launching cruise) 등 특별한 주제로 운영되는 크루즈로 유럽과 일본 등에서 시행되고 있다. 일부 서구의 크루즈선사들은 방문빈도가 낮은 극동지역 크루즈를 테마크루즈로 정해 아시아체험(oriental experience)크루즈라는 명칭으로 시행하기도 한다.

제2절 크루즈선의 개념

선박의 일반적 개념은 해상에서 사람 또는 화물을 싣고 공간적 이동을 수행하기 위해 부양성·적재성·이동성의 3요소를 동시에 갖춘 구조물을 말한다.

법규상의 개념은 상법 제7조에 의해 상행위 기타 영리를 목적으로 항해에 사용하는 선박으로 규정하며 상행위를 하지 않더라도 국·공유 이외 선박으로 항해에 사용하는 한 상법상의 선박으로 간주함. 유람선(크루즈선)도 상법상의 선박에 해당된다.

관광유람의 목적으로 사용되는 여객선을 일반적으로 지칭하며 명승지가 많은 강, 호수, 만, 연안을 항해하는 선박으로 초기에는 소형선박이 주로 이용되었다. 초기에는 선체가 조악하고 설비가 빈약한 것이 많아 자주 승객사고가 일어났으나 최근에는 면모를 일신하여 좌석도 많고, 해상안전시설을 모두 갖춘 경쾌하고 안전한 호화선이 크루즈선으로 이용되고 있다.

크루즈선의 개념을 종합하면 숙박과 오락 및 여가활동을 할 수 있고, 장거리의 여행도 가능한 시설을 갖춘 선박을 지칭한다.

1. 크루즈여행의 분류

크루즈여행은 선박의 규모나 여행지, 여행거리에 따라 가격이 달라지므로 일반적으로 선박, 거리, 가격에 따라 분류할 수가 있다. 이러한 관점에서 크루즈여행을 분류하면 4가지로 나눌 수 있다.

1) 대중 크루즈(Volume Cruises)

대중 크루즈는 대중시장 크루즈라고 불리는데, 대략 모든 크루즈 수익의 약 60%를 차지하며 이런 종류의 크루즈에는 3가지 타입이 있다. 2~5일 일정의 단기 크루즈, 7일 일정의 일반 크루즈, 9~14일 일정의 장기 크루즈가 있다. 대중크루즈에는 여행비의 지불 방식에 따라 할부 크루즈와 보통 크루즈가 있다. 숙박시설 및 서비스는 일반 호텔 급이고, 대중 크루즈의 노선은 짧은 여행경로에 중점을 둔다. 돌아오는 것은 새로운 승객들의 탑승횟수와 관련 있다. 빨리 돌아온다는 것은 더 짧은 기간에 더 많은 승객을 태울 수 있고 더 많은 이익을 창출한다는 것을 의미한다. 카니발 크루즈, 로열 캐리비안, 프린세스 크루즈, 홀랜드 아메리카 크루즈선사들은 성공적인 대중시장 크루즈사들의 예이다.

2) 고급 크루즈(Premium Cruises)

고급 크루즈는 크루즈사업에서 2번째로 큰 비중을 차지하고 있으며 전체수익 중 약 30%를 차지한다. 고급 크루즈는 1주일 항해에서부터 2주에서 3개월 일정 장기항해까지 있다.

전형적인 고급 크루즈는 1급 리조트호텔과 동등한 숙식, 오락 및 서비스를 제공한다. 대표적인 고급 크루즈 회사들로는 로열 바이킹 크루즈사와 큐나드 크루즈선사가 있다.

3) 호화 크루즈(Luxury Cruises)

호화 크루즈는 크루즈 시장의 약 6%를 차지하며, 이는 고상하고 안락한 높은 수준의 서비스를 제공하고 크루즈 중 가장 비싼 종류이다. 호화 크루즈는 호화 정기선들과 관련된다. 대중시장 크루즈들이 빨리 돌아옴에 역점을 두는데 반하여 이들은 긴 여행일정과 이국적인 대상지들을 강조한다. 예를 들어, 겨우 212명을 태울 수 있는 씨번프라이드 호는 뉴욕을 출발하여 유럽, 서아프리카, 카리브 해, 남미까지를 하나의 여행일정에 포함한다. 보통의 호화 크루즈 정기선들은 이 항해를 마치는데 6개월에서 1년까지 걸린다.

4) 특수목적형 크루즈(Speciality Cruises)

특수목적형 크루즈는 고래구경, 스쿠버다이빙, 고고학, 생물학 연구 목적의 크루즈를 포함한다. 이 크루즈는 전체 크루즈 시장의 4%를 차지한다. 이런 크루즈선박들은 기본 음식과 주류만을 제공하도록 설비되어 있다. 이런 종류의 크루즈산업은 고학력층의 독신자들과 자녀가 없는 부부들에게 특히 인기가 많다. 안트락시아, 아마존 강, 알류산 열도는 특수목적형 크루즈여행의 대표적인 목적지 들이다.

2. 크루즈사업의 발전요인

1960년대 초 제트 항공기의 본격적인 도입과 함께 1970년대의 보잉사의 대형여객기의 출현은 산업혁명 이후 장거리여행의 총아였던 선박여행 발전의 걸림돌로 작용하였고, 이의 자구책으로 계절휴가 여행 때 부분적으로 유람선이 운영되었다. 특히 카리브와 지중해는 일조시수가 적어 향일성(sunlust)을 추구하는 북유럽 공업국 국민들의 태양 숭배론 자들에게 좋은 반응을 일으켰다. 이러한 시대적 환경의 변화와 함께 이들을 함께 충족시킬 수 있는 크루즈산업이 본격적으로 발전하게 된 주요한 요인은 다음과 같다.

- 새로운 상품개발에 의한 적극적인 고객유치로 이용 대중화 실현
- 크루즈 여행 일수의 다양화
- 포괄여행 상품으로의 판매

- 쾌적성, 안락성 향상을 도모한 선박건조 기술의 발달
- 고객욕구 만족도 제고를 위한 시설확대
- 계절에 맞추어 세계 각국의 유명관광지를 순항하는 부정기적인 유람선의 운영으로 가동률을 높여 채산성을 크게 제고시키는 한편, 이용의 변화를 도모
- 특별한 목적이나 주제별 크루즈여행의 생산(theme cruise/special interest cruise)

제3절
크루즈사업의 종류

1. 장소에 따른 분류

① 내륙 크루즈 : 내륙의 호수와 대규모 하천을 이용하여 운항하는 크루즈
② 해양 크루즈 : 바다를 이용하여 주요 관광목적지를 순항하는 크루즈

2. 활동범위에 따른 분류

① 국내 크루즈 : 해양법상 국내영해만을 운항하는 크루즈
② 국제 크루즈 : 자국 내 또는 외국의 항구를 순회 유람하는 크루즈

3. 운항 유형에 따른 분류

1) 항만 크루즈(Harbor Cruise or Bay Cruise)

주요 항구를 중심으로 그 주변에서 행해지는 크루즈로 미국 및 영국, 프랑스, 독일 등에서 가장 성행하는 크루즈사업이다. 이들 유람선은 대개 좌석수가 50~100개 정도에 해당하는 소형 선박으로 한두 시간 안팎의 항해를 한다. 이러한 형태의 사업은 개인이 영업하는 소형 선박으로 운영하는 경우가 많다.

2) 도서순항 크루즈(Island Cruise)

정기적인 일정에 의해 운영되므로 당일이나 1박 2일 또는 그 이상의 일정을 자유로이 선택하여 여행할 수 있다. 경관이 아름다운 섬들을 순회하며 섬에 있는 호텔에서 숙식을 하고, 해변 일주, 수상 스키, 낚시 등을 즐길 수 있다.

3) 파티 크루즈(Party Cruise)

일종의 전세 선박으로 각 단체의 요구사항에 따라 다양하게 운영되며 소형 선박은 50~70명, 중형선박은 100~150명, 대형인 경우에는 500~600명 이상의 인원까지 탑승할 수 있다.

요금은 일일 항해하는 단체를 기준으로 일괄요금 형태로 계산하는데 운항코스 및 서비스 내용에 따라 그 가격책정이 다양하다.

파티 크루즈의 프로그램은 식사(뷔페 혹은 착석정식, 칵테일 및 오드볼), 댄스, 생음악, 각종 유희 등으로 꾸며진다. 파티 크루즈의 주 이용객은 기업체로서 회사선전이나 행사에 활용하며 개인의 경우는 생일, 졸업, 결혼 등의 축하연에 활용하고 있다.

4) 레스토랑 크루즈(Restaurant Cruise)

점심 또는 저녁식사를 주로 함께 하는 가족, 친구 등과 만남의 시간을 마련하는 것으로 음악, 영화 등이 곁들여 있다. 파티 크루즈와 유사하나 단체 등에 의한 전세형식이 아니라 크루즈가 계획한 항로, 서비스 등에 따라 개인적으로 입장권을 구입하게 되는 점이 다르다. 실제 운영에 있어서는 하나의 크루즈가 파티 크루즈와 레스토랑 크루즈를 겸용하는 것이 일반적이다.

5) 장거리 크루즈(Leisure Cruise)

대형선박을 보유한 유람관광 회사에서 운영하고 있으며 선상쇼핑, 각종 파티의 매력 등으로 그 이용객이 많아 미국 및 유럽 전역과 중남미 등의 선진국에서 상당히 호황을 누리고 있는데, 주된 매력으로 빙하, 유빙, 자연생태와 내륙 및 해안선 등의 경관감상 등을 들 수 있다.

6) 외항 크루즈(Ocean Cruise)

대서양과 같은 대양을 건너는 외항 여객선이 오랜 항해기간의 무료함을 달래기 위해 마련한 오락시설과 행사, 이벤트 등이 발전하여 선상활동과 중간 기항지의 풍물 관광을 주목적으로 운항하는 관광 크루즈선이다. 세계적인 호화 크루즈선 들은 모두 이 유형에 속한다.

아래의 표는 세계의 주요 크루즈 여행지와 크루즈회사의 현황을 보여주고 있다. 대부분의 크루즈여행이 해양에서 이루어지고 있으나, 라인 강이나 나일 강, 아마존 강이나 미시시피 강 등 유역면적이 크고, 유량이 풍부하며, 장거리여행이 가능한 지역에서도 크루즈여행과 크루즈사업자의 활동이 활발하다.

〈표 1-7〉 세계의 지역별 주요 크루즈선사

Area	Major Cruise Line
North Cape / Scandinavia	Royal Viking Line Cunard
South Pacific	Royal Cruise Line Royal Viking Line
East Asia	Pearl Cruise Royal Cruise Line Royal Viking Line
U. S Atlantic Coast	American Cruise Line Clipper Cruise Line
Nile River	Sheraton Corporation Marriott Nile Cruises
Rhine River	KD German Rhine Line
Amazon River	Society Expeditions
Mississippi River	Delta Steamboat Company
Around the World	Royal Viking Line Carnival Cruise Line

자료 : 김천중(1999), 『크루즈사업론』

제4절
기타 해상여행의 형태

1. 페리선 여행

크루즈여행과 동일한 등급은 아닐지라도 페리선은 매년 수천만의 승객을 운송한다. 세계의 많은 지역에서 이동의 유일한 수단이 페리선인 경우도 많다. 여행사는 왜 이러한 서비스를 그들의 상품라인에 넣지 않는가?

페리는 크루즈와 몇 가지 점에서 크게 다르다. 크루즈는 휴가를 위해 이용되고 페리는 운송수단으로 이용된다. 세계적으로 페리선은 사람과 함께 짐, 자동차, 가축 등을 운반한다. 페리선은 작은 크루즈선의 규모에서부터 보트만한 크기까지 크기와 시설에 따라 등급의 차이가 있다.

대부분의 페리선은 인근 해안에서 이루어진다. 그러나 어떤 페리선의 경우에는 밤을 새워 운항하며 승객들은 웃돈을 주고 숙박시설을 구입할 수 있다. 미국 여행자가 주로 이용하는 어떤 페리선은 영국의 잉글랜드에서 미대륙과 영국에서 아일랜드까지 운항하기도 한다.

페리선의 운항정보는 여행사에서 이용할 수 있는데, 다음 세 종류의 자료가 가장 많이 이용된다. 토마스 쿡 여행사의 대륙여행 시각표(Cook's Continental Timetable)는 유럽과 러시아 서부에서 운영되고 있는 페리에 대한 정보와 스케줄을 담고 있다. 토마스 쿡 여행사의 해외여행 시각표(Cook's Overseas Timetable)는 위의 지역 외의 세계 여러 지역에 관한 정보를 담고 있다. ABC 선박운항안내서(ABC Shipping Guide)와 OAG 항공·크루즈·선박 운항안내서(Official Airline Guide Worldwide Cruise & Shipline Guide)는 세계의 페리 스케줄과 지도를 포함하고 있다.

유럽인들은 페리티켓을 포함해 모든 것을 일괄해서 예약한다. 많은 페리가 미국에서 예약되고 지불되기 때문에 고객이 줄서지 않아도 되는 이러한 서비스를 고객에게 제공하는 것도 좋은 것이다. 몇몇의 페리회사들은 여행사에 커미션을 제공하지만 그렇지 않은 곳도 있다.

2. 화물선 여행

세계적으로 선박은 화물을 운반하는 주요 기능을 담당한다. 이러한 선박들은 때때로 항해하는 동안 특별히 승객을 운송하기도 한다. 많은 승객들에게 화물운송선은 구식배, 불쾌한 선원, 불편한 기항항을 상상하게 한다. 그러나 오늘날의 화물운송선은 안전장치, 에어컨, 최신식의 안락한 숙소가 있고, 간소한 요리를 즐기며, 선원들과의 흥미 있는 대화도 나눌 수 있는 현대식 선박이다.

화물 운송선에 의한 여행은 승객이 여행형태를 준비하기 위해 걸린 시간만큼 즐거울 수 있다. 대부분의 크루즈선에서 제공되고 있는 오락은 화물운송선에서는 없다. 화물운송선에는 수영장도, 넓은 갑판도 없을 것이다. 항해하는 동안에 어떤 계획된 선상 프로그램은 없을 것이고, 해변 유람도 각각의 승객에 의해 계획되어져야 한다. 화물운송선은 해변 유람을 따로 배정해 주지 않는다.

무거운 짐을 실은 배는 유유히 느리게 항해한다. 물론 이것은 배멀리를 예방하는데 도움을 준다. 또한 화물운송선에는 의사가 없다. 몇몇 크루즈 승무원들은 응급처치를 교육받지만 의학적으로 승객이 기대할 수준은 아니다. 이러한 이유로 많은 화물운송선 회사들은 일정 나이 이상의 승객을 받지 않고 있으며 승객들에게 건강진단서를 요구한다.

화물선에서는 승객보다 화물이 우선이라는 사실을 받아들여야 한다. 기항항은 적고 멀리 떨어져 있으며 승객의 복지를 위한 계획이 없다. 몇몇 화물 운송선 여행은 60일 항해 동안 3~4개의 기항항만을 방문한다. 화물 운송선은 계획된 스케줄대로 운항하나, 상황과 상태에 의해 기항항의 스케줄과 도착시간이 변경될 수 있다.

포드 플라이터 여행안내서(Ford's Freightor Travel Guide)는 이러한 형태의 운송수단에 관심을 가지고 있는 여행사나 승객에게 좋은 정보원이다.

화물운송선은 승객용 선실을 거의 가지고 있지 않기 때문에 월 기준으로 또는 경우에 따라 연 기준으로 선실을 예약 받는다. 대부분의 화물운송선은 여행사에 커미션을 지불하지 않는다. 그러므로 여행사에서는 고객에게 그 비용을 부과하기도 한다.

화물운송선은 누구에게나 적합한 것은 아니지만 시간 여유가 충분하거나, 여유로운 여행을 즐길 준비가 되어있는 사람, 계획되지 않은 스케줄을 가진 고객에게는 의외로 즐겁고 로맨틱한 여행의 기회가 되기도 한다.

〈그림 1-3〉 플라이터 여행안내서

제5절
크루즈사업의 역사

1. 선박의 발전과 해상운송사업의 등장

B.C 3000년경 이집트인이 항해술을 발견한 이래 선박이 인류 역사에 기여한 공로는 지대하다. 그리스인과 로마인 등 바다와 인접해서 생활해 오던 민족들은 한결 같이 선박의 건조 기술의 발전과 항해술 및 속도의 향상에 전력하였으나, 당시에는 선상에서 승객들을 위한 안락함에는 거의 신경을 쓰지 않았다. 그 당시의 선박들은 주로 무역과 전쟁을 위한 수단으로 이용되었고, 승객의 운송 목적으로는 이용되지 않았기 때문이다.

기원후 2세기에 이르자 컴퍼스(Compass)와 항해도(Navigation Chart)의 개발에 힘입어 보다 먼 대양으로의 항해가 이루어지게 되었고, 방향타의 발견으로 조종이 한결 쉬워졌으며, 보다 튼튼하고 무거운 선박의 건조가 가능해지게 되었다. 1400년대 전후와 1800년대 후반기 사이에는 선박 디자인 면에서 꾸준한 발전을 이룩하여 왔고, 이 기간 동안 항로는 끊임없이 계속적으로 확대되었다. 무역 거래가 선박 회사의 주된 관심사가 되었으며, 승객 운송의 중요성도 인식되기 시작한 시기였다.

그러던 중 1818년 최초로 미국의 블랭크 볼(Blank Ball Line)사에서는 대서양을 항해하는 정기 여객선을 취항하기에 이르렀다. 외국과 육로가 연결되어 있지 않은 섬나라의 경우 해외여행이나 내방객은 항공기나 선박을 이용할 수밖에 없었는데, 당시에는 항공 운송의 발달이 미비하여 해외여행에 있어 선박은 유일한 운송수단이었다.

해상운송 서비스를 승객과 화주에게 제공하고 그 대가를 받는 것을 목적으로 하는 해운업의 근본은 화물운송이 본업이었으며, 여객운송은 19세기 초 증기기관의 발명으로, 범선이 동력선으로 이행하면서 그 부산물로 발생한 것이다. 이처럼 증기 기관의 발달이 선박에 응용되자 선박제조 기술은 급속하게 진전되었고, 그 후에도 기술적 진보에 따른 개량이 계속 이루어져 운송력의 눈부신 향상을 가져왔다. 19세기 초에는 대서양 연안 각국의 선박회사들은 객선 내부의 설비개선과 속도향상 그리고 서비스 수준제고 등을 통한 격렬한 경쟁관계에 돌입하게 되었다. 20세기에 들어와서는 선박운송 사업의 발달로 선박을 이용한 국제여행이 점차 증가해 가고 있는 추세이다.

〈표 1-8〉 선박의 발전사

1300	북유럽 조선 기술자에 의해 방향타의 개발
1450	지중해의 조선 기술자에 의해 최초로 완전한 장비를 갖춘 선박의 개발
1785	미국행 무역선 메이플라워(Mayfolwer)호의 진수
1802	미국인 존 피치(J. Fitch)에 의해 최초의 증기기선 건조
1807	세계 최초의 예인선(tugboat)의 건조
1819	로버트 풀톤(R. Fulton)에 의해 건조된 상업용 증기기선 클레어몬트(Clermont)호 진수
1936	미국 사바나(Savana)호가 최초로 증기기관을 이용해 29일 동안 대서양 횡단에 성공
1840	세계 최초로 프로펠러식 증기 기선의 등장
1871	큐나 드라인(Cunard line)이 대서양횡단 정규 노선에 증기기선을 투입, 운용
	화이트 스타 라인(White Star Line)이 호화로운 오셔닉(Oceanic) 호를 진수
1910	최초로 발동기선 발명
1912	화이트 스타 라인의 호화 유람선 타이타닉(Titanic)호 침몰
1954	미국의 핵 잠수함 노틸러스(Nautilus)호 진수
1959	세계 최초로 미국 원자력상선 사바나(Savannah)호 진수
1969	영국의 호화관광선 퀸엘리자베스 2호(Queen Elizabeth-Ⅱ)진수

2. 크루즈사업의 발전과정

1) 대서양횡단 선박여행

현대의 선박여행 개념이 형성되기 시작한 것은 19세기이며, 당시 여객용 상선은 교통운송의 주요 수단이었고, 주로 유럽과 미국사이의 구간을 운항하거나 또는 유럽과 아시아·아프리카에 널리 퍼져 있는 유럽의 식민지 사이의 구간을 운항하였다. 아울러 당시 선박회사들이 상선을 이용해 여객운송에 관심을 가지기 시작하면서 부유층의 탐험여행과 저소득층의 이주여행에 선박이 활용되기 시작했다. 1821년 스웨덴의 찰스 4세는 최초로 크루즈선박을 출항시켰고, 1824년 아일랜드의 큐라카오(Curacao)호는 정기여객 서비스를 제공한 최초의 선박이다.

1934년 영국은 유명한 대서양 정기여객선 퀸메리호를 출항시켰다. 이 크루즈선은 2천명 이상의 승객을 담당할 수 있는 천백 명의 승무원들과 함께 승객들에게 가능한 모든 실질적인 편의시설, 안전시설, 오락시설을 제공했다.

1938년 퀸메리호는 Blue Riband상(연간 대서양을 최단기간 내에 횡단한 선박에게 주는 상)을 수상하였다. 퀸메리호의 승객들은 트렁크 20개까지 짐을 실을 수 있었다. 여객의 1/4은 접객원들, 웨이터, 바텐더들과 기타 종사원들로 구성되었다. 각 항해마다 퀸메리호는 위스키 2천 5백병, 와인 3천병, 생수 4만 8천병, 소 75마리, 양 110마리, 연어 500파운드, 굴 4천개, 닭 5천 마리, 계란 7만개, 감자 2천 5백개, 잼, 아이스크림 2천 갤런, 여송연 1만 5천 갑, 궐연 1백만 갑을 선적하고 항해하였다. 영화스타, 재산가, 오페라가수, 정부 관료들도 승객에 포함되었다.

이 외의 초기 크루즈시대의 대형 정기선에는 머리타니아호, 유로파호, 노르망디호가 있었다. 이런 거대한 정기선들은 공통적으로 거함(the big ship)이라고 불렸다.

2차대전시 퀸메리호와 퀸엘리자베스호는 영국군 수송에도 이용되었다. 퀸메리호는 천명의 승무원뿐 아니라 1만 5천명의 병력도 운송했다. 거함은 2차대전 이후 1960년대까지 번성했고, 1962년 프랑스호(The France)가 진수되었다. 1967년 퀸엘리자베스 2호가 진수되었고, 1969년 처녀항해를 하였다. 이 크루즈선은 1938년에 진수되어 1972년에 홍콩 정박 중 불타버린 퀸엘리자베스호를 대체하였다. 퀸엘리자베스 2호는 전 세계로 승객을 싣고 운항하였고, 봄부터 12월까지 대서양을 횡단하는 정기노선을 운항하였다.

거함의 주요 사업은 대서양 횡단 여객운송이었는데 많은 여객선들이 대서양 노선 수입을 보충하기 위해 겨울철 미국의 동부 해안에서부터 카리브 해 지역까지 항해하였다.

〈표 1-9〉 대서양 정기선

선 명	약 사
퀸메리호 (Queen mary)	• 1934년 진수 • 81,235GT • 길이 1,020feet • 2차대전시 군 수송 • 1947년~1967년 대서양 정기노선 서비스 • 현재 캐나다 롱비치에 정박 중
퀸엘리자베스 Ⅰ호 (Queen Elizabeth Ⅰ)	• 1938년 진수 • 83,670GT • 길이 1,031feet • 2차대전시 군 수송 • 1946년 대서양 정기 사업 실시 • 1972년 홍콩에서 화재로 소실
퀸엘리자베스 Ⅱ호 (Queen Elizabeth Ⅱ)	• 1967년 건조 • 1969년 처녀항해 • 68,863GT • 길이 963feet • 세계일주 크루즈와 대서양 횡단 • 두바이 선상호텔로 정박예정

〈그림 1-4〉 1934년 퀸 메리호

1958년 최초의 대서양 횡단 제트여객기 사업은 거함우세 시대의 종말을 가져왔다. 1970년까지 여객선 운항업은 관심 밖의 대상이 될 정도로 점점 축소되어 갔다. 1972년 카니발 크루즈사의 조사에서는 미국인의 2%만이 여객선을 탄 것으로 나타났다. 수요 감소와 연료비 상승은 많은 크루즈업체의 경영축소를 촉진했으며, 이 과정에서 많은 조선업체들이 도산했다.

테어돌 애리슨(Theodore Arison)은 카니발 크루즈사를 설립했다. 애리슨의 최초의 배인 마르디그라스(The Mardi Gras) 호는 1961년 캐나다에서 증기선으로 만들어졌다. 이 선박은 카리브 해 지역의 비교적 짧은 여행에 이용되었다. 마르디그라스호는 1930년대의 거함처럼 여객선으로서 고안되었다. 그리고 앞서 있던 크루즈선박들에 어울릴 만한 카지노, 극장, 넓은 식당들이 배에 설치되었다. 식당 라운지에서 실황공연을 해줄 연주자도 고용되었다. 새롭게 단장된 마르디그라스호는 아주 성공적이었다. 성공의 주된 이유는 크루즈 고객의 초점을 이국 지향적인 부유층 중심에서 다양한 선상 휴가를 즐기려는 근로자층으로 변화시켰기 때문이다. 카니발 선사는 또한 항공사들과 요금할인 협상을 하였고, 이것은 크루즈 여객의 확산에 중요한 계기가 되었다.

대서양에 제트여객기가 상용화되기 이전까지 대서양횡단은 주로 선박여행으로 이루어졌으며, 19세기말에서 20세기 초에 걸친 해양여행은 주로 이민을 목적으로 유럽과 아메리카 대륙사이, 또는 유럽과 호주·뉴질랜드를 여행하는 이주민들에 의해 행해졌다. 따라서 선박여행의 낭만이 있을 리 없었고, 길고 긴 바다를 중간 기항지 없이 횡단하는 지루한 여행시간을 보내야 했으며, 선박이란 단지 여행목적지까지 이동시켜 줄 운송수단으로 간주되었다.

유럽에서 북미로의 선박여행에서 소수의 특정계층만이 여객선의 1등급을 이용하여 편안한 여행을 즐길 수 있었으며, 나머지 대부분의 승객은 2등급 또는 3등급으로 여행하였다. 이들은 4인 1실, 6인 1실, 심지어 더 많은 사람이 함께 사용하는 공동실에서 숙박하고, 공용화장실과 공중욕실을 사용하며, 여행의 고통을 인내해야만 했다. 특히 겨울철 북대서양의 격랑은 선박의 흔들림을 만들어 여행자들에게 멀미와 해양여행에 대한 두려움을 갖게 하였다.

1900년대 들어 나타난 해양정기여객선(海洋定期旅客船 ; ocean liner)은 과거의 여객운송선박과 달리 웅장한 외부모습과 화려한 내부 인테리어를 갖추고, 부유층의 여행보다는 주로 이민자 수송에 이용되었다. 이 때의 해양여객선은 일반적으로 2등급 또는 3등급으로 나누어져 있었으며, 1등급(first class)은 부유계층, 2등급(second class)은 여행경비 조달이 비교적 용이한 상위 중간계층이 이용했고, 대부분의 승객이 속해 있던 3등급(third class ; steerage)은 서민계층이 이용하였다. 1등급은 음악연주와 함께 우아한 분위기에서 식사를 즐기며, 호텔객실과 유사한 호화스러운 선내객실을 사용하였다.

또한 1900년대 초 선박의 특징 중 하나는 선박의 굴뚝(smokestack 또는 funnel)을 많이 설치해 이주자들에게 좋은 선박이라는 인식을 심어주는 것이었다. 이들은 굴뚝의 수가 많을수록 훌륭한 선박이라고 믿었으며, 이 때문에 선박회사는 용도와 관계없는 장식용 굴뚝을 추가하기도 하였는데 타이타닉호가 그 좋은 예라고 할 수 있다.

〈그림 1-5〉 타이타닉호

2) 서구 열강의 해양선박 경쟁

선박여행이 대서양 횡단 중심이던 시기에 선박운항의 주도권을 지닌 국가는 영국, 독일, 미국, 프랑스, 이탈리아 등이었으며, 이들은 선박을 통해 국가의 경쟁력을 나타내려 하였다. 당시 선박을 통한 해양장악의 경쟁으로 인해 지금도 미국과 일부 유럽 국가들이 크루즈산업의 중요한 자리를 차지하고 있다.

전통적으로 해양강국인 영국은 일찍부터 대서양횡단 운항의 여객서비스를 시작하면서 선박의 속도와 안전성에 치중하였다. 영국과 경쟁하던 독일은 확장주의 정책에 따라 1800년대 말부터 고속의 선박을 제작하여 1903년에는 대서양을 가장 빨리 횡단할 수 있는 4척의 선박을 보유하게 된다. 당시 이 선박들은 2만 톤급 이하에 승객 2천명을 수용하는 비교적 중소규모였으나 23노트의 빠른 속도를 자랑하였다.

1922년 아메리칸 익스프레스(American Express)는 1차 세계대전 이후 크루즈여행을 다시 시작하기 위해 큐나 드라인의 라코니아(Laconia)호를 용선하였으며, 당시 완공된 파나마운하를 이용해 최초의 '세계일주크루즈'를 성공적으로 시행하였다. 이 크루즈여행은 1922년 11월 21일 뉴욕을 출항해 4개월여에 걸쳐 22개의 기항지를 방문한 후 1923년 3월 30일 뉴욕으로 귀환하였다.

1939년에서 1946년까지는 2차 세계대전의 영향으로 대서양과 태평양을 항해하는 주체가 관광객과 상용여행객에서 군인으로 바뀌게 되었으며, 민간부문의 해상교통은 위축되었다. 그러나 2차 세계대전 발발로 대서양과 태평양을 횡단 수송할 수 있는 엔진의 개발과 레이더 및 장거리 무선통신 기술로 인한 정밀한 항법기술의 등장으로 혁신적인 항공발전이 가능해졌다.

2차 세계대전 중 전쟁에 사용할 목적으로 항공기술이 급속히 발전하면서 선사(船社)들도 전쟁 발발 이전의 대형선박을 군 수송 목적으로 개조하여 사용하게 되었고, 선주(船主)들은 전쟁으로 인해 통제된 여행의 욕구가 전쟁이 종결된 후 수요가 폭증할 것을 확신하며 새로운 시장을 기다리고 있었다.

항공기술은 1958년 보잉 707 제트여객기가 대서양을 논스톱으로 6시간 만에 횡단할 수 있을 정도로 급속히 발전하였다. 이는 제트여객기를 이용한 운송과 이코노미요금을 소개하게 된 계기가 되었고, 선박을 이용한 대서양횡단여행의 쇠퇴를 의미하기도 했다.

이로써 항공여행보다 상대적으로 지루한 선박여행은 대서양횡단에서 쇠퇴하는 계기가 되었다. 프랑스호(SS France)가 대서양횡단을 목적으로 1962년에 건조되었으나, 이 당시만 해도 선박을 이용한 대서양횡단여행은 1957년에 비해 50% 가량 급속도로 감소한 상태였다. 제트여객기의 대서양운항 이후 대형선박의 대서양횡단은 여행객의 실용적인 목적에 부합되지 않아 점차 자취를 감추게 되었다.

〈그림 1-6〉 1960년 프랑스호

3) 북대서양 여객운송의 쇠퇴

제트여객기의 발달은 산업을 발전시키고, 상용여행객의 세계여행을 편리하게 만들었으며, 이들이 제트여객기를 선호한 이유는 속도였다. 따라서 속도측면에서 상대적으로 열세에 처한 크루즈선박은 새로운 활로를 찾아야 했으며, 선박만의 장점을 내세운 새로운 여행의 개념을 제시해야 했다. 즉 운송중심 개념의 여객선에서 선상엔터테인먼트, 다양한 식사메뉴, 매력적인 기항지 등을 내세운 크루즈중심 개념의 도입이 시작된 것이다.

항공기의 발달과 제트여객운송의 상용화는 대양여객선의 몰락을 불러 왔으나, 반대로 이 때문에 현대의 크루즈 개념이 도입되는 계기가 되었다. 이제 선박은 속도로 경쟁력을 확보할 필요가 없게 되었고, 그 대신에 호화로운 선내시설, 다양한 선상활동 및 매력적인 기항지 방문 등을 새로운 장점으로 내세우게 되었다.

따라서 대양여객선은 크루즈용 선박으로 개조되었다. 각 등급을 구분하는 칸막이가 제거되었으며, 에어컨과 수영장이 설치되었고, 카지노와 무도장이 개장되어 여객운송이 목적이 아니고 즐거움이 목적인 크루즈산업이 형성되기 시작했다.

크루즈가 지중해와 카리브 해 중심으로 운항되면서 과거에 성행했던 80일 또는 120일간의 상품은 판매가 어려워지게 되었다. 또한 1950년대와 1960년대 서구에서는 가족부양과 주택구매로 여가활동에 대한 가처분 소득이 제한되었으며, 여가시간도 충분치 않아 고가의 장기 크루즈는 현실적으로 매력이 없는 상품이 되었다. 따라서 크루즈업계는 새로운 마케팅전략을 필요로 하게 되었고, 다수의 대중을 표적으로 하는 단기간의 크루즈여행상품이 되었다.

4) 현대 크루즈의 탄생

1960년대 초만 하더라도 여객운송선 목록에는 100개 이상의 여객선사가 있었으며, 1960년대 중반에도 선박을 이용한 대서양횡단 여행이 항공여행보다 저렴했으나 1970년대 소개된 보잉사의 점보제트기로 선박의 경쟁력은 완전히 상실되었다. 1962년 백만 명 이상이 선박을 이용해 북대서양 구간을 여행했으나, 1970년에는 선박여행 수요가 점점 줄어 25만 명으로 감소되었다.

점보제트기를 이용한 여객운송의 대중화로 대부분의 대양여객선은 무용지물이 되었고, 수익성도 크게 떨어져 운항이 어렵게 되었다. 북대서양의 정기 여객운송 서비스를 제공하던 선박들이 위험에 처하게 되어 큐나드 화이트스타라인(Cunard White Star Line)의 퀸메리(Queen Mary ; 80,774톤)는 1967년 9월 운항을 중단하게 되었고, 퀸엘리자베스(Queen Elizabeth ; 83,673톤)호도 1968년 10월을 끝으로 운항을 중단하게 되었다.

따라서 대부분의 선박은 낮은 가격에 판매되거나 운송 사업에서 철수하게 되었으며, 선박 여객운송을 계속하게 된 회사는 북대서양횡단과 함께 생존을 위해 남쪽의 카리브 해에 운항을 확장하게 되었다. 이로 인해 새로운 형태의 사업으로 지금의 '크루즈'개념이 형성되었고, 크루즈만을 위한 새로운 선사(船社)와 함께 크루즈산업이 형성되기 시작했다.

카리브 해를 중심으로 한 크루즈산업이 형성되면서 대양여객선박의 중심항구가 과거 북대서양 횡단여행시대의 뉴욕중심에서 플로리다 중심(Florida)으로 전환되어 선박회사의 본사가 마이애미를 중심으로 한 지역에 들어서게 된다. 플로리다는 당시 크루즈사업에 중요한 따뜻한 날씨, 비교적 평온한 바다, 카리브 해 유명 관광지와의 접근성 등으로 인해 새로운 산업을 형성시키는데 매우 적합한 지역으로 선택되었다. 아울러 북미 서부지역에서는 캘리포니아(California)를 중심으로 멕시코해안 크루즈와 캐나다 밴쿠버를 중심으로 여름 알래스카 크루즈가 형성되기 시작하였으며, 유럽에서는 지중해(Mediterranean Sea) 중심의 크루즈가 형성되었다.

또한 크루즈승객들은 승선을 위해 플로리다와 캘리포니아로 이동해야 하는 문제가 발생되었고, 이는 크루즈선사와 항공사간의 업무협조를 통해 항공/해양(Air/Sea)프로그램과 승선전・하선후 숙박을 포함하는 크루즈패키지 프로그램을 탄생시키게 된다.

1988년 로열 캐리비안 크루즈 여행사는 7만 4천톤 급의 바다의 황제(Sover-eign of the Seas)호를 출항시켰다. 극장 2곳, 전망엘리베이터가 설치된 거대한 중앙 홀이 있는 이 크루즈선은 자유의 여신상만한 크기로 '떠다니는 백화점'이라고 표현되었다. 여러 가지 면에서 바다의 황제호는 크루즈여행의 개념이 여가를 즐기는 항해에서 분화되어 자급자족의 완벽한 휴가의 형태로 변모되는 것을 상징하였다.

〈그림 1-7〉 바다의 황제호

3. 세계 크루즈산업의 현황

세계 크루즈산업의 규모는 연간 190억 달러 이상이며, 이 중 주요 선사인 카니발 그룹(Canival Corporation)과 로열 캐리비안 크루즈선사(Royal Caribbean Cruises)는 전체 크루즈산업의 75%에 달하는 점유율로 약 143억 달러의 가치를 창출하였다.

전체 크루즈 여행객은 매년 꾸준한 상승을 보이고 있다. 1985년에는 215만 명에서 1992년 541만 명으로 약 두 배 정도 증가하였고, 2000년 961만 명으로 1,000만 명 돌파를 예고

하였으며, 2004년에는 1,340만 명으로 증가하였다. 세계의 크루즈 여행객은 2004년에 약 8.4%의 증가율을 보였으며, 지역별로 북미지역이 가장 강력한 성장을 보이고 있다. 북미지역만 크루즈 여객은 910만 명으로 이전 대비 약 11.1%의 성장률을 기록하였다. 북미시장은 걸프전, 9·11 테러 이후 성장률이 다소 약간 둔화되긴 하였으나 매년 꾸준히 10% 이상의 고속성장을 이루고 있다. 산업의 고용기회 확대에도 기여하고 있어 직접 고용인원으로 선원 5만 명과 각 도시의 사무직원 1만 2천명 정도가 크루즈산업에 관련된 선박대리점, 조선사, 전기, 기계, 식음료 공급업체 등에서 일하고 있다. 또한 크루즈산업은 선박이 기항하는 세계의 항구도시의 항공사, 철도, 내륙 운송업계, 숙박업계 및 관광지 등의 관광관련업계에도 많은 영향을 주고 있다.

크루즈산업은 앞으로 더욱 발전하여 2012년에 크루즈 여객이 2,000만 명으로 증가할 것으로 예상하고 있다.

크루즈 여행의 주요항해 지역으로는 바하마 인근해, 카리브 해, 미국 캐나다의 서부해안, 지중해, 멕시코 인근해, 알래스카 인근해, 발트 해, 남미국가의 북부해안, 동남아시아 등을 들 수 있으나 세계적으로 카리브 해와 지중해가 중심권역이 되고 있는 실정이다.

최근에는 그 외에도 남태평양의 섬, 극동아시아 지역, 남미국가 및 동부, 서부의 아프리카지역이 새로운 크루즈지역으로 개발되고 있다. 이러한 크루즈산업은 현재 미국, 유럽의 기업 혹은 다국적기업들에 의해 선도되어 이끌어가고 있으며 이들의 현황은 다음과 같다.

아시아지역의 크루즈사업의 현황을 보면 1980년대 말에 들어서면서 아시아 지역을 항해하는 서구의 크루즈선박이 증가하였으나, 미쓰비시중공업에 의해 건조된 크리스털 하모니(Crystl Harmony : 49,400GT)호 등 소수의 일본선박을 제외한 대부분의 승객이 서구인이어서 마케팅활동은 주로 서구를 중심으로 이루어졌다.

그러나 싱가폴 크루즈센터와 홍콩 오션터미널 등 입출항 시설 및 각종절차가 편리한 아시아의 국제적인 크루즈 터미널을 중심으로 스타 아쿠아리스(Star Aquarius호 : 40,000GT)호 및 스타 피스(Star Pisces : 40,000GT)호 등 아시아지역 국가 소유의 크루즈선사가 등장하게 되었다. 이에 따라 아시아 지역에서도 서구의 승객만을 타깃으로 구성된 크루즈상품이 아닌 아시아인을 위 한 크루즈상품의 판매 및 각종 마케팅 활동이 활발히 진행되고 있다. 또한 아시아국가 소유의 크루즈선박 뿐만 아니라, 로열 캐리비안 및 시번 크루즈 라인(Seabourn Cruise Line) 등 1994년 후반에 들어서면서 서구의 대형 선사들도 자사소유 선박으로 아시아 지역의 영구적 혹은 단기적인 운항계획을 발표하였다. 이러한 동향은 서구의 크루즈선사들이 향후 가까운 시일 내에 아시아지역에 크루즈상품을 제공하기 위한 기

초 활동으로 이해할 수 있다.

이렇게 일본을 시작으로 아시아 지역에 생성되기 시작한 크루즈선박은 아시아 지역의 여행시장에 새로운 여행형태의 하나로 영향을 미칠 것으로 보이며, 우리나라에서도 주 5일제의 시행으로 국민의 여가시간의 증가와 함께 시장 도입기의 신상품 선도 집단에 의하여 구매가 이루어질 것으로 예상된다. 그리고 홍콩과 싱가폴의 아시아 지역을 중심으로 3・4・5박의 단기 크루즈상품이 성행하고 있고, 중국에서는 도박 전용선(Gambling Ship)을 만들어 도박만을 위한 선박을 만들어 운행하고 있다. 하지만 싱가폴과 우리나라는 입항을 금지하고 있다.

4. 크루즈선의 최신 건조 동향

전 세계 크루즈 인구는 지속적인 성장세(6~7%)를 보이고 있으며, 2007년 기준으로 1,300만 명 정도로 예상하고 있다. 주요 크루즈 인구는 여전히 미국, 캐나다 등의 북미에 집중되어 있으며, 무려 85% 정도를 차지하고 있다. 그러나 약 95%를 차지하던 예전에 비하면 크루즈 수요의 다변화가 이루어지고 있으며, 주로 유럽, 중남미에서 그 수요의 증가세를 찾아 볼 수 있다.

아시아의 경우 아직 미비한 비율을 차지하고 있으나 눈여겨보아야 할 점은 빠른 속도로 수요가 창출되고 있다는 것이다. 특히 아시아 및 한중일 크루즈 노선의 확대, STX(아커 야즈사 M&A), 삼성중공업(자체 기술로 2010년 크루즈선 건조 계획) 등 한국의 주요 조선업체의 크루즈선 건조에 대한 투자 등 전반적으로 크루즈에 대한 관심과 수요가 늘어나고 있다.

1998년 이후에 건조된 크루즈선은 크루즈 여행자들의 발코니 선실 선호에 따라 기존에 건조된 크루즈선과는 확연이 달라진 외관을 선보이고 있다. 즉, 발코니 선실이 많아지면서 기존에 오션뷰, 내측으로 할당되어졌던 많은 객실들이 발코니로 디자인되면서 더욱 아름다워졌다. 또한 탑승객들의 다양한 욕구를 수용하다 보니, 인공 파도타기 시설이나, 아이스링크, 암벽등반 시설, 보다 넓은 다이닝룸과 바(Bar) 등 기타 편의 시설을 구비하게 되었다. 이로 인해 크루즈선이 점차 대형화되고 있으며, 현재 세계 최대 크루즈선인 160,000톤급의 프리덤호, 리버티호, 인디펜던스호 등을 뛰어 넘는 220,000톤급의 제너시스호가 2009년 가을부터 운항을 시작하게 된다. 무려 5,400명의 탑승이 가능한 규모로 보다 획기적인 편의 시설을 갖추게 될 것이다. 현재 로얄 캐리비안 크루즈의 제너시스 호의 건조 계약이 되어 있는 세계 2위의 크루즈선 제조업체인 아커 야즈사를 STX에서 인수・합병하게 되면서 제너시스호에 대한 관심이 더욱 높아지고 있다.

〈그림 1-8〉 genesis 크루즈선박 모형

Chapter

2

세계의 크루즈 시장

크루즈관광의 이해

세계의 크루즈 시장 제2장

제1절
크루즈사업의 국가별 규모와 선박현황

1. 세계의 크루즈 수요 동향

세계 크루즈 시장의 추세를 살펴보면 크루즈선사간의 인수・합병이 가속화되고 있어 선사의 대형화를 초래하고 있고, 규모의 경제에 의한 크루즈의 과점체제화 현상이 나타나고 있다. 또한 생산성의 향상과 경쟁력 확보, 선상 매력물 확보 등의 기술적 이유로 크루즈선박이 대형화되고 있으며, 공급초과에 따른 경쟁심화로 크루즈 상품가격 하락과 시장세분화가 진행되고 있다.

크루즈 상품은 출항지 지역의 거주민은 물론 출항지까지 항공을 이용해 승선할 수 있는 광역의 시장수요를 표적으로 하는 항공연계 크루즈 상품(fly & cruise)이 증가하고 있다. 시장수요의 욕구변화와 수요층의 확대에 따라 기존 6~14일 이상의 장기 크루즈 상품이 상대적으로 감소하고 2~5일 여정의 단기 크루즈 상품이 지속적으로 증가추세를 보이고 있다. 이는 출항항과 하선항의 선박 입출항을 잦아지게 하여 타 지역 승객의 방문횟수를 증가시키는 것은 물론 지역의 경제적 이익증대에 기여하고 있다.

외국의 경우 여러 가지 유형의 항내 크루즈선(Harbor or Bay Cruising Ship)들이 있으나 여기서는 대양 항해형 크루즈선만을 살펴본다.

초고속 시대의 제트항공기 등장과 더불어 한때 사양사업으로 간주되던 해양 순항 크루즈사업은 최근 가장 성장속도가 빠른 동적 관광여행 상품으로 각광을 받아 "해양여행의 혁명(Cruise Revolution)"이라 일컬을 만큼 크게 발전하여 왔다.

크루즈여행은 1980년대 이후, 근대에 와서 연령의 제한 없이 전 연령층으로 시장이 점차 확대되어 가는 추세에 있으며, 여기에 고급 저가 순항상품의 개발판매로 크루즈유람관광객의 수요는 앞으로도 계속 증가될 것으로 예상된다. 국제적으로 크루즈사업이 활발해지면서 경쟁이 차츰 심해지자 대형 유람선들이 공동 전략으로 세계 관광객 시장을 대상으로 마케팅을 하는 경향이 있는데 노르웨이와 리베리아 선적 대형 유람선 13척의 마케팅을 맡은 로열 캐리비언 크루즈선사가 대표적이다.

전 세계적으로 크루즈선의 보유 국가는 러시아 등 20여개 국가에 이르며, 규모나 활동면에서는 미국, 영국, 노르웨이 등을 중심으로 활발한 활동을 보이고 있다.

유로화에 대한 달러화의 가치절하에도 불구하고, 새로운 선박의 주문은 계속 증가하고 있으며, 2005년 중반에는 21척이 예약이 완료되었고, 총 가격이 90~108억 유로에 이르는 것으로 예측하고 있다.

〈표 2-1〉 세계 크루즈관광선의 국별 보유현황

순위	국별	척수	순위	국별	척수
1	러시아	39	11	중국	5
2	파나마	25	12	네덜란드	3
3	그리스	21	13	프랑스	3
4	노르웨이	16	14	덴마크	3
5	바하마	11	15	독일	2
6	이탈리아	10	16	유고슬라비아	2
7	미국	10	17	폴란드	1
8	영국	9	18	키프로스	1
9	일본	6	19	포르투갈	1
10	리베리아	5	20	나우즈공화국	1

세계적으로 잘 알려진 선발 크루즈 운항국의 톤급별 여객선 현황을 보면 1만 톤 내지 2만 톤의 선박이 48척(25.4%)으로 가장 많고 다음이 5천 톤 이하급 41척(21.7%), 2만 톤~3만 톤이 34척(18%)순이며 3만 톤 이상의 대형선박도 34척, 1만 톤 미만의 선박도 73척(38.6%)이나 된다.

1990년대 초반 크루즈 수요는 440만 명~590만 명 수준이었으나 2000년 980만 명을 기록하는 등 매우 급격한 증가율을 보이고 있으며, 전 세계 크루즈 수요는 1980년부터 2003년까지 연평균 8.1%씩 성장한 것으로 나타났다. 2004년 전 세계 크루즈 관광객 수는 1,338만 명으로 전년대비 8.5% 성장하였으며, 2005년에는 1,455만 명으로 전년대비 8.7% 증가했다.

〈표 2-2〉 지역별 크루즈관광객 현황 (단위 : 천명)

구 분	2001	2002	2003	2004	2005
북 미	6,906	7,470	8,195	9,107	9,918
영 국	776	824	963	1,029	1,071
유 럽 (대 륙)	1,130	1,296	1,718	1,806	2,145
아시아(일본 제외)	600	600	500	450	430
일 본	200	220	200	200	200
호 주	75	116	154	158	187
남 미 / 기 타	505	672	590	633	600
총 계	10,192	11,198	12,320	13,383	14,451

자료 : Tony Peisley (2006), The Future of Cruising

우리나라 크루즈 입항에 영향을 미치는 일본의 크루즈 수요는 일본경제 침체로 인해 높은 증가를 보이고 있지는 않으나, 지속적인 성장세를 유지하고 있다. 크루즈시장이 다른 아시아국가에 비해 일찍 형성되었다는 점과 크루즈선박의 자체 건조능력이 있는 점을 감안할 때 일본의 수요 성장세는 향후에도 지속될 것으로 예상된다.

〈표 2-3〉 일본의 크루즈수요

연도별	국제크루즈			연안크루즈	계
	일본선박	외국선박	소 계		
1987	29,800	9,000	38,800	84,900	123,700
1992	46,400	30,400	76,800	120,300	197,100
1997	33,300	49,000	82,300	103,300	185,500
1998	26,700	46,100	72,800	102,900	175,700
1999	22,700	48,000	70,800	98,500	168,900
2000	21,100	109,400	130,500	95,400	225,900

2. 세계의 크루즈 공급동향

세계의 크루즈 공급량은 크루즈선박에서 숙박할 수 있는 침상의 수로 표시할 수 있다. 다음의 표에 나타난 바와 같이 크루즈 공급력은 전체 숙박 수용력의 0.6%에 그치고 있으나, 1980~1990년 사이에는 107%, 1990~1998년 사이의 8년간은 공급이 90% 정도 증가한

모습을 보이고 있다.

〈표 2-4〉 공급-숙박수용력 동향 (단위 : thousands of berths)

지역별 \ 연도별		1980	1990		1998	
		수용력	수용력	증가율	수용력	증가율
전체공급(호텔숙박포함)	유 럽	8,542	9,824	15%	11,869	21%
	미 주	6,436	8,616	34%	10,329	20%
	동아시아·태평양	763	4,798	528%	6,974	45%
	아프리카	269	665	247%	855	29%
	중 동	141	319	126%	442	39%
	남아시아	126	222	76%	343	55%
	TOTAL	16,277	24,444	50%	30,812	26%
크루즈공급		45	93	107%	177	90%

3. 크루즈시장의 현황과 전망

크루즈시장에서의 수요와 공급은 함께 지속적으로 성장해 왔으며, 특히 점유율(occupancy rate)측면에서는 전세항공기와 유사한 비율을 보이고 있어 효율성이 매우 높은 수치를 나타내고 있다. 크루즈선박은 선실공급에 따른 객실 점유율에서 호텔의 평균 객실점유율을 훨씬 상회하고 있어 자원이용의 효율성에서 앞서고 있다. 1981년부터 2001년까지의 수요와 공급에 따른 선실판매율(객실점유율 ; occupancy rate)은 다음의 표와 같다.

〈표 2-5〉 과거 20년간의 크루즈선박 선실판매율

연도별	세계 크루즈선실 공급량	선실판매율(%)
1981	41,073	70.28
1982	47,266	68.33
1983	47,834	76.63
1984	52,392	77.05
1985	56,771	80.67
1986	60,446	86.21
1987	66,810	87.70

1988	72,268	87.85
1989	72,369	87.02
1990	83,533	88.89
1991	86,631	87.02
1992	97,539	86.56
1993	103,988	84.84
1994	103,296	85.62
1995	105,161	86.50
1996	110,230	87.50
1997	118,013	90.80
1998	138,373	91.60
1999	148,750	88.40
2000	166,201	90.40
2001	172,281	90.20

*SOURCE : CLIA Five-Year Capacity Analysis

제2절 크루즈선사 현황

1. 주요 선사 현황

1) 주요 선사의 점유율 구성

세계의 주요 선사는 일반적으로 4대 선사, 또는 8대 선사로 구분하는데, 4대 선사로는 카니발크루즈(Carnival Cruises), 프린세스크루즈(Princess Cruises), 로열캐리비언크루즈(Royal Caribbean Corporation) 및 아시아의 스타크루즈(Star Cruises)로 구분한다. 세계 8대 선사는 4대 선사에 셀러브리티크루즈(Celebrity Cruises), 코스타크루즈(Costa Cruises), 홀랜드어메리카 라인(Holland America Line) 및 노르웨이전크루즈(Norwegian

Cruise Line)가 추가된다. 4대 선사는 세계 시장점유율의 지배적인 위치에 있으며, 그 점유율은 다음의 표와 같다.

〈표 2-6〉 선사특성별 크루즈선 현황(2002.1월 기준)

선사별	선박수	총톤수 합계	총선실수	평균선령
세계 4대 선사	106	6,152,670	161,411	9.9
북미 소규모 선사	18	508,944	9,728	7.5
유럽 소규모 선사	49	926,188	34,512	27.6
아시아 소규모선사	10	252,133	7,206	17.9
합계	183	7,839,935	212,857	14.8

자료 : PSA & Lloyd's Cruise Int'l

〈그림 2-1〉 Carnival Spirit호

2) 세계 4대 선사의 공급력

세계 4대 선사는 현재 세계 크루즈선실 공급의 72%를 차지하고 있어 크루즈 시장의 선도력을 지니고 있으며, 규모의 경제를 실현해 가는 선사들이라고 할 수 있다. 이들은 크루즈 기항지 선정에 있어서도 선도력을 지니고 있으며, 재구매고객을 확보하고 있어 동일 승객에게 서로 다른 다음 여행 목적지를 추천함으로써 매출을 증진시키고 있다. 세계 4대 선사그룹에 소속된 보유 선사명과 보유선박의 공급력은 다음의 표와 같다.

〈표 2-7〉 세계 4대 크루즈선사 그룹의 보유선사와 공급력

Cruise Groups	Carnival Corporation	Royal Caribbean Cruises(RCC)	P&O Princess	Star Cruises Group
Cruise Lines	* Carnival Cruise Lines * Holland America Line Windstar * Costa Crociere Cunard Seabourn Cruise Line	* Royal Caribbean Int'l * Celebrity Cruises	P&O Swan Hellenic P&O(Australia) * Princess Cruises Aida Cruises	* Star Cruises * Norwegian Cruise Orient Lines
No of Ship	46	23	18	19
TTL GT	2,323,110	1,841,244	1,083,062	905,254
TTL Berths	61,597	47,184	27,420	25,210
Avg Age	10.78	5.61	10.33	8.50
World Market Share	32%	21%	17%	11%

자료 : WTO, 2002.(*표시는 세계 8대 크루즈선사)

3) 세계 4대 선사의 지역별 운항 점유율

아시아에서 유일하게 세계 4대 선사에 속한 스타크루즈는 동남아시아와 극동아시아를 중심으로 운항하고 있으며, 그 이외의 선사는 주로 카리브 해와 알래스카 지역에 중점적으로 취항하고 있다. 따라서 현재로서 아시아 또는 극동아시아를 운항하고 있는 선사의 활동은 매우 미약한 편이며, 향후 크루즈지역의 확대와 함께 많은 크루즈선박이 아시아 지역을 기항할 것으로 예상된다. 현재 세계 4대 선사의 지역별 운항 점유율은 다음의 표와 같다.

〈표 2-8〉 세계 4대 선사의 지역별 운항 점유율

크루즈지역 / 크루즈선사	카리브 해	알래스카	유 럽	극 동
Carnival	37.8	31.2	23.6	0.4
RCC	25.7	23.7	4.1	0.2
P&O Princess	5.9	29.0	9.1	3.5
Star Cruises	7.5	12.9	4.3	74.4
Total	76.9	96.8	41.1	78.5

자료 : Christiania Bank of Kreditkasse(자료기준 : 2000년, %)

4) 세계 크루즈선박의 선적

〈표 2-9〉 크루즈선박의 주요 선적

선적국	선박수	승선 수용력(berth)	점유율(%)
파나마	34	38,527	23.7
라이베리아	33	37,520	23.1
바하마	38	36,231	22.5
노르웨이	12	13,574	8.3
네덜란드	10	12,991	8.0
영국	7	7,646	4.7
그리스	11	5,045	3.1
사이프러스	6	3,918	2.4
독일	5	2,468	1.5
이탈리아	3	1,418	0.9
프랑스	1	1,196	0.7
미국	1	818	0.5

자료 : 이경모(2004), 『크루즈산업의 이해』

대부분의 크루즈선사는 세금을 줄이고, 서구의 엄격한 노동규정을 피하고자 선박의 소유국가에 선적을 등록하지 않고, 선박관련 세금이 적고, 노동법 규정 적용이 까다롭지 않은 파나마, 라이베리아, 바하마와 같은 국가에 선적을 둔다. 크루즈선박의 선적 현황은 위의 표와 같다.

〈그림 2-2〉 로열캐리비언 프리덤호

제3절
크루즈 기항지

1. 크루즈 기항지 선정시 고려사항

크루즈선사가 크루즈 일정을 계획할 때 고려대상이 되는 것은 크게 기항지의 상업적인 측면, 물류와 운송 및 표적시장 선호도라고 할 수 있다. 선사가 고려하는 기항지 선정요인은 다음의 표와 같다.

〈표 2-10〉 크루즈선사의 기항지선정 고려요인

상업적 측면	물류 · 운송	표적시장 선호도
• 시장수요와 수익성 • 항구 이용시 경제성과 質 • 해당지역에서의 경쟁상태 • 판매네트웍의 가용성	• 기반시설의 기술적 조건 • 항만서비스 • 타항구와의 인접성 • 기항지 및 인근의 관광시설 • 타교통과의 접근성 • 연료 · 음식 공급 가용성	• 탑승객의 선호도 • 관광매력물에 대한 선호도 • 현지 시장의 크루즈시장성 • 신변안전 및 정치적 안정성

자료 : 이경모(2004), 『크루즈산업의 이해』

2. 기항지활동

〈표 2-11〉 기항지 활동시간과 활동의 예

관광활동별	일반적인 승하선 시간	일반적인 활동
반일관광	오전 09:00~오후 13:00 또는 오후 13:00~오후 18:00	시내 주요명소 관광 (Orientation Tour)
전일관광	오전 09:00~오후 18:00	시내명소관광 또는 기항지 인근지역 방문
숙박관광	당일 09:00 또는 13:00~ 익일 13:00 또는 18:00	시내명소관광 또는 기항지 인근지역 방문 (대개 숙박은 선상에서)
장기관광	정해진 승하선 시간 없음	특정 선박에서만 가능

자료 : 이경모(2004), 『크루즈산업의 이해』

크루즈선박 여행의 전형적인 일정은 아침에 하선하여 기항지 방문활동 후 오후 늦게 또는 저녁에 승선하여 다음 방문지로 이동하는 것이다. 그러나 크루즈선박의 일정에 따라 기항지 방문시간은 오전반일 또는 오후 반일이 되기도 하며, 1박2일간 항구에 정박해 있기도 한다. 기항지 활동시간과 활동의 예는 위의 표와 같다.

3. 아시아 주요 기항지와 항별 크루즈 교통량

아시아 주요 기항지는 싱가폴, 홍콩, 쿠알라룸푸르 및 푸켓으로 구분할 수 있으며, 그중 입항선박수와 입항 승객 수에 있어 크루즈센터를 보유하고 있는 싱가폴이 가장 많은 선박과 승객을 유치했다.

〈표 2-12〉 아시아 주요 항별 크루즈 교통량

항구별	여행목적지	입항선박수	입항승객수
싱가폴(Singapore)	싱가폴	168	231,522
홍콩(Hong Kong)	홍콩	106	179,158
포트클랑(Port Kelang)	쿠알라룸프르	110	139,510
푸켓(Phuket)	푸켓	114	132,516
후쿠오카(Fukuoka)	후쿠오카	90	83,516
람차방(Laemchabang)	방콕 · 파타야	85	61,016
인천(Inchon)	서울	7	4,900
부산(Pusan)	부산 · 경주	76	8,500

자료 : GP Wild Ltd, (단기크루즈 및 연안크루즈는 제외됨, 한국은 98년, 외국은 2001년 기준)

Chapter

3

세계의 주요 크루즈 선박의 분석

크루즈관광의 이해

제3장 세계의 주요 크루즈선박의 분석

제1절 크루즈선박의 평가

1. 크루즈선박 평가

크루즈선박은 선박의 규모, 선령, 크루즈목적 등에 따라 유형을 분류할 수 있다. 크루즈선박의 규모에 따라 소형 크루즈선박, 중형 크루즈선박 및 대형 크루즈선박으로 구분할 수 있으며, 최근 선박 주문 동향에 따르면, 중형 크루즈선박의 주문은 감소하고, 대형 및 초대형 크루즈선박의 주문이 증가하고 있다.

다음 표에 구분된 방법 이외에도 선박의 규모와 함께 운항 특징별로 부티크 크루즈선박(Boutique cruise ship), 오션라이너(Ocean liner) 및 탐험크루즈선박(Expedition cruise ship) 등이 있다.

부티크 크루즈선박의 승객정원은 300명 이하이나 매우 고급스러운 서비스를 제공하는 크루즈선박이며, 오션라이너는 일반적으로는 해양을 항해하는 여객선을 지칭하나, 크루즈산업에서는 과거 대서양횡단과 세계일주에 이용되었다가 크루즈선박으로 변환된 선박을 의미한다. 이러한 선박은 대개의 경우 강인한 선체를 지니고 있으며, 흘수가 깊은 것이 특징이다.

선박을 구분하는 다른 방법 중 하나는 선령에 따른 방법으로 일반적으로 1970년 이전에 건조된 선박을 구형선박(Old ship)이라 하고, 1970년 이후에 건조된 선박을 신형선박(New ship)이라고 한다.

크루즈선박의 평가기준은 크루즈여행상품의 수준에 따라서 1에서 10까지 등급을 주었다. 가장 높은 등급의 선박이나 회사들을 특별한 기준에 따라서 "베스트"로 선정하였다. 같은 회사의 선박들의 경우 선박들끼리는 동일한 가격과 조건에서 등급을 비교하였다. 한 회사 내에서의 일련의 선박들에 대해서는 회사와 함께 선박의 이름을 표시하였다. 아래의 분류에 적용한 평가 기준은 다음과 같다.

〈표 3-1〉 규모에 의한 크루즈선박 분류

선박유형		선박의 특징
소형선박 (Small ship)	Boutique	5,000톤에서 20,000톤 규모의 선박이며, Boutique Luxury와 Boutique Adventure로 세분류하기도 한다.
중형선박 (Midsize)	Mid-Size	50,000톤 이상의 선박
대형선박 (Superliner)	Resort XL (Extra Large)	70,000톤 이상의 선박
초대형선박 (VLCV)	Resort XXL (Extra Extra Large)	85,000톤에서 100,000톤급 이상의 선박으로 너무 커서 파나마운하를 경유할 수 없는 거대선박들이다.

자료 : Blum, Ethel, Worldwide Crusing, 14th Edition 참고 재작성.

또한 가격대로 분류하는 기준은 아래와 같다.

〈표 3-2〉 가격대에 의한 크루즈선박 분류

Budget $$	일인당 하루 $125이하
Moderate $$$	일인당 하루 $125에서 $225사이
Premium $$$$	일인당 하루 $250에서 $375의 가격대
Luxury $$$$$	일인당 하루 $400의 가격대

자료 : Blum, Ethel, Worldwide Cruising, 14Th Edition.

1) 분야별 베스트 선박과 선사 및 크루즈여행의 분류

〈표 3-3〉 크루즈선사에 의한 분류

크루즈선사	승선비용	선박규모
Carnival Cruise Lines	$$$	Resort
Holland America Line	$$$$	Premium
Princess Cruise	$$$	Resort
ROYAL Caribbean International	$$$	Resort
Silver Sea	$$$$$	

〈그림 3-1〉 큐나드 크루즈의 퀸엘리자베스 2호

〈표 3-4〉 최고의 세계일주 크루즈여행

선박명	승선비용	선박규모
Amsterdam	$$$$	Premium
Aurora	$$	Budget
Crystal Symphony	$$$$$	Luxury
Seven Seas Mariner	$$$$$	Luxury
Queen Elizabeth	$$-$$$$$	Traditional

〈그림 3-2〉 실버씨 크루즈

〈표 3-5〉 가장 낭만적인 선박(부티크 카테고리)

선박명	승선비용	선박규모
Paul gauguin	$$$$	Luxury
Silver Wind/Cloud	$$$$$	Boutique Luxury
Wind Spirit/Song/Star/Surf	$$$$	Boutique Luxury

〈그림 3-3〉 실버씨 크루즈의 실버윈드호

〈표 3-6〉 가장 낭만적인 선박(대형 선박)

선박명	승선비용	선박규모
Carnival Spirit/Pride/Legend	$$$ XXL	Resort
Dawn/Sea/Sun/Ocean Princesses (Princess Cruises)	$$$ XL	Resort
Millennium/Summit/Infinity	$$$$	Premium

〈그림 3-4〉 셀러브리티 크루즈의 밀레니엄호 선사내부

〈표 3-7〉 시니어를 위한 최고의 선박

선박명	승선비용	선박규모
Rotterdam/Prinsenddam	$$$$	Premium
Carnival Paradise	$$$ XXL	Resort
Caronia(Cunard Line)	$$$$	Traditional
Crystal Harmony/Symphony	$$$$$	Luxury
Seabourn Pride/Spirit/Legend	$$$$$	Boutique
World Explorer	$$	Budget

〈그림 3-5〉 Carnival Paradise호

〈표 3-8〉 장애 여행자를 위한 최고의 선박

선박명	승선비용	선박규모
Rotterdam	$$$$	Premium
Carnival Spirit/Pride/Legend	$$$ XXL	Resort
Grand-Princess, Ocean Princess	$$$ XXL	Resort
Royal Caribbean Voyager-Class Vessels	$$$ XXL	Resort

〈그림 3-6〉 Carnival Spirit호

〈표 3-9〉 최고의 유태인 음식

선박명	비 용
Holland America	$$$
Radisson Seven Seas Cruises	$$$$$
Crystal Cruises	$$$$$

〈표 3-10〉 최고의 식당 선택권을 보유한 선박

선박명	승선비용	선박규모
Carnival Spirit/Pride/Legend	$$$ XXL	Resort
Millenium/Summit/Infinity	$$$$	Premium
Disney Wonder/Magic	$$$ XL	Resort

〈그림 3-7〉 셀러브리티 크루즈 밀레니엄, 썸미트 호

〈표 3-11〉 독신자를 위한 최고의 선박

선박명	승선비용	선박규모
Carnival Cruise Line	$$$	Resort
Crystal Cruise	$$$$$	Luxury
Silversea Cruise	$$$$$	Luxury

〈그림 3-8〉 실버씨 크루즈

〈표 3-12〉 최고의 오락이 제공되는 선박

선박명	승선비용	선박규모
Carnival Cruise Lines	$$$	Resort
Princess Cruises	$$$	Resort
Norwegian	$$$	Resort

〈그림 3-9〉 크루즈 선내 고급 엔터테인먼트 시설

〈표 3-13〉 최고의 온천과 체육시설이 제공되는 선박

선박명	승선비용	선박규모
Carnival Triumph Carnival Spirit Class Ships	$$$ XXL	Resort
Norwegian Sky	$$$ XXL	Resort
Royal Caribbean's Voyager Class Ships	$$$ XXL	Resort
Prinsendam(Holland America Line)	$$$$	Luxury
Seven Seas Mariner	$$$$$	Luxury

〈그림 3-10〉 Radisson Seven Seas 크루즈선사의 Seven Seas Mariner

〈표 3-14〉 가족단위 여행자를 위한 최고의 선박

선박명	승선비용	선박규모
Carnival Triumph Carnival Spirit Class Ships	$$$ XXL	Resort
Norwegian Sky	$$$ XL	Resort
Royal Caribbeaan's Voyager Class Ship	$$$ XXL	Resort
Prinsendam (Holland America Line)	$$$$	Luxury
Seven Seas Mariner	$$$$$	Luxury

〈그림 3-11〉 홀랜드 아메리카 선사의 승객

〈표 3-15〉 회의와 미팅을 위한 최고의 선박

선박명	승선비용	선박규모
Seven Seas Mariner	$$$$$	Luxury
Crystal Symphony	$$$$$	Luxury
Silver Whisper Silver Shadow	$$$$$	Luxury
Radisson Diamond	$$$$	Boutique
Seabourn Pride/Spirit/Legend	$$$$$	Luxury
Adventure of The Seas	$$$ XXL	Resort

〈그림 3-12〉 Seven Seas Mariner와 실버씨 크루즈

2. 기타 특수 목적의 크루즈 여행

- 누디스트를 위한 크루즈여행 : American Association for Nude Recreation(플로리다), Bare Necessities Tour & Travel, Travel Au Naturel

〈그림 3-13〉 누디스트를 위한 크루즈선사 모습

- 게이나 레즈비언을 위한 크루즈여행 : PSVP Cruises(미네소타), Our Family Abroad(뉴욕), Advance Damron Vacations(텍사스), Pied Piper Travel(뉴욕)

〈그림 3-14〉 2005년 2월 게이그룹을 위한 캐리비안으로 향하는 Celebrity선사의 Constellation호

- 여성전용 크루즈여행 : Olivia Cruises(캘리포니아)

〈그림 3-15〉 Olivia Cruise 선상모습

- 금주자를 위한 크루즈여행 : Serenity Trips

〈그림 3-16〉 Sober Celebration사의 프리덤호 출항 전 모습

- 각종 테마 크루즈 : www.fieldingtravel.com(예술과 건축, 골프, 역사, 와인 식음, 음악, 엔터테인먼트 등과 일식과 월식, 지역축제, 새해맞이 등의 특별이벤트)

〈그림 3-17〉 2008 8월 21일~9월 2일 출항예정인 기독교 역사를 위한 Holland America Line 크루즈 목적지

제2절
일본의 크루즈선박의 분석

1. 일본 크루즈선의 발전 과정

일본에서 크루즈 여객선은 1989년 (오셔닉 그레이스)호가 첫 취항을 하였고, 미쓰이 여객선의(MOPAS)의 후지마루호도 취항하여 원년으로 기록되었다. 이전의 차터 크루즈는 1972년에 미쓰이 여객선의 니혼마루호가 취항하여 세계일주 크루즈여행을 실시한다.

1974년에는 2대째의 (니혼마루)가 그리고 (신사쿠라마루)가 등장하여 일본적인 크루즈여행이 실시되었다. 그 후에 (오이로퍼)나 미국의 TV프로 (러브보트)에서 카리브 해 크루즈여행의 즐거움을 확산시킨 (퍼시픽 프린스) 등이 내항하게 되어 크루즈여행의 확산을 가져오게 하였다.

1990년에는 일본 우편선이 미국 주변의 크루즈여행을 위하여 만든 크리스털 크루즈사가 운항하는 크리스털 하모니가 취항했다.

국내에서는 일본 크루즈여객선의 3대째인 (니혼마루)와 일본 여객선이 계속 증가하게 된다. 1991년에는 전쟁 전에 호화 여객선의 운항경험을 가지고 있는 아쓰카호가 취항되었다. 일본은 미쓰이 여객선, 일본 우편선, 일본 크루즈여객선의 3사가 세계일주여행을 실시하면서 크루즈여행업계가 발전하게 되었다.

1998년에는 일본 크루즈여객선이 오리엔트 비너스호보다 대형이고, 선내 설비도 좋아진 퍼시픽 비너스호를 취항하게 되었다. 버블이 붕괴된 후에는 불황이 계속되면서 크루즈인구가 좀처럼 증가하지 않아, 각사의 경영이 어렵게 되었다.

1991년에는 이시카리호가 취항하여 차량 탑재와 함께 태평양지역을 여행하고 있다. 1990년대의 세계의 크루즈여행업계는 대형선을 중심으로 발전을 거듭하여 2004년에는 일본에도 11만 톤급의 (다이아몬드 프린세스)호가 취항할 예정이다.

2. 일본형 크루즈 여객선의 제원

〈표 3-16〉 FUJIMARU 제원

총 톤 수	23,235t
전 장	167m
전 폭	24.0m
흘 수	6.6m
주 기 관	10700ps*2
항해속력	18노트(순항)
객실 수/승객정원	163실/600명
승무원수	약 180인
취항연월일	1989.04.19
건 조 사	미쓰비시 중공업 고오베 조선소

〈표 3-17〉 NIPPONMARU 제원

총 톤 수	21,903t
전 장	166.6m
전 폭	24.0m
흘 수	6.6m
주 기 관	10450ps*2
항해속력	18노트(순항)
객실 수/승객정원	202실/600명
승무원수	약 180인
취항연월일	1990.9.27
건 조 사	미쓰비시 중공업 고오베 조선소

Cruise ship NIPPON MARU

〈표 3-18〉 미쓰이 상선 개요

상 호	주식회사 상선 미쓰이 Mitsui O.S.K. Lines, Ltd.
본 사	(우)105-8688 토쿄도 미나토구 도라노몬2쵸메1 번1호
본 점	(우)530-6591 오사카부 오사카시 키타구 나카노시마3쵸메6번 32호
자본금	64,915,351,028엔
발행제 주식수	1,205,410,445주
주주수	117,133명
주요 주주	• 일본 trustee·서비스 신탁은행 주식회사 • 일본 마스터 트러스트 신탁은행 주식회사 • 미츠이 스미토모 해상 화재보험 주식회사 • 자산관리 서비스 신탁은행 주식회사 • 스테이트 스트리트 뱅크 앤 트러스트 컴퍼니 • 주식회사 미츠이 스미토모 은행 • 주식회사 미즈호 코퍼레이트 은행

주요 주주	• UFJ신탁은행 주식회사 • 동경해상일동 화재보험 주식회사 • 자체스만핫탄반크에누에이론돈
주식 상장	도쿄, 오사카, 나고야, 후쿠오카, 삿포로, 프랑크푸르트 각 증권거래소
종업원	897인(육상 611인 해상 286인) : 타사등에의 출항 자를 제외한 인원
그룹 회사 수	322사(연결 결산 대상 회사)
그룹 회사 종업원 수	7,385인(연결 결산 대상 회사)
그룹 운항 선박 규모	646척, 4,149만 중량톤

〈표 3-19〉 ASUKA

총 톤 수	28,856t
전 장	192.8m
전 폭	24.7m
흘 수	6.7m
주 기 관	11770ps*2
항해속력	21노트(최고)
객실 수/승객정원	296실/592명(차터:275/550)
승무원수	약 270인
취항연월일	1991.12.24
건 조 사	미쓰비시 중공업 장기 조선소

〈표 3-20〉 NYK 크루즈선사 개요

회사명	우편선 크루즈 주식회사 NYK CRUISES CO.,LTD.
본 사	(우)100-0005 토쿄도 치요다구 마루노우치2쵸메3번2호 우편선 총무 : 03-3284-5862 영업 : 03-3284-6001 FAX : 03-3284-6005
오사카 지점	(우)541-0048 오사카시 츄우오구 카와라쵸3-5-7 오사카 나가와 빌딩4층 대표 : 06-6203-0561 FAX : 06-6203-0563
창 립	1989연1월
자본금	20억 엔
주 주	일본우선 주식회사
임 원	이사회장/나바 광슌 대표이사 사장/마츠다이라 마코토(관리부, 호텔부 담당, 치프 인포메이션 사관) 대표이사 전무이사/번야 야스히로(운항부, 선박부, 관리부 선원 노무 관련 사항 담당) 이사/신촌 중기(영업 제2 부장 위촉) 이사/상록수 재(영업 제1 부장 및 오사카 지점장 위촉) 이사(비상근)/스기우치 카츠미

〈표 3-21〉 ORIENT VENUS

총 톤 수	21,906t
전 장	175m
전 폭	24.0m
흘 수	6.5m
주 기 관	9270ps*2
항해속력	18.5노트(순항)
객실 수/승객정원	186실/600명
승무원수	약 156인
취항연월일	1990.07.12
건 조 사	石川島播摩重工業東京1工場

〈표 3-22〉 PACIFIC VENUS

총 톤 수	26,518t
전 장	183.4m
전 폭	25.0m
흘 수	6.5m
주 기 관	9270ps*2
항해속력	20.8노트(최고)
객실 수/승객정원	238실/696명
승무원수	약 180인
취항연월일	1998.04.12
건 조 사	石川島播摩重工業

〈표 3-23〉 ISHIKARI

총 톤 수	14,257t
전 장	192.5m
전 폭	27.0m
흘 수	6.7m
주 기 관	14770ps*2
항해속력	21.5노트(최대 24)
객실 수/승객정원	개인실 60실, 단체 18/854명
승무원수	약 43인
취항연월일	1991.03.25
건 조 사	미쓰비시 중공업 고오베 조선소

〈표 3-24〉 일본 크루즈선사 개요

상 호	일본 크루즈 여객선 주식회사
본사 소재지	(우)530-0001 오사카시 키타구 우메다2쵸메5번25호 우메다 한신 제1빌딩 TEL(06)6347-7521(대) FAX(06)6341-8980
설 립	헤세이 원년4월26일
자본금	4억 엔
사업내용	1. 여객의 해상운송 2. 마리나, 수상스포츠 시설, 숙박시설의 운영 3. 음식점의 경영 4. 의약품, 주류, 담배의 판매업 5. 선박 내에 있어서의 유희도구 임대, 이발관, 클리닝점 6. 피로연, 파티, 회의, 행사의 진지구축 및 상을 차리는 일의 청부 7. 일반 여행업 8. 손해 보험 대리업 9. 그 외전 각 호에 부수 하는 모두의 사업

- **종업원** : 육상 종업원 51명 해상 종업원 90명 합계 141명
- **영업소** : 토쿄 지점 (우)104-0061 토쿄도 츄오구 긴자4쵸메10번10호 긴자 산노우 빌딩 6계 TEL(03)3543-5505(대) FAX(03)3543-5506
- **관계 단체** : 일본 국제무역촉진협회 · 일본 외항여객선협회 · 일본 배여행업

3. 일본 크루즈선의 특징

일본의 크루즈선사들은 그동안의 크루즈여행운항의 경험을 살려서 일본의 조건에 적합한 크루즈선 개발에 성공하고 있다.

예를 들어, MOPAS에서 제시하는 경제성을 고려한 일본형 크루즈선의 제원은 총톤수 2만 톤이 넘으면서 전체 길이는 150m 이상이고, 최대 200m를 넘지 않고, 정원은 600명 내외이며, 속력은 20노트 전후를 일본형 크루즈선의 제원으로 제시하고 있다.

제3절 스타 크루즈선박의 분석

1. 스타 크루즈선사의 연혁과 보유선의 제원

아시아·태평양권역을 기반으로 하는 스타 크루즈는 말레이시아 대기업인 겐팅 그룹(Gen-ting International Group)의 대주주인 림고통이 1993년 창립하여 홍콩에 본사를 두고 있다. 처음 발트 해에서 운영되고 있던 유럽의 페리선을 매입한 뒤 수리를 하였는데, 특히 하나의 데크를 카지노와 갬블링 시설로 바꾸어 이를 찾는 수요층을 주요 표적대상으로 하였다. 당시 아시아시장 여행수요의 증가추세와 맞물려 싱가폴과 홍콩을 중심으로 한 단기 크루즈를 시작하였다.

〈표 3-25〉 SuperStar Virgo

총 톤 수	76,800grt
길 이	268m/879ft
넓 이	32m/106ft
운항속도	24kn
최대속도	25.5kn
Number of Stabilisers	1 set
Bow &Stern Thrusters	3
Full Satellite Navigation System	2
총객실수	980
수용인원	1,960

2000년 4월 카니발이 소유하고 있던 NCL의 지배주식을 매입함으로써 NCL과 오리엔트 라인을 완전 매입하였고, 2001년 3월에 일본시장을 공략하기 위해서 역시 2~3일의 짧은 크루즈를 운영하였다. 대부분의 일본 승객은 아시아인과 호주인이었으며, 나머지는 영국·독일·북미·캐나다인이 차지하였다.

스타 크루즈는 말레이시아의 포트 클랑, 랑카위, 키잘, 그리고 태국의 람차방에 스타크루즈 터미널을 건립하였다. 또한 항해사들을 위해 말레이시아의 포트 클랑에 있는 스타크루즈 터미널에는 가상항해 시뮬레이터 시스템을 갖추고 있다.

〈표 3-26〉 SuperStar Libra

총 톤 수	42,000grt
길 이	216m/713ft
넓 이	28m/93ft
운항속도	19kn
최대속도	22kn
Number of Stabilisers	2
Bow &Stern Thrusters	2
Full Satellite Navigation System	2
총객실수	740
수용인원	1,480

〈표 3-27〉 Star Pisces

총 톤 수	40,053grt
길 이	177m
넓 이	29m
운항속도	18kn
최대속도	21kn
Number of Stabilisers	2
Bow &Stern Thrusters	2
Full Satellite Navigation System	2
총객실수	776
수용인원	1,287

〈표 3-28〉 SuperStar Gemini

총 톤 수	19,093grt
길 이	164m/537ft
넓 이	23m/74ft
운항속도	17.5kn
최대속도	19kn
Number of Stabilisers	2
Bow &Stern Thrusters	2
Full Satellite Navigation System	2
총객실수	400
수용인원	800

〈표 3-29〉 MegaStar Aries

총 톤 수	3,341grt
길 이	85.46m/280.39ft
넓 이	14m/46ft
운항속도	12.5kn
최대속도	14kn
Number of Stabilisers	1Set
Bow &Stern Thrusters	1
Full Satellite Navigation System	Yes
총객실수	33
수용인원	66

〈표 3-30〉 MegaStar Taurus

총 톤 수	3,341grt
길 이	85.26m/279.74ft
넓 이	14m/46ft
운항속도	12.5kn
최대속도	15kn
Number of Stabilisers	1Set
Bow &Stern Thrusters	1
Full Satellite Navigation System	Yes
총객실수	33
수용인원	66

2. 스타크루즈선사의 분석결과

스타크루즈선사의 경우 평균 톤수는 30,771GT이고, 평균 선박의 길이는 166m이었다. 특이 사항중 하나는 랑카위 항과 포트클랑 항의 경우 아래의 사진과 같이 선박의 길이가 기존 선석보다 길 경우를 대비하여 유동적인 결박시설을 구비한 것이었다.

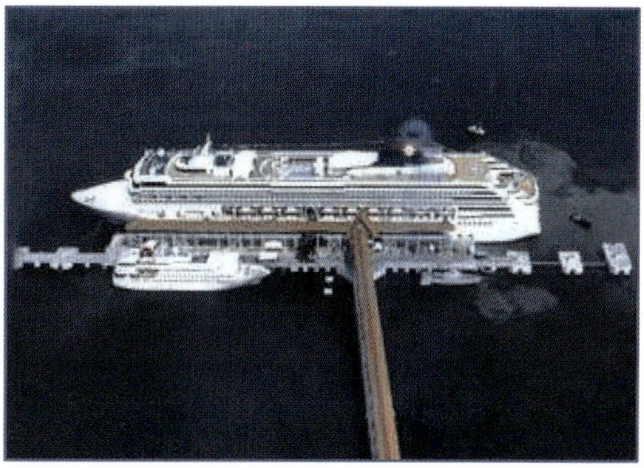

〈그림 3-18〉 좌 : 랑카위, 우 : 포트클랑

이 경우는 대부분의 선석과 수직형태로 독특하게 설치한 것으로 제주항에 비추어 횡렬식으로 건설될 경우 문제가 없었을 것으로 보이나 마리나를 겸용할 시, 장래의 대형 요트 크루즈를 대비할 경우를 고려한다면, 경제적이고 실용적인 시설이 될 것으로 생각되어진다.

제4절 원드스타 크루즈선사의 분석

1. 개 황

독특한 새로운 크루즈여행의 개념을 제공하고 있는 윈드스타(Windstar) 크루즈선사는 지난 15년 동안 기존의 크루즈여행과는 180° 다른 크루즈 여행의 개념을 보이면서 운항하여 왔다.

윈드스타는 전형적인 크루즈 혹은 리조트 휴가의 관심과는 다른 대안적인 크루즈 여행의 비전을 제공한다는 것을 모토로 1980년 중반에 설립이 되었다.

윈드스타의 승객들은 최고급 숙박시설과 가볍고 우아한 환경의 서비스와 음식을 제공받고 있다. 윈드스타는 기존의 크루즈선이 들어가지 못하는 조용한 항구로, 기존 노선을 제외한 다른 지역으로 항해를 추구하고 있으며, 최근에는 지중해로부터 카리브 해, 극동지역으로 항해의 목적지를 선택하고 있다.

2. 선 박

윈드스타의 선박은 마스트가 있는 세일요트(masted-sail-yachts)로서 독특한 항해 장비를 가지고 있다. 버튼하나로 2분 안에 푸른 창공에 흰색의 돛을 펼칠 수 있다. 모든 기능은 브릿지 안에서 컴퓨터 마이크로 칩과 네비게이션 장치에 의해서 조종이 되고 있다. 가끔 브릿지를 개방하여 승객들이 유능한 선장과 함께 요트를 조종할 수 있는 기회가 제공되기도 한다.

148명의 승객이 승선할 수 있는 Wind Star는 1988년 Wind Spirit와 자매선박으로 탄생되었다. 럭셔리 크루즈의 새로운 분야로서 윈드스타는 탄생됐던 것이다. 10년 후, 1998년에는 308명의 승선규모의 Wind Surf가 윈드스타에 들어오게 되었다. Club Med I과 같은 오리지널 세일링으로서 Wind Surf는 완벽한 조화를 이루기 위해 자매선박들과 똑같은 조선소에서 유사한 제원을 가지고 엄격하게 1990년에 건조되었다.

3. 선상생활

윈드스타의 독특한 세일링 컨셉은 소형 호화 크루즈선, 캐주얼 복장, 대안적 만찬을 가지고 크루즈산업을 이끌고 있다. 세련되고 미래적인 이런 컨셉은 윈드스타에 있어 화려한 명성과 함께 틈새시장으로 들어왔으며, 처음 크루즈를 경험하는 3분의 1정도의 현대 크루즈 여행자들에게 새로운 매력물로 각인되어지고 있는 것이다.

고급 우드 인테리어를 갖춘 티크 재질의 갑판과 친절한 서비스, 수려한 주변 환경, 예술적인 작품성, 가볍게 먹을 수 있는 채식 메뉴의 다양한 선택, 그리고 와인 리스트 등은 윈드스타만이 가지고 있는 특별한 요소이다.

31개의 고급 스위트룸을 갖춘 Wind Surf의 특징은 비즈니스/인터넷 센터, 클럽, 10,000평방feet(218평) 규모의 스파치료, 상담, 헬스운동 프로그램을 다루는 WindSpa가 있다.

148명에서 308명 정도가 승선할 수 있는 윈드스타 선박들은 개인요트를 항해하는 것처럼 세일러 동료들 사이의 영원한 우정과 열정을 창조하고 있다. 윈드스타에 승선하면 매일매일 새로운 지평과 항구를 탐험하는 꿈을 이룰 수가 있다.

4. 목적지와 항해 활동

주요 목적지로는 극동지역을 포함한 새로운 목적지로서 싱가폴, 태국, 캄보디아, 베트남, 인도네시아와 말레이시아 뉴질랜드, 호주, 바하마, 플로리다, 말타, 튀니지 등으로 기항하며, 윈드스타의 가장 인기 있는 코스인 그리스, 터키, 지중해, 카리브, 버진 아일랜드, 벨리즈, Mayan Riviera, 코스타리카의 Pacific Gold Coast, 파나마 운하, 대서양 횡단까지 새로운 여행 일정이 시도되고 있다. 또한 상륙여행과 무료의 수상스포츠 활동을 재미있게 혼합하여 각 목적지에서 즐길 수 있도록 하고 있다. 승객들은 코스타리카의 숲 속에서 특수한 스포츠 관광을 하기도 하고, 카리브지역에서 실제로 아메리카스 컵에 출전한 요트로 항해하기도 한다. 선박의 후미에 있는 스포츠 플랫폼에서는 수상스키, 윈드서핑, 잠수, 캬약, 바나나보트를 무료로 즐길 수 있도록 되어 있다.

시애틀에 본사를 두고 있는 윈드스타 크루즈선사는 308명 승선 인원의 Wind Surf, 148명 승선인원의 Wind Star와 Wind Spirit를 운항하고 있다.

이들 3척의 요트 크루즈선은 전 세계의 47지역을 항해하면서 여유가 넘치는 최고의 휴가여행의 기회를 제공하고 있다.

5. 윈드스타 크루즈선사의 보유 선박 제원

〈표 3-31〉 Wind Surf 제원

Windstar Cruises

Wind Surf	
제작년도	1990(Refurbished : 2002)
톤　　수	14745
전　　장	617feet(188m)
전　　폭	66feet
흘　　수	16feet
속　　도	12knots
등록국가	Bahamas
수용인원	308
Space Ratio/Passenger	47.873ft/pass
Normal Crew Size	190
Crew Nationality	Indonesian/Filipino
Nationality of Officers	British/Norwegian
Nationality of Dining Staff	Indonesian/Filipino

〈표 3-32〉 Wind Spirit 제원

Windstar Cruises

Wind Spirit	
제작년도	1988(Refurbished: 2002)
톤 수	5350
전 장	440feet(134m)
전 폭	52feet
흘 수	14feet
속 도	10knots
등록국가	Bahamas
수용인원	148
Space Ratio/Passenger	36.149ft/pass
Normal Crew Size	90
Crew Nationality	International
Nationality of Officers	British
Nationality of Dining Staff	International

〈표 3-33〉 Wind Star 제원

Windstar Cruises

Wind Star	
제작년도	1986(Refurbished : 2002)
톤 수	5350
전 장	440 feet(134m)
전 폭	52feet
흘 수	14feet
속 도	8knots
등록국가	Bahamas
수용인원	148
Space Ratio/Passenger	36.149ft/pass
Normal Crew Size	90
Crew Nationality	International
Nationality of Officers	British
Nationality of Dining Staff	International

〈표 3-34〉 Star Flyer 제원

Star Clippers

Star Flyer	
제작년도	1991
톤 수	2298
전 장	360feet(110m)
전 폭	50feet
흘 수	19feet
속 도	N/A
등록국가	Luxembourg
수용인원	170
Space Ratio/Passenger	13.518ft/pass
Normal Crew Size	72
Crew Nationality	N/A
Nationality of Officers	European
Nationality of Dining Staff	N/A

〈표 3-35〉 Royal Clipper 제원

Star Clippers

Royal Clipper	
제작년도	2000
톤 수	5000
전 장	439feet(134m)
전 폭	54feet
흘 수	18feet
속 도	N/A
등록국가	Luxembourg
수용인원	227
Space Ratio/Passenger	22.026ft/pass
Normal Crew Size	106
Crew Nationality	N/A
Nationality of Officers	European
Nationality of Dining Staff	N/A

〈표 3-36〉 Star Clipper 제원

Star Clippers

Star Clipper	
제작년도	1992
톤 수	2298
전 장	360feet(110m)
전 폭	50feet
흘 수	19feet
속 도	N/A
등록국가	Luxembourg
수용인원	170
Space Ratio/Passenger	13.518ft/pass
Normal Crew Size	72
Crew Nationality	N/A
Nationality of Officers	European
Nationality of Dining Staff	N/A

〈표 3-37〉 Polynesia 제원

Windjammer Barefoot Cruises

Polynesia	
제작년도	1938(Refurbished : 1994)
톤 수	430
전 장	248feet(75.6m)
전 폭	36feet
흘 수	18feet
속 도	10knots
등록국가	Honduras
수용인원	126
Space Ratio/Passenger	3.413ft/pass
Normal Crew Size	45
Crew Nationality	West Indian
Nationality of Officers	British
Nationality of Dining Staff	West Indian

〈표 3-38〉 Mandalay 제원

Windjammer Barefoot Cruises

Mandalay	
제작년도	1923(Refurbished : 1994)
톤 수	400
전 장	236feet(71.9m)
전 폭	33feet
흘 수	15feet
속 도	9knots
등록국가	Honduras
수용인원	72
Space Ratio/Passenger	5.556ft/pass
Normal Crew Size	31
Crew Nationality	West Indian
Nationality of Officers	British
Nationality of Dining Staff	West Indian

〈표 3-39〉 Yankee Clipper 제원

Windjammer Barefoot Cruises

Yankee Clipper	
제작년도	1927(Refurbished : 1993)
톤 수	325
전 장	197feet(60m)
전 폭	30feet
흘 수	17feet
속 도	9knots
등록국가	Honduras
수용인원	64
Space Ratio/Passenger	5,078ft/pass
Normal Crew Size	30
Crew Nationality	West Indian
Nationality of Officers	British
Nationality of Dining Staff	West Indian

제5절
CUNARD 크루즈선사의 분석

1. CUNARD 크루즈선사의 배경

총 3척의 최고급 크루즈선박을 보유한 특급선사이다. 마이애미에 소재하고 있으며, 1840년부터 최고급 크루즈를 시작한 가장 역사가 깊은 선사로 2004년에는 해상 위의 궁전이라 불리는 "Queen Mary Ⅱ"를 탄생시켰다. 세계에서 가장 크고 높으며 긴 선박으로 항해하는 방향마다 멋진 관경을 감상할 수 있도록 과학적으로 지어졌다. 크루즈선사 중 유일하게 정기적으로 대서양을 횡단하는 "Queen Elizabeth호"도 있으며 CUNARD사의 165주년을 맞아 2007년 12월에는 85,000톤급의 "Queen Victoria"가 선보일 예정이다.

2. CUNARD 크루즈선사의 보유 선박 제원

Queen Mary Ⅱ호는 2004년 1월 영국 엘리자베스 2세 여왕에 의해 진수되어 취항하였다. 길이 345m로 시드니 하버브릿지 보다 2/3배 길며 높이는 72m로 자유의 여신상, 런던타워, 로마의 콜로세움, 도쿄돔보다 높다. 6개의 고급레스토랑과 5개의 수영장, 영화관 연극전용관, 24시간 마사지 룸 등 규모면에서도 세계 최고라고 자부되어진다. 또한 60억 원 상당의 소장품을 전시해 놓은 갤러리도 있다. 승객 2명당 1명꼴의 승무원을 배치하여 최고급 서비스를 제공한다.

〈표 3-40〉 Queen Mary II 크루즈 제원

건조년도	2003년
총 톤 수	15만 톤
전 장	345m
전 폭	45m
Draft	10m
최대속도	30노트
수용인원	2,620명
승 무 원	1,254명
Deck	12
비 용	약 9,600억 원

바다위의 도시라고 불리는 Queen Elizabeth II호는 크루즈계의 여왕선박으로 불리며 월드 크루즈를 통한 세계항해를 운항하고 있다. 영국의 유명한 헤롯 백화점과 실내외 수영장, 골프와 유럽식 스파를 즐길 수 있는 선박이다. 바다가 보이는 5개의 훌륭한 레스토랑을 지닌 우아한 선박으로 최고급 서비스를 제공하고 있다. 아쉽게도 2008년 2월 24일 시드니 항으로 29번째이자 탄생 40주년을 마지막으로 2009년부터는 두바이의 인공섬에 정박하여 해상호텔로 변신할 예정이다. 향후 아랍에미리트연합(UAE)이 약 1억 달러(약930억원)를 지불하고 구매할 예정이며 두바이 해안에서 떨어진 인공섬 팜 주메이라에 정박하게

될 예정이며 2009년 호화 호텔로 탈바꿈하게 된다.

1969년 첫 항해를 시작한 이래 25차례나 세계 일주를 하였으며 대서양을 800번 이상 횡단했고 250만 명이 넘는 승객들을 실어 날랐다. 2009년 호텔로 개조될 때에 선박 내에 유람선의 역사를 기념하기 위한 박물관도 예정되어 있다.

〈표 3-41〉 Queen Elizabeth II 크루즈 제원

건조년도	1969년
총 톤 수	70,327톤
길　이	293.5m
선　폭	32m
높　이	62m
수용인원	2,008명
승 무 원	921명
내부선실	325개
외부선실	670개

2007년 12월 북유럽을 시작으로 역사적인 항해를 시작하는 90,000톤급 Queen Victoria는 총 1,007개의 선실 중 76%가 전용 발코니를 지니고 있으며, 그랜드 스위트, 마스터 스위트, 펜트하우스, 퀸즈 스위트, 프린세스 스위트, 발코니, 오션뷰와 인사이드의 총 8개 종류의 선실을 소유하고 있다.

〈표 3-42〉 Queen Victoria 크루즈 제원

길　　이	294m
폭	32.3m
초　　안	7.9m
높　　이	54.5m
수용인원	2,014명
승 무 원	미정
Guest Decks	12
속　　력	미정

제6절
한국의 크루즈 전용터미널의 입항 가능성 분석

세계의 주요 기항지는 400여개로 조사되었다. 이 중에서 10大 기항지는 도심과 근접한 지역이거나, 세계적인 미항으로 이름난 곳, 또는 기후 및 주변 관광지가 뛰어난 지역의 항구로 명성이 난 곳이었다.

이러한 점에서 한국은 상대비교에 의한 강점을 살리는 것이 향후 발전의 주요 관건이 될 것이다. 전체 크루즈선 192척을 분석한 결과(부록 표 참조)와 같이 총 톤수는 57,040GT 이었으며, 크루즈선의 평균길이는 225m였다.

그 중에서 중소 크루즈선의 평균을 조사 분석한 결과 26,368GT이었으며, 길이는 평균 171m이었다. 특히 5만 톤급 이하 크루즈선은 86척으로 평균 107m의 길이를 가지고 있으며, 전체 크루즈선의 약 50%를 차지하고 있으며, 이러한 규모의 크루즈선사가 한국에 입항 가능성을 가지고 있고, 초창기 마케팅에 주력해야 할 목표시장이 될 것이다.

특히 크루즈선사의 운항계획이나 경영성격이 한국을 기항지로 선택할 가능성이 높은 선사로는 지역적으로 가까운 일본의 크루즈선사들이고 가격 및 거리 측면에서 스타크루즈선사로 압축할 수 있다. 서구형 크루즈선사들 중에는 대양여행과 새로운 목적지를 추구하고 있는 "윈드스타" 크루즈선사가 한국 입항에 적합할 것으로 판단된다. 또한 크루즈여행별 최고의 크루즈선사 및 비용을 분석한 결과와 같이 대형 크루즈 전용선이 입항하는 것을 목표로 하지만 쉽게 이루어 질 수는 없을 것이다.

따라서, 장기간 휴가여행을 목적으로 하는 카니발크루즈선 등의 입항을 고려한 시설의 설계가 우선적으로 필요하지만 회의나 이벤트, 가족단위, 강의 겸용여행자, 기독교신자 등 종교 중심이나 각종 테마크루즈에 적합한 시설의 설계를 우선 고려하여야 한다.

Cruise Tourism

Chapter

4

세계의 크루즈항과 터미널

- 제1절 세계의 주요 크루즈항
- 제2절 세계의 주요 크루즈항과 터미널
- 제3절 아시아의 주요 크루즈항과 터미널
- 제4절 한국의 크루즈항 건설 전망

크루즈관광의 이해

세계의 크루즈항과 터미널 제4장

제1절 세계의 주요 크루즈항

1. 세계의 주요 크루즈항

전 세계에 걸쳐 크루즈선박이 입항할 수 있는 항만의 현황을 보면, 〈표 4-1, 3, 6〉과 같이 14개의 지역에 429개의 항이 있다. 북유럽과 발트 해 지역에 127개, 지중해 지역에 75개, 카리브 해와 멕시코 만, 바하마 지역에 40개가 있다. 이들 세 지역이 전체 크루즈항의 절반이 넘는 56.4%를 차지하고 있다. 그리고, 아시아에는 33개의 크루즈항이 있다.

〈표 4-1〉 세계의 크루즈항의 분포

지 역	No.
Alaska/Canada West	8
Asia	33
Australia/New Zealand/South Pacific	36
Bermuda	2
Black Sea	6
Caribbean/Gulf of Mexico/Bahamas	40
Great Lakes	1
Mediterranean	75
New England/Canada East/East Coast USA	21
North Atlantic(inc Greenland, Canaries etc.)	5
North Europe/Baltic	127
Red Sea/Middle East/Indian Ocean/East Africa	28
South America	26
West Coast USA/Mexico/Central America	21
Total	429

자료:이경모(2004), 『크루즈산업의 이해』

2001년 아시아 태평양지역의 크루즈승객의 교통량이 많았던 주요 크루즈 기항지는 동남아시아지역의 싱가폴, 말레이시아의 Port Kelang, 푸켓, 방콕/람 차방 등이 있으며, 극동지역에는 홍콩과 후쿠오카, 남태평양지역에는 Papeete, Bora Bora, Moorea, sydney 등이 있다. 가장 많은 크루즈선박이 기항한 싱가폴의 경우 기항횟수는 168회, 크루즈승객의 수는 약 23만 명이었다.

2. 세계의 10大 크루즈항 및 아시아 크루즈항 분석

크루즈여행 전문가들로부터 조사한 세계의 10대 크루즈항은 아래의 표와 같다.

〈표 4-2〉 세계의 10대 항구

평가기준 / 순위	명 성 (Exciting)	식도락 (Cuisine)	모 험 (Adventure)	오 락 (Entertainment)	낭 만 (Romance)	쇼 핑 (Shopping)	총 순위
1	New York	New Orleans	Galapagos Islands	New York	Venice	Hong Kong	New York
2	Hong Kong	New York	Istanbul	New Orleans	Mahe', Seychelles Islands	New York	San Francisco
3	San Francisco	San Francisco	New York	Los Angeles	Nice, Cannes, Monaco	Bangkok	Hong Kong
4	Venice	Hong Kong	San Francisco	San Francisco	Bali	Istanbul	Venice
5	New Orleans	Nice, Cannes, Monaco	Mahe', Seychelles Islands	Tilbury (London)	Portofino	Singapore	New Orleans
6	Nice, Cannes, Monaco	Bordeaux	Sydney	Buenos Aires	San Fracisco	St. Thomas	Nice, Cannes, Monaco
7	Istanbul	Venice	Hong Kong	Rio de Janeiro	Santorini	Venice	Istanbul
8	Bangkok	Singapore	Venice	Sydney	Mykonos	Bali	Galapagos Islands
9	Buenos Aires	Livorno (Florence)	Tilbury (London)	Miami	Bermuda	Tibury (London)	Bangkok
10	Tilbury (London)	Bangkok	Nice, Cannes, Monaco	Hong Kong	Quebec City	Livorno (Florence)	Tibury (London)

자료 : Lloyd, Harvey. Voyages, 참고 저자 재작성

세계의 주요 크루즈 기항지를 명성, 식도락, 모험, 오락, 낭만, 쇼핑의 항목을 중심으로 설문 조사를 한 결과 세계의 10대 크루즈항은 뉴욕, 샌프란시스코, 홍콩, 베니스, 뉴올리언스, 니스와 칸느, 이스탄불, 갈라파고스, 방콕, 틸버리 순으로 조사되었다.

아시아의 주요 크루즈항으로서는 동일한 평가기준을 적용한 결과 홍콩, 발리, 방콕, 싱가폴, 사이공, 요코하마, 상하이, 푸켓, 마닐라, 랑군, 타이페이, 쿠알라룸푸르, 천진 등이 10대 항구로 조사되었다.

목적에 의한 분류에 따르면 화물선 겸용, 여객선 겸용, 요트 마리나 겸용항 등으로 분류할 수 있으며, 대부분 화물선 및 여객선 겸용 항구로서 경제성 측면에서 첨예한 경쟁을 하고 있다.

여기에서 주목할 사항은 입지적으로 불리한 몇몇 항구는 크루즈와 요트 마리나 겸용항구로 개발하여 크루즈여행의 비수기와 생산성 향상을 위한 노력으로 경쟁력을 갖추고 있다.

특히 니스와 칸느 같은 입지가 불리한 항구들은 아름다운 자연경관과 함께 요트 마리나 항으로서의 아름다움을 가미하여 세계적인 크루즈 겸용항구로 발전하고 있다.

〈표 4-3〉 아시아 크루즈항 매력도

평가기준 / 순 위	명 성 (Exciting)	식도락 (Cuisine)	모 험 (Adventure)	오 락 (Entertainment)	낭 만 (Romance)	쇼 핑 (Shopping)	총 순위
1	Hong Kong	Hong Kong	Yokohama	Hong Kong	Hong Kong	Hong Kong	Hong Kong
2	Bali	Singapore	Bali	Bali	Bali	Singapore	Singapore
3	Bangkok	Bangkok	Saigon	Bangkok	Phuket	Bangkok	Yokohama
4	Singapore	Yokohama	Bangkok	Singapore	Singapor	Saigon	Bangkok
5	Saigon	Bali	Rangoon	Manila	Saigon	Yokohama	Shanghai
6	Yokohama	Taipei	Singapore	Saigon	Bangkok	Bali	Bali
7	Shanghai	Shanghai	Hong Kong	Yokohama	Shanghai	Shanghai	Phuket
8	Phuket	Saigon	Phuket	Phuket	Rangoon	Phuket	Saigon
9	Manila	Phuket	Tianjin	Taipei	Yokohama	Taipei	Manila
10	Rangoon	Tianjin	Shanghai	Shanghai	Taipei	Kualalumpur	Rangoon
11	Taipei	Kualalumpur	Manila	Kualalumpur	Kualalumpur	Manila	Taipei
12	Kualalumpur	Manila	Taipei	Rangoon	Manila	Rangoon	Kualalumpur
13	Tianjin	Rangoon	Kualalumpur	Tianjin	Tianjin	Tianjin	Tianjin

자료 : Lloyd, Harvey. Voyages, 참고 저자 재작성

따라서 제주항의 향후 개발 컨셉의 가장 중요한 개념은 내륙의 도시 중심지로부터 격리되어 있는 도서지역으로서의 불리한 점과 비수기 및 후발 항구로서의 낮은 인지도에 의한 약점을 보완하는 방법으로서 크루즈와 요트겸용항구로의 개발이 효과적이라 할 수 있다.

제2절 세계의 주요 크루즈항과 터미널

1. 크루즈 터미널의 시설

〈표 4-4〉 크루즈 터미널의 일반시설

터미널 기본시설	CIQ시설 선사 데스크(수화물 체크인) 승객대기실(수속전) 주차시설 엘리베이터 · 에스컬레이터 · Travolator(for handicapped) Baggage Conveyor Belt 무료 Baggage Trolleys 승선전 대기라운지(수속후) 입항후 Baggage Claim Hall Gangway(Terminal-to-Ship Linkbridges)
승객 편의시설	스낵바 또는 식음료 판매시설 흡연라운지 VIP 라운지 안내전광판 시스템 유료라커 우체국 약국 전화(국내 및 국제) 기념품점 · 면세점 관광안내소 은행 또는 환전소

자료 : 이경모(2004), 『크루즈산업의 이해』

터미널이 갖추어야 할 기본시설에는 CIQ시설, 선사 데스크, 승객대기실, 수화물처리시설, Gangway 등이 있다. 그리고 승객을 위한 편의시설에는 스낵바와 같은 식음료 판매시설과 공항터미널과 같은 안내전광판 시스템, 면세점, 은행, 환전소, 우체국과 같은 시설이 있다. 그 외에 선박의 접안시설, 에이프런(Apron), 지게차, 마리나와 같은 항만시설과 CIQ 관련 사무소, 항만청 사무소, 경찰서 등의 행정시설이 있을 수 있다. 그 외 유관시설로는 환영 및 환송데크, 버스나 택시가 대기할 수 있는 정거장, 컨퍼런스시설, 극장과 같은 위락시설, 쇼핑센터 등이 있다.

〈표 4-5〉 크루즈 터미널의 기타시설

구분		시설
기타시설	항만 시설	• 접안시설 • 에이프런 • 지게차 • 마리나
	행정시설	• CIQ관련 사무소 • 항만청 사무소 • 경찰사무소
	유관시설	• 호텔 • 환영 · 환송용 야외데크 • 대형 택시 스탠드 • 여행사데스크 • 선박대리점사무실 • 컨퍼런스시설 • 극장 · 위락시설 • 쇼핑센터

자료 : 이경모(2004), 『크루즈산업의 이해』

2. 크루즈 터미널의 개발사례 분석

1) 일반적 필요사항

아래의 필요사항은 1990년 샌프란시스코항 터미널 건설사 및 크루즈 전용터미널 건설 전문가들의 인터뷰와 분석에 나온 것이다.

1998년에는 크루즈사업 전문가들과의 집중적인 회의와 토론에 의하여 수집되었다. 그리고 크루즈전용터미널의 입주예정 크루즈선사와 서비스 제공자들에 의해서 재점검된 것이다. 이러한 결과를 중심으로 샌프란시스코의 새로운 크루즈 전용 터미널을 효과적이며 편리하고 성공적인 건설을 위해서 아래의 필요사항들이 제시되었다.

(1) 크루즈선과 예인선의 기동에 적절한 공간의 선석

적어도 1,000피트(약 304.8m)와 35피트(약 10.7m) 깊이의 2개의 선석이 필요하며, 가능한 준설이 필요 없으면서 크루즈선이나 예인선의 기동이 안전하고 쉬워야 함. 그리고 보다 쉽게 접안하고 기동할 수 있는 해안선과 평행의 선석이 필요하다.

(2) 도크면(Dockside)의 시설은 하역과 서비스와 선박의 재 접안에 안전하고 효과적인 시설일 것

최소 50피트(약 15.2m) 폭인 에이프런, 차량에 직접 접근할 수 있는 차로, 1,200평방피트(약 33.7평)의 승객 통로, 다리, 2개의 선박에 동시 사용할 수 있는 4개의 가변형 갱웨이, 안전하고 덮개가 있는 창고 지역, 선박을 위한 효과적인 결박장치

(3) 터미널 빌딩

최대 80,000평방피트(약 2,248평)의 2층 터미널 빌딩이 필요하며, 이 터미널 빌딩에는 승객체크인, 대기실 등이 구비되어 있어야 하고, 세관 심사대, 수화물체크, 정보센터와 함께 공중화장실과 같은 편의시설이 갖추어져 있어야 한다.

(4) 보 안

미국 연안 경비대의 요구에 따른 독립적이고 보안장치가 되어 있는 회의실이 구비되어야 한다.

(5) 차량 유통로

25대의 버스, 20대의 택시와 리무진, 트럭 승하차가 가능한 승객 승하차 지역, 약 7,000평방피트(약 197평)의 개인 승용차 승·하차 지역과 최소 250명의 승객을 위한 주차시설

(6) 주요 생산유발을 위한 공간

터미널 건설비용을 지원하며 선박이 항구에 정박하지 않을 때, 터미널의 활기를 유지할 수 있도록 다목적으로 활용할 수 있는 공간

(7) 대중과의 접근이 용이한 열린 공간의 확보

송영객들을 위한 공간을 포함하는 대중의 접근이 용이한 열린 공간의 확보

(8) 관광지와 공항과의 접근성

지역 또는 지방의 관광지와 공항간의 편리한 접근성

새로운 터미널의 비용은 2~3억$로 추정된다. 실제의 터미널 비용은 시설의 실제크기와 모습, 준설, 규모, 피어, 재시공 등에 따라 다르다.

이상의 필요사항에 대한 이해를 위하여, 밴쿠버(Canada Place)의 크루즈 터미널, 스칸디나비아 센터, 블랙 팔콘(Black Falcon) 크루즈 터미널의 사례를 비교하였다. 이들 3개의 크루즈 터미널은 대형(Canada Place), 중형 (Scandinavian Center), 소규모(Black Falcon)의 크루즈 전용터미널의 사례로 다른 도시들이 크루즈 터미널이 필요할 때 적합하고 유용한 예를 제공한다 할 수 있다.

2) 샌프란시스코항 피어 35의 크루즈 터미널 현황

샌프란시스코의 현존하는 크루즈 터미널은 35번 피어에 1981년 건설되었다. 1990년 5월에 크루즈 터미널 전문가들은 보고서를 통하여 샌프란시스코 크루즈 터미널이 미국의 다른 터미널에 비하여 여러 가지 문제점을 지적하였다. 이후 3년에 걸쳐서 샌프란시스코 크루즈 터미널은 에스컬레이터와 엘리베이터 시설을 포함한 크루즈 터미널의 시설보완에 2천 5백만 달러를 투자하였다. 아래의 도표는 이러한 문제점을 지적한 것이다.

〈표 4-6〉 피어 35번의 크루즈 터미널 시설현황

1. 선　석	• 두개의 선석-East Berth : 321m, West Berth : 275m • 선석의 기동성은 서부의 피어 39와 동쪽 피어 33의 방파제로 인해 이미 엄격하게 제한되어 왔고, 선박이 더욱 커짐에 따라 West Berth의 사용은 거의 불가능해질 예정이고 East Berth도 확실치 않다. 선박을 이동시키기 위한 충분한 공간을 주기 위해 33피어 선석 앞에서 150피트(약 5.7m) 떨어져야 한다. • 중간 정도의 퇴적물을 위해 매년 준설작업이 요구된다(피어 39가 얕아지고 있는 원인이다). • 준설 비용이 높음 : 준설에 사용된 장비는 항만청의 불확실한 배치로 인해 매립식 쓰레기 처리(55$/cy) 한다. • 강한 조류는 이동하는데 어려움을 준다. • 피어가 만약 확장되어 졌다면, 강한 조류로 인하여 일어날 문제의 원인이 될 소지가 있을 것이다.

2. 부두시설	• 18피트(약 5.5m)의 에이프런 : 산업표준은 현재 50피트(약 15.24m) • 부두의 각 선박을 위한 작동이 거의 수동으로 되어 있다. 비효율적이다. • 피어가 약간 높다. • 갱웨이는 각 선박을 수동으로 조작해야만 한다. • 집약적인 노동이 필요함 • 샌프란시스코를 비롯 서부연안의 대규모의 크루즈 터미널은 비슷한 상황임 • 장비, 트럭, 보행자, 수화물 하역 등이 무질서한 상태로 공공장소에서 이루어진다.
3. 터미널 빌딩	• 대략 32,000평방피트(약 900평)인 터미널은 재설계된 현대식 크루즈 터미널의 필요한 요소를 모두 가지지 못했음 • 한번에 600명 이상의 승객을 수용하기에는 터미널 빌딩이 너무 작아 효율적이지 못함 • 세관시설의 규모는 최근의 새로운 대형 크루즈선박의 처리에 비해 규모가 너무 작다. • 수화물 창고는 많은 기둥과 문 그리고 중복 사용(알래스카 크루즈선사는 40~50% 이상 수화물을 옮김)으로 매우 복잡하다.
4. 보 안	• 보안 통제의 어려움(세관과 보안은 각 크루즈선사에 적절한 규모여야 한다) • 세관구역은 보행자에 대해 시각적인 연관 검열을 하지 않음(현재 2층이 세관구역으로 검열함)
5. 차량유통로	• 버스, 택시의 충분한 대기 장소 부족 • 승객이 오르고 내릴 때 동선이 명확하지 않아 승하차시 혼란스러움 • 선박이 항구에 있을 때, Embarcadero가에서 북쪽 통행로 중 하나가 혼잡스러워 진다. • 화물운반시설과 승객들이 터미널 안에서 택시, 버스 등과 마주친다. • 버스가 터미널 내에서 정체될 때 디젤 배기가스로 인해 공기의 오염 • 너무나 많은 비용이 교통통제에 사용된다. • 터미널 안에서는 버스가 회전하기 어렵다. • 승객은 너무 많이 걸어가야 한다, 승객차량으로 피어에 출입금지 • 터미널에서 정박 선창 왼편으로 돌면 안되고, 불법 유턴을 해야만 한다. 버스와 트럭은 3~4번의 턴이 불가피한 상황임 • 승객주차장이 없다. • 제한된 버스와 택시의 대기구역
6. 다목적활용을 위한 공간	• 터미널 주위를 활성화할 수 있는 피어의 충분한 여유 공간이 없음 • 방파제에 인접한 Lot 314(약 874평, 높이 12.2m로 제한됨)는 재설계된 터미널의 재원이 될 수 있는 상업적인 시설을 수용하기에는 너무 작다.
7. 일반인의 출입과 열린 공간	• 일반인의 출입접근과 거주자와 방문객을 위한 환송장과 같은 조망구역이 없음
8. 공항과 관광지 접근성	• 피어 39나 어선 선착장과 도보 10분 거리 • Telegraph Hill에서 가까움

자료 : 저자 작성

3) 밴쿠버 캐나다 플레이스(Canada Place)

Canada Place는 아주 적극적인 해안 개발의 결과로 태어난 현대적 크루즈 터미널로서 공공편의 시설 제공과 사계절 관광지로서의 개발 모형을 보여주는 아주 훌륭한 사례이다. 이 항구는 시민들과 일반관광객들에게 사계절 관광지로서 잘 활용할 수 있는 성공적인 위치로 시내 중심부에서 도보로 접근할 수 있는 접근성이 뛰어난 항구이다.

Canada Place는 1997년에 약 300척의 크루즈선과 81만 7천명의 승객이 방문하였다. 이 항구의 전체면적 180만 평방피트(약 50,580평)이고, 터미널 시설면적은 17만 5천 평방피트(4,917평)이다. 그 밖에 터미널에는 컨벤션센터, 500객실 규모의 호텔, 아이맥스 영화관, 750대의 차량이 주차할 수 있는 주차장 시설을 가지고 있다. 부속 시설로는 광장, 산책로, 상가와 식당가 등이 있다.

〈표 4-7〉 Canada Place의 현재 시설과 증축 계획

실내부지			
	현재시설	증축 예정	총 증축
크루즈 터미널	176,000sf(4,945평)	190,000sf(5,339평)	366,000sf(10,284평)
하역시설	31,000sf(871평)		31,000sf(871평)
버스터미널	11대	33대	44대
무역과 컨벤션센터	280,000sf(7,868평)	483,000sf(13,572평)	763,000sf(21,440평)
호텔(사무공간포함 4층 규모)	500실	1,050실의 호텔	1,550실
상 가	58,000sf(1,629평) 영화관, 레스토랑 포함	182,000sf(5,114평)	240,000sf(6,743평)
오락시설		80,000sf(2,248평)	80,000sf(2,248평)
옥외부지			
	현재시설	증축예정	총 증축
3개의 선석	선석1 : 1,030′(314m) 선석2 : 1,070′(326m) 선석3 : 443′(135m)	선석3 : 600′(182m)	선석1 : 1,030′(314m) 선석2 : 1,070′(326m) 선석3 : 1,043′(317m)
주 차	750구역	1,100구역	1,850구역
일반출입공간	2.24 acres(2,742평)	7.41 acres(9,071평)	9.65 acres(11,813평)

자료 : 저자 작성

샌프란시스코는 Canada Place처럼 대형 크루즈 터미널을 필요로 하지 않는다. 여객서비스법의 변화에 기초하여 밴쿠버 항처럼 매년 많은 크루즈선박을 받지 않을 것이다. 그러나 Canada Place는 승객편의시설을 갖춘 성공적인 모항 크루즈 터미널의 중요한 모델로서 샌프란시스코의 성공모델이 되고 있다. 실제로 Canada Place는 승객들에게 필요한 주차공간, 하역 공간 등을 그들에게 제공하며, 일반인 출입과 관람이 가능하고, 승객 휴게실과 대기 장소의 공간을 마련해 두고 있다. 또한 호텔, 레스토랑, 상가 등을 터미널 안에서 쉽게 이용할 수 있는 이점이 있다.

▲ Canada Place 전경

▲ Canada Place의 정박 모습

▲ Canada Place 전경

〈그림 4-1〉 캐나다 플레이스 전경 (1)

▲ Canada Place와 Ballantyne 터미널

▲ Ballantyne 크루즈항 전경

▲ Ballantyne 터미널

〈그림 4-1〉 캐나다 플레이스 전경 (2)

4) 스칸디나비아 센터(Scandinavia Center)

1990년에 피어 30, 32에 건설예정인 크루즈 터미널은 샌프란시스코의 현대적 크루즈 터미널을 위해서 적당한 크기로 비교되었다. 1억 9천6백만 달러로 하루 평균 최대 수용 인원인 6천명의 승객을 처리할 수 있는 10만sf(2,810평)의 다목적 항 개발 계획이었다. 그러나 이 프로젝트는 자금의 부족으로 실패하게 되었다. 다음의 표는 크루즈 터미널의 공간 계획을 요약한 것이다.

〈표 4-8〉 스칸디나비아 센터 공간계획

용 도	크 기
선 석	
선석의 수	2
선석 길이	1,000피트(305m)
선석 길이	900피트(274m)
옥외 지역	
승하차장	7,000sf(196평)
버스 대기	15구역
용 도	크 기
택시대기실	20구역
에이프런 (폭)	55피트(16.7m)
주 차	
장기 주차장	없음.
단기 주차장	250구역
크루즈 터미널 직원 주차장	50구역
옥내 지역	
승객 체크-인	16,500sf(464평)
승객 대기 장소	46,500sf(1,307평)
통관 사무실	2,000sf(56평)
세관 출입국 심사지역	1,600sf(45평)
사무 창고	11,600sf(326평)
선박 창고	8,500sf(239평)
터미널 하역장	13,300sf(374평)
총 옥내 합계	100,000sf(2,810평)

Source : Scandinavia Center, Inc.,1990

5) 블랙 팔콘 터미널(Boston's Black Falcon Terminal)

보스턴의 블랙 팔콘 터미널의 시설은 작은 문제가 있지만 샌프란시스코에 대해서 좋은 토지이용모델이기 때문에 크루즈 여행의 비수기에 터미널을 마케팅 하는데 있어서 흥미로운 사례를 제공해 주고 있다.

▲ 보스턴 팔콘 크루즈 터미널 시설과 정박

▲ 보스턴 팔콘 크루즈 터미널의 전경

〈그림 4-2〉 보스턴 블랙 팔콘 터미널

블랙 팔콘 터미널은 보스턴시내 중심지로부터 1마일 거리에 위치하고 있다. 이 터미널은 19,000sf(534평)의 크기에 연간 62척의 크루즈선의 기항지이다. 이 터미널은 방문객 정보센터, 여객 휴게시설, 통관, 수화물 처리, 지상교통, 승객 승하차장 등의 공간을 확보하고 있다. 부속시설로는 실내 주차장과 1,100구역의 옥외 유료주차장이 있다. 최근에 이 터미널의 상업적 활용을 위하여 확장계획을 세우고 있다. 이 크루즈 터미널은 크루즈 여행 비수기에 무역전시회, 국제회의, 1,500개의 그룹이 특별한 이벤트 파티의 유치를 위하여 이벤트 장소로서의 크루즈 터미널 홍보를 적극적으로 실시하고 있다.

보스턴은 대규모 이벤트와 파티장소가 부족한 것에 비해 블랙 팔콘 터미널은 생동감 있고, 경관이 훌륭하여 이와 같은 활동에 적합할 것으로 판단되고 있다. 또한 이 크루즈 터미널은 뮤직비디오, 패션쇼, 영화촬영 등의 장소로서 홍보되고 있다.

블랙 팔콘 크루즈 터미널은 크루즈선이 항구에 방문하지 않는 비수기에 살아 있는 공간으로서 크루즈 터미널을 활용하는 성공적인 사례를 샌프란시스코에게 보여주고 있다.

최근의 블랙 팔콘 크루즈 터미널은 캐나다 연안과 대서양에서 카리브해로가는 크루즈선의 주요 출발항으로 발전하고 있으며, 한해에 100척의 크루즈선과 225,000명의 승객을 처리하고 있다.

3. 크루즈 터미널의 건설기준

1) 크루즈 터미널 겸 목적 사용사례

(1) 호텔과 겸용

〈그림 4-3〉 보스턴 팔콘 크루즈 터미널

〈표 4-9〉 보스턴 팔콘 크루즈 터미널

면 적	19,000sf(약 534평)
연간 기항지 이용 선박	62척
주차장	1,100구역
이용 시설	정보 센터, 여객 휴게시설, 통관, 수화물 처리, 지상교통, 승객 승하차장

(2) 상가와 겸용

오션터미널이 위치해 있는 구룡반도 최남단은 대규모의 Harbour City Complex로 이루어져 있다. 〈그림 4-4〉의 아래 그림에서 보는 바와 같이 A구역에는 고급의류상가와 각종 오락시설, 극장, 음식점, 그리고 금융시설들이 들어서 있고, B구역은 젊은 연령층을 대상으로 하는 패션의류상가와 전자상가, 가구 및 생활용품점들이 입점해 있는 쇼핑몰이다. 오선터미널은 5층 높이의 건물로서 1층부터 3층까지는 쇼핑몰이 형성되어 있고, 4층과 5층은 주차장으로 설계되어 있다. D구역에는 보석상가, 중국전통수공예품, 골동품을 판매하는 상점들이 위치해 있다.

〈그림 4-4〉 홍콩 오션 터미널

〈표 4-10〉 Harbour City 시설 현황

Zone A (HARBOUR CITY)	• 고급 의류 상가, 오락시설, 극장 5개, 음식점, 은행
Zone B (Ocean Centre)	• 패션 의류 상가, 전자 상가, 가구 및 생활용품점
Zone C (Ocean Terminal(58m×305m))	• Marine Deck : 어린이용 오락 시설 • Deck 1&2 : 고급 의류 상가 가구 및 생활용품점 식당 • 4층, 5층 : 주차장
Zone D (The Marco Polo Hongkong Hotel Arcade)	• 남성의류, 보석상가, 중국전통수공예품, 골동품점

(3) 대규모 복합

〈그림 4-5〉 캐나다 플레이스(Canada Place)

〈표 4-11〉 캐나다 플레이스(Canada Place)

주요시설	
크루즈 터미널	176,000sf(4,945평)
하역시설	31,000sf(871평)
버스터미널	11대
무역과 컨벤션센터	280,000sf(7,868평)
호텔(사무공간포함 4층 규모)	500실
상 가	58,000sf(1,629평)영화관, 레스토랑 포함
오락시설	
3개의 선석	• 선석1 : 1,030′(314m) • 선석2 : 1,070′(326m) • 선석3 : 443′(135m)
주 차	750구역
일반출입공간	2.24 acres(2,742평)

(4) 소규모 복합(싱가폴 크루즈 센터)

〈그림 4-6〉 SCC 국제여객터미널

〈표 4-12〉 SCC의 국제여객터미널 서비스

크루즈 여객선을 위한 서비스	승객을 위한 서비스
• 공조시스템을 갖춘 출발, 도착홀 • 터미널과 선박의 연결 브릿지 • 승객 갱웨이 • 수화물 컨베이어 벨트 • 지게차 • 담수 공급 파이프라인 • 선박과 터미널간의 전화시설 • 수화물 컨베이어 • 트래벌레이터(Travolator) • 장애인 시설	• 전자 보관실 • 리무진 택시 • 무임 수화물 트롤리 • 면세점 • 음식점 • 환전소 • 은행 • 편의점 • 약국 • 우체국 • 한방병원, 병원

2) 주요시설 기준

(1) 에이프런

에이프런(Apron)은 터미널 건물과 항구에 접안한 선박 사이의 유휴공간으로 여러 가지 작업 및 환영행사 등으로 유용하게 쓰이는 공간이다.

최소 15.2m일 것(산업표준 15.24m), 스칸디나비아 센터 크루즈 터미널 에이프런 55피트(약 16.7m)

▲ 런던 크루즈 터미널 에이프런

▲ 시드니 크루즈 터미널 에이프런

〈그림 4-7〉 에이프런 (1)

▲ 밴쿠버 Canada Place 에이프런

▲ Internation Ferry Terminal

〈그림 4-7〉 에이프런 (2)

(2) 선석 길이

항만 시설물설계 부두길이 기준에 의하면 선 수미 호수 구멍에서 부두의 계선까지의 거리공식은 L=(선박의 반폭+1m)tan60"이다. 따라서 G/T 80,000급 크루즈선박부두의 최소길이는 선박길이(300m)+계선거리(300+29+29) 약 360m이다.

〈표 4-13〉

전장	선폭	흘수	CAPACITY	소요부두길이
LOA 300m	B 33m	d 8m	G/T 80,000	360m
LOA 200m	B 29m	d 7.5m	G/T 40,000	260m

(3) 갱웨이

갱웨이(Gangway)는 크루즈선박과 터미널시설을 연결하는 통로를 의미한다. 이러한 갱웨이는 원활한 이동을 위하여 최대 4개의 가변형 갱웨이가 필요하다. 이동식 갱웨이일 경우 경제성 측면에서 최소 2개의 갱웨이 가능.

▲ 시드니 크루즈 터미널 갱웨이

▲ 홍콩 오션크루즈 터미널 갱웨이

▲ 런던 크루즈 터미널 갱웨이

〈그림 4-8〉 갱웨이

(4) 돌핀

돌핀(Dolphin)은 선박의 정박을 위한 로프를 고정시키는 시설이다. 이러한 설비는 선박의 하중에 대한 적절한 내구성과 간격을 고려하여 시설한다. 특히 시드니 항과 같은 전통적인 형태와 밴쿠버 항과 같이 미와 실용성을 겸비한 형태로 볼 수 있다. 또한 말레이시아와 같이 이동식 돌핀시설도 주목할 필요가 있다.

▲ 시드니 크루즈 터미널 돌핀

▲ 밴쿠버 Canada Place 터미널 돌핀

〈그림 4-9〉 돌핀

(5) 펜더

펜더(Fender)는 부두안벽과 선박의 충돌에 의한 손상을 방지하기 위한 시설로서 선석안벽 고정형 펜더와 이동형 펜더, 공 모양의 구형 펜더가 있다.

▲ 선석안벽 고정형 펜더

〈그림 4-10〉 고정형 펜더 및 이동형 펜더 (1)

▲ 이동형 펜더(밴쿠버 Canada Place 터미널)

〈그림 4-10〉 고정형 펜더 및 이동형 펜더 (2)

(6) 터미널

- 스칸디나비아 센터의 경우 약 2,248평의 2층 터미널로서 약 600명 승객을 처리 가능하고 보스턴 블랙 팔콘 터미널 1만 9천 평방피트(약 534평) 연간 62척 처리.
- 엘리베이터, 에스컬레이터, 트래블레이터(장애자용)

〈그림 4-11〉 캐너버럴항 크루즈 터미널 내부

(7) CIQ시설 및 관련사무소 면적

CIQ시설은 세관과 크루즈선사 모두 만족할만한 규모여야 한다. 스칸디나비아 센터 크루즈 터미널의 경우 아래의 표와 같이 총 10만 평방피트(약 2,810평)의 크기이다.

〈표 4-14〉 크루즈 터미널 크기

승객 체크-인	16,500sf(464평)
승객 대기 장소	46,500sf(1,307평)
통관 사무실	2,000sf(56평)
세관 출입국 심사지역	1,600sf(45평)
사무 창고	11,600sf(326평)
선박 창고	8,500sf(239평)
터미널 하역장	13,300sf(374평)
총 옥내 합계	100,000sf(2,810평)

〈그림 4-12〉 싱가폴 크루즈 센터

(8) 수화물 컨베이어 벨트

〈그림 4-13〉 밴쿠버 Canada Place 터미널

(9) 환경오염 방지시설

해운상 오염은 재난에 의한 원유 운반선의 사고나 선박운항 중 기름 누출 등에 의하여 발생한다고 생각되어져왔다. 1970년대 이후부터 바다의 오염문제를 전 세계가 차츰 인식을 했으나, 그 규제나 문제해결 등은 근본적으로 고려되지 않았다. 배에서 나온 폐기물을 방출하고, 오수, 쓰레기들 그리고 화학제품을 운반하는 선박, 컨테이너로 운반되어지는 위험성 물질의 노출 등으로 환경이 파괴 되어져 왔던 것이다.

1990년 초까지도 오염의 원인으로서 선박자체를 충분히 고려치 않았다. 그러나 그 후부터 첫 번째로 공기오염에 이어, 방오 페인트 그리고 밸러스트 워터가 해운오염의 주요 원인으로 부각되었다. 해상 운송이 환경적인 쟁점의 넓은 범주로 관련시켜 현재 알려지게 되었다(그림 4-14 참조).

하수, 오수, 쓰레기, 배기의 배출, 휘발성 혼합물, 오존파괴가 문제되는 클로로플루오르카본과 소화기용 소화제로 많이 사용되는 할론가스 등 대부분 육지에 기초한 환경문제의 관심사도 해상 운항과 연관되어 있다. 그러나 이런 것 이외에 항해중의 배에서는 선체의 손상과 연료 오일 또는 화물로부터의 오염물질 유실, 밸러스트 워터로 인한 살아있는 미생물의 전이와 화학적 오염, 배 밑에 부착물이 엉겨 붙어 생명파괴로 이어지는 선체의 도료와 같은 문제가 대두되고 있다.

오염을 발생시키는 선박은 환경적 영향의 범위와 연관되어지고 지역적, 전 세계적인 환경단체의 관심사가 될 수가 있다. 모든 배의 라이프 사이클 동안의 활동범위는 건조에서부터 폐기될 때까지 환경에 영향을 준다.

아래의 그림은 선박운항 중 환경오염에 영향을 줄 수 있는 물질의 종류 및 범위를 나타내고 있다.

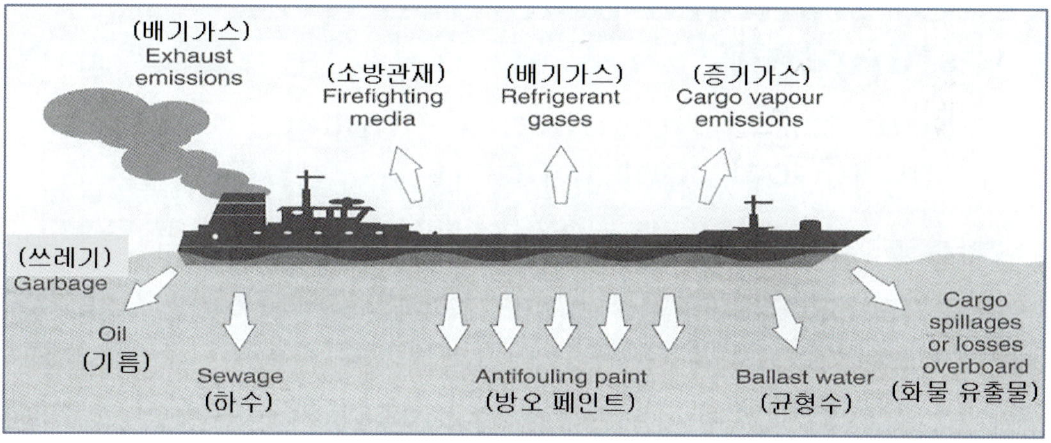

〈그림 4-14〉 선박에서 나오는 각종 오염물질

니스 크루즈항의 사례를 보게 되면 25m³와 14m³의 쓰레기처리 컨테이너와 오염된 물과 하수처리 시설이 설치되어 있다.

〈그림 4-15〉 니스 크루즈항

3) 편의시설

(1) 승 · 하차 공간

25대의 버스, 20대의 택시와 리무진 가능(터미널 내에서 버스가 회전 가능할 것)

▲ 시드니 크루즈 터미널 승 · 하차장

▲ 밴쿠버 Canada Place 터미널 하차장

〈그림 4-16〉 승 · 하차장

(2) 주차장

최소 197평의 개인 승용차 승 · 하차 지역과 250명 수용규모의 주차시설

▲ 밴쿠버 Canada Place 터미널 주차장 입구

〈그림 4-17〉 주차장 (1)

▲ 밴쿠버 Canada Place 터미널 내 주차장

〈그림 4-17〉 주차장 (2)

(3) 화장실, 인터넷 카페, 도서관

〈그림 4-18〉 인터넷 카페 및 도서관

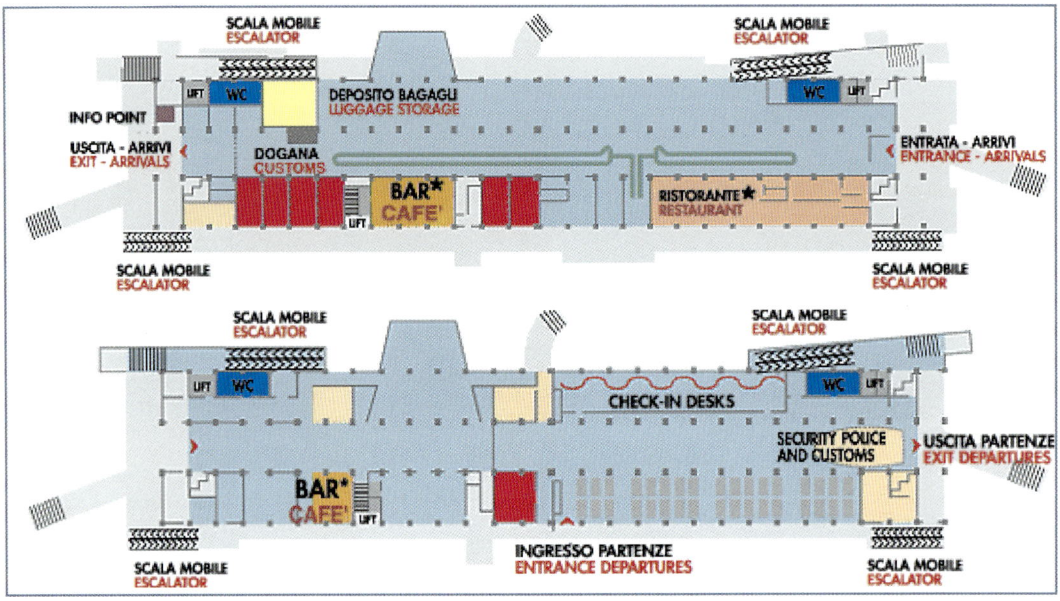

〈그림 4-19〉 베니스 크루즈 터미널 GROUND FLOOR(상), FIRST FLOOR(하)

(4) 관광정보센터

〈그림 4-20〉 밴쿠버 Canada Place 터미널

(5) Baggage Trolleys

〈그림 4-21〉 영국 런던 크루즈 터미널

(6) 승선 전·후 대기 라운지

〈그림 4-22〉 시드니 크루즈 터미널

〈그림 4-23〉 홍콩 오션 터미널

(7) 우체국, 약국, 환전소(은행)

〈그림 4-24〉 밴쿠버 Canada Place 터미널

(8) 면세점

〈그림 4-25〉 면세점

(9) 환영 · 환송장

▲ 동경 하루미 터미널의 환영 · 환송 데크

▲ 밴쿠버 Canada Place 터미널

〈그림 4-26〉 환영 · 환송장

(10) 극 장

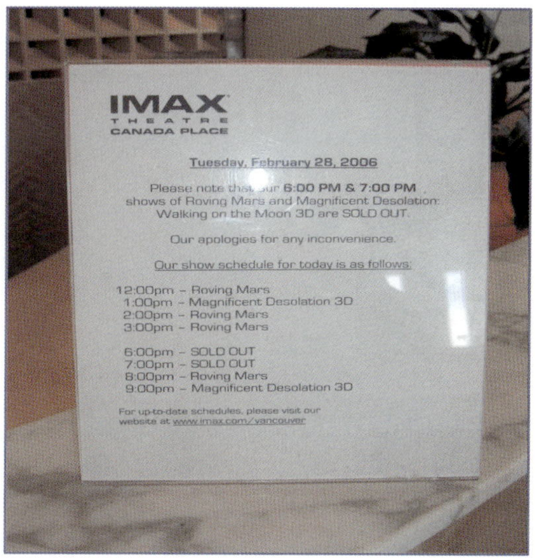

〈그림 4-27〉 밴쿠버 Canada Place 터미널 아이맥스 영화관

4) 권장시설

(1) 주요생산 유발 공간의 확보 : 전시장

〈그림 4-28〉 밴쿠버 Canada Place 터미널의 생산유발 시설들

(2) 용수 공급 파이프라인

〈그림 4-29〉 시드니 크루즈 터미널

(3) 정비 및 수리시설(충전소)

〈그림 4-30〉 시드니 Circular Quay 크루즈 터미널 정박 수리소 및 충전소

(4) 용품 공급

〈그림 4-31〉 사우스햄튼 크루즈 터미널

(5) 부품 및 요트 관련 장비 백화점

〈그림 4-32〉 잡화점

(6) 흡연 및 라운지

〈그림 4-33〉 시드니 크루즈 터미널

(7) 해상주유소 및 주유선

〈그림 4-34〉 시드니 크루즈 터미널

제3절 아시아의 주요 크루즈항과 터미널

1. 아시아의 주요 크루즈항 분석

전 세계적으로 크기에 상관없이 크루즈선박이 기항할 수 있는 항은 400곳이 넘는다. 이 중에서 기항지로서 수요가 많은 지역은 선박과 승객에 대한 수요에 적합한 시설과 서비스를 제공할 수 있는 크루즈전용 터미널이 있다.

1) 싱가폴 크루즈센터

싱가폴 크루즈센터는 아시아 · 태평양으로 향하는 크루즈 교통의 중심지로 5천만 달러의 비용을 들여 싱가폴 항만사(PSA)에 의해 건설되어졌고, 1992년 6월에 개장되었으며 1개의 크루즈전용터미널(IPT : International Passenger Terminal)과 3개의 페리 터미널로 구성되어 있다.

(1) 국제여객터미널(IPT) 선석 현황

국제해상여객의 항만시설로서 3개의 선석을 가지고 있고, 각각 300m, 250m, 180m의 폭으로 설계되어 중형과 대형 크루즈선박을 수용할 수 있으며, 수심 12m로 축조되어 일반적인 크루즈선박을 수용하는데 별 무리가 없다. 또한 도심과의 접근성과 육상교통 연계성이 높아 승객의 이용편리성이 좋은 편이다.

(2) 터미널 서비스

〈표 4-15〉 터미널 서비스

크루즈 여객선을 위한 서비스	승객을 위한 서비스
• 공조 시스템을 갖춘 출발, 도착홀 • 터미널과 선박의 연결 브릿지 • 선박과 터미널간의 전화시설 • 수하물 컨베이어 벨트 • 트래벌레이터(장애자용) • 담수공급 파이프라인 • 지게차 • 수하물 컨베이어 • 승객 갱웨이 • 장애인 시설	• 면세점 • 음식점 • 환전소 • 은행 • 편의점 • 약국 • 우체국 • 전자보관실 • 한방병원, 병원 • 리무진 택시 • 무료수하물 트롤리

자료 : www.singaporecruise.com

2) 홍콩 오션터미널

홍콩의 구룡반도 남단에 위치해 있는 빅토리아 항에는 공항까지의 거리가 버스로 1시간, 택시로 40분 정도가 소요되어 지역적 연계가 좋고, 크루즈전용 터미널인 오션터미널 이외에 차이나 페리 터미널, 스타 페리항이 있다. 항만 복합시설과 업무상업센터, 영화관과 호텔, 그리고 600여개의 소규모 상점들이 터미널과 연결되어 있다.

(1) 선석현황

2개의 선석을 가지고 있으며, 남쪽 선석의 길이가 381m, 북쪽 선석의 길이가 320m로

북쪽 선석의 길이가 남쪽 선석의 길이보다 61m가 짧다. 흘수 역시 남쪽 선석이 10.67m이고, 북쪽 선석이 8.5로 2.17m가 얕게 설계되어 있다. 따라서 남쪽 선석에는 2대의 중형 크루즈선박이 접안할 수 있다.

〈표-16〉 선석현황

수 심	11m
길 이	남쪽선석 381m, 북쪽선석 320m
폭	76.2m
에이프런폭	9.0m
흘 수	남쪽선석 10.67m, 북쪽선석 8.5m
최대배수량	50,000톤
최대 LoA	남쪽선석 290m, 북쪽선석 270m
갱웨이	각 선석에 3개의 갱웨이 설치
용수공급능력	시간당 60톤

자료 : www.oceanterminal.com

선석의 폭은 76.2m로 선석 상부의 터미널 건물이 58m, 남쪽 선석과 북쪽 선석에 각각 9m폭의 에이프런이 있다.

(2) 터미널 시설현황

구룡반도 최남단은 대규모의 '하버시티 복합시설'로 이루어져 있고 오션터미널과 바로 연결되어 있다. 오션터미널은 5층 높이의 건물로 1층부터 3층까지는 쇼핑몰로 형성되었고, 4, 5층은 주차장으로 설계되어 있으며, 승객들은 건물 2층에서 바로 선박에 승선할 수 있도록 되어 있다.

3) 일본 하카타 터미널

하카타 항은 후쿠오카 시에 의해 운영되고 있으며, 고베를 기준으로 서쪽 지방에 있는 유일한 항구이며, 지정학적으로 한국과 중국으로의 접근성이 좋다.

(1) 하카타 부두

하카타 부두에서는 쓰시마 섬, 이끼섬, 그리고 교토로 향하는 페리를 운항하고 있으며, 연평균 156만 명의 승객이 이용하고 있다.

〈표 4-17〉 Hakata Pier의 터미널 시설현황

구 분		규 모
선 석	No. 2	수심 5.5m, 길이 105m
	No. 3	수심 7.5m, 길이 147m
터미널	#1	전체면적 5,790m²
	#2	전체면적 3,600m²
기타시설	편의시설	3,360m²
	Hakata Port Tower	높이 100m
	Central Square	1,800m²
	Sunset Park	4,000m²

자료 : 한국문화관광정책연구원

하카타 부두에는 길이 105m와 147m의 2개의 선석이 있으며, 터미널면적은 각 5,790m²와 3,600m²이고, 터미널 주변에는 3개의 공원이 조성되어 있다.

(2) 중앙부두

〈표4-18〉 중앙부두현황

구 분		선석의 수	수심(m)	길 이
선 석	NO. 3	1	7.5	130
	NO. 4~6	3	10.0	556
	NO. 7~8	4	5.5	360
	NO. 9~11	3	7.5	390
	NO. 12	1	6.5	161
• 1개의 국제여객터미널 : 11,230m² • 32개의 용수공급시설 • 일반화물을 위한 창고 : 17,765m² • 화물분류창고 : 4,623m² • 야적장 : 58,790m²				

자료 : 한국문화관광정책연구원

중앙부두(Chuo Wharf)는 1993년 4월부터 서비스를 시작하였고, 부산과 후쿠오카를 왕래하는 페리 서비스를 하고 있다. 2001년에 약 46만 명의 국제 여객을 처리했으며, 중앙부두의 선석이 12개, 수심은 5.5~10m, 선석의 길이는 130~556m으로 다양하게 구성되었다.

제4절 한국의 크루즈항 건설 전망

1. 아시아권 기항지 현황

항공 연계상품이 비싸고, 장기간 여행으로 인한 휴가일수의 문제로 아시아 권역으로의 크루즈여행에는 제약이 따르며, 싱가폴과 홍콩, 일본을 제외하고는 적절한 기반시설과 서비스를 제대로 갖추지 못하고 있는 실정이다. 극동아시아 지역 크루즈는 세계일주 혹은 알래스카 기항 후 대양주나 동남아시아로 가기 위해 기항하는 비정기적인 일정으로 진행되며, 일본은 기항지로 정착되어 있다. 싱가폴 스타크루즈, 일본은 유센 크루즈(NYK)사, 일본크루즈, 미쯔이객선, 서일본기선을 보유하고 있고 세계로 운항한다.

2. 국내 기항지 현황

우리나라는 현재 3면이 바다로 둘러싸인 해양국가로서 많은 관광목적지를 가지고 있으나 국제무대를 배경으로 하여 운항하는 곳은 한 곳도 없는 실정이다. 부정기적으로 운항하는 국제 크루즈선이 1980년대 중반부터 다소 증가하여 부산, 인천에 잠시 기항하여 하루정도 머물고 있으며, 2005년도에는 클리퍼 크루즈선사의 다이아몬드 프린세스호와 퍼시픽 프린세스호가 부산항에 기항하였다.

2006년도에는 세계 최고의 럭셔리 크루즈선사인 실버시 크루즈와 바다위의 콘도인 더월드 크루즈가 부산에 기항하였고, 오세아니아 크루즈가 2006년 인천(서울)에 기항하였다.

1) 국내외 크루즈선사 현황

(1) 국외 크루즈선사 및 선박현황

세계의 주요 크루즈선사는 카니발 크루즈, 로얄캐리비언 크루즈, 아시아의 스타크루즈 등 3대 크루즈선사 그룹으로 구성된다. 최근 크루즈선박은 규모면에서 대형화되는 추세를 보이고 있으며, 2000년대에 들어 초대형선박(VLCV)이 주문되면서 10만 톤 이상의 크루즈선박이 증가하는 추세이다.

(2) 국내 크루즈선사 및 선박현황

국내는 아직 규모가 작은 내항 여객선 운송을 하는 사업체로서 소규모 선사가 대부분이고 국내의 선사가 보유하고 있는 선박의 종류는 주로 여객선 수준 밖에 미치지 못하고 있는 실정이다.

〈표 4-19〉 선박의 종류

구 분	보유척수	내 용
일반선	19	운항속력이 15노트 미만인 여객선
고속선	13	운항속력이 15노트 이상 20노트 미만인 여객선
쾌속선	6	운항속력이 20노트 이상
초쾌속선	24	운항속력이 35노트 이상인 여객선
차도선	80	차량 탑재구역이 상시 개방되어 있고 차량의 적·양화와 여객의 승·하선이 주로 선수램프를 거쳐 이루어지는 여객선
카훼리	12	차량 탑재구역이 폐위된 자동차 운송 겸용 여객선
총 계	154	

자료 : 한국문화관광정책연구원
한국해운조합, 2005 여객선 및 업체현황

〈표 4-20〉 국내 크루즈 전용항 개발현황 및 계획

부산항	규모 : 북항에 크루즈정박항 1선석(2006년 완공예정) 크루즈선 접안규모 : 8만 톤 8척 동시에 접안가능(장기)
제주외항	규모 : 제주항 동북쪽에 8만 톤 크루즈선 1척(2007년 완공예정), 2~3만 톤의 대형선박 7척(2020년 완공)
진해시 속천항	규모 : 속천 1지구에 크루즈선 5척예상(2008년 말까지)
목포항	Two Port 계획(크루즈선 유치)
포항항	동해~포항~울릉도~독도를 잇는 크루즈노선 개발, 부산~울산~포항~속초~청진~자루비노~블라디보스톡 항로 개발
평택 당진항	한국-중국-일본을 잇는 국제 크루즈선 운항
속초항	10만 톤 크루즈 전용항 건설 검토

자료 : 한국문화관광정책연구원

2) 파급효과 분석

(1) 경제적 파급효과

관광소비에 의한 파급효과는 크루즈사업 투자에 의한 파급효과보다 2.7~17배의 파급효과가 발생한다. 또한 크루즈선이 기항하는 기항지의 직접외화 수익을 사례를 적용하여 검토하면, 기항지당 10,080~17,600천불의 외화수입이 발생되는 직접효과가 있다.

〈표 4-21〉 경제적 파급효과

구 분	1만 톤	2만 5천톤급	비고
관광투자 총파급효과	2,042	5,514	
생산파급효과	1,214	3,278	
고용파급효과	1,546	4,175	명
소득파급효과	265	717	
부가가치파급효과	514	1,388	
조세파급효과	49	131	

자료 : 한국문화관광정책연구원

(2) 사회문화 및 정책적 파급효과

국내의 크루즈산업의 사회문화 및 정책적 파급효과로는 무역업(관광)의 산업기반 마련으로 경쟁력 제고, 생산기반 전환, 지역주민의 생활수준과 삶의 질 향상, 자연문화자원의 보전과 개발, 국제문화교류의 증진, 수도권과 남해안, 영·호남의 동반발전에 기여 등을 들 수 있다.

3) 국내 경쟁 항구와의 경쟁성 분석

한국의 경우 크루즈선이 입항 가능하고, 전용항 개발을 시도 중인 항구로서 제주항이 있으며, 향후 경쟁적 위치에 있는 항구는 인천항과 부산항이 있다.

특히 부산항의 경우, 선석의 길이 및 시설이 입항 가능성이 있는 선박에 대한 상황이 고려되지 않고 대형화만 주장하는 문제점과 터미널의 시설과 규모를 주변 경관이나 연계항만과의 고려 없이 추진되는 문제점을 가지고 있는 것으로 생각된다. 그리고 터미널 건물이나 접안시설이 후발주자로서의 혁신성이나 구체적 대안이 결여되어 있는 문제를 안고 있다.

4) 외국의 경쟁 항구와의 경쟁성 분석

외국의 경우 크루즈선의 기항지로 이용되는 항구가 약 400여개로 추산된다. 그러나 크루즈 여행객이나 크루즈선이 입항을 선호하는 항구는 앞에서 분석한대로 도시 중심 형이거나 자연 친화형의 경관 중심의 항구가 베스트 항구로 선택되어지고 있다.

따라서, 자연적 입지에 적합하고 배후 경제수준에 적합한 요트마리나 등의 복합적인 시설과 해양 도서관으로 활용할 수 있는 문화복합적인 터미널로서 혁신적 상징성을 부여하지 않으면 소기의 목적을 달성하기 어렵다.

특히, 크루즈선사의 경험이 많은 일본의 경우 경제성을 고려한 선박의 제원으로 선체길이 150m 이상 200m 이하, 승객 600명 내외, 속력 20노트 전후를 이상적으로 판단하고 있는 점을 고려해야 할 필요가 있다.

따라서, 한국의 크루즈항이 국제 경쟁력을 갖추기 위해서는 첫째, 중소규모, 특수목적의 크루즈선 입항에 적합한 시설 둘째, 해양도서관, 크루즈 선원학교 등 적합한 터미널 건물내의 문화적 생산성을 고려하고 혁신성을 가미한 시설의 도모 셋째, 인구 및 경제규모, 자연환경, 지역규모가 한국의 크루즈항과 유사한 환경의 항구의 설정 및 세밀한 비교분석 넷째, 연계 항구 분석에 의한 장점의 선택 및 크루즈선사의 항로 분석에 의한 조건의 정밀한 고려와 같은 4가지 전제조건을 고려해야 할 필요가 있을 것으로 판단된다.

그러므로 한국의 크루즈항의 개발 목표를 다목적 항으로 결정하는 것은 이론의 여지가 없다. 그러나 보다 미래지향적인 발전을 도모하기 위해서는 여수항의 경제적 활용과 생산효과 유인을 위하여 요트하버 겸용항구로 개발하여야만 여타 세계의 크루즈항들이 고민하고 있는 문제를 벗어날 수가 있다.

후발 주자로서의 한국의 화물이나 일반 여객선의 겸용 항보다 더욱 미래의 가치를 창출할 수 있는 강력한 컨셉이 필요하며, 이러한 관점에서 한국 최초의 동북아 최고의 아름다운 요트하버와의 겸용 항으로서 개발하는 것이 소기의 목적을 달성할 수가 있을 것이다.

이것은 한국의 크루즈항이 추구하고 있는 국제무역지대 및 관광항구로서의 위상을 세계에 각인하기 위해서는 비교적 자유로운 입・출항과 항구의 아름다움을 극대화 시켜줄 수가 있는 요트 크루즈 세일링의 동북아 모항으로서 개발하는 것이 무엇보다도 필요하며, 해안선의 아름다움을 한껏 세계에 과시할 수가 있는 것이다.

한국의 크루즈항이 단기간에 세계의 대형 크루즈선을 유인하기에는 여러 가지 한계를 가지고 경쟁할 수밖에 없을 것이다. 이에 대한 현명한 대안은 규모와 현실성에 적절한 크루즈선사를 타겟팅하여 집중적인 마케팅을 하여야 한다. 따라서 이러한 시설로서 대형 크루즈선의 수용시설과 함께 규모에 적절하고, 효율적인 윈드스타와 같은 고급형 중소형 요트 크루즈선의 유인이 적합한 효과를 가져 올 것이다.

요트 크루즈선의 장기체류지로서의 위상은 향후 최고 꿈의 레이스인 아메리카스 컵 훈련장으로서의 명성을 유인할 수가 있을 것이고, 요트레이스 및 세계의 요트인의 집중은 미항으로 거듭나게 할 수가 있을 것이다.

향후 고려해야 할 사항으로는 크루즈선의 입항과 동시에 요트 크루즈선의 장기체류에 대비한 복합적인 시설의 대비책을 마련하고, 이동식 핑거 · 폰톤 장치 · 펜더 · 용수 및 송전시설 · 주유시설 등을 고려하는 것이 필요하다.

크루즈선 입항에 대비한 용수 및 송전시설은 크레인 등 하중에 문제가 없도록 개폐식 설치 방안을 모색하여야 한다.

특히, 요트 겸용 항으로 개발할 경우 터미널 전망의 품격을 높여 줄 것이며, 윈드스타 등 대형 고급 요트 크루즈선의 유치를 가능하게 하고, 국내 및 전 세계의 요트맨들의 집합항이 될 수가 있을 것이다.

한반도의 경우 세계적인 조수간만의 차이, 복잡한 리아스식 해안선 및 무질서한 그물 투척 등 해양장애물로 인해 요트 항해에 어려운 조건을 가지고 있다. 그러나, 남해안에 요트 겸용 크루즈항을 개발할 경우 적절한 풍속, 따뜻한 기온, 청정한 바다 등으로 전 세계 요트인을 유인할 수가 있다. 특히 상하이나 천진 등 중국을 방문하려는 일본이나 전 세계국가들의 요트맨들에게 기항항으로서의 역할을 할 수가 있으며, 장기숙박 관광객 유치를 기할 수 있고, 요트 연관산업의 발전을 가능하게 할 것이다.

이러한 개발은 향후 가장 역사가 깊고 서구의 관심이 집중되어 있는 '아메리카스 컵'의 훈련장 및 나아가 경연장으로서 세계의 주목을 받을 수 있는 기반이 될 것이며, 후세에 남겨줄 수 있는 최고의 해양유산이 될 것이다.

3. 크루즈산업의 기반조성 및 법 · 제도 개선 전략

1) 크루즈산업의 기반 조성 전략

(1) 0.5차 산업을 위한 해양관광산업의 기반마련

크루즈사업은 국민관광성향과 외국의 사례를 볼 때 지금이 기반을 마련하기 위한 최적의 시기로, 실기한다면 관광수익창출에 많은 영향을 미칠 것이다. 따라서 기존의 1, 2차 산업 구조에 관광서비스산업을 부가할 수 있는 크루즈 기반시설을 마련하여야 한다. 크루즈산업의 기반은 크루즈 전용항과 전용터미널, 크루즈선박, 선사프로그램으로 기반시설로 설치하여야 하며 국민소득 2만 불 시대를 대비한 크루즈 기반시설을 조성하여야 한다.

(2) 크루즈 전용항 및 터미널 건설

접안시설 항내수심 등을 고려할 때 크루즈선박이 정박 가능한 항만은 진해항(마산항) 지세포항, 목포항 등에 크루즈전용 터미널을 조성하여 기항지로 활용하여야 한다. 기존의 무역항인 부산신항(진해쪽)의 일부선석을 크루즈 전용선석과 터미널로 변경하도록 한다. 대표적은 예로는 싱가폴 크루즈센터를 들 수 있다. 크루즈 접안 가능항만의 건설은 입지적 특성을 고려하여 해양수산부에서 지원하는 다기능항, 어항개발 등의 지원프로그램을 활용하여 기반시설을 마련하도록 해야 한다.

(3) 해양자원의 지속 가능한 통합관리

국토계획 및 이용에 관한 법률, 연안관리법, 관광진흥법, 해운법 등으로 관리제도가 다양하므로 시설의 지원, 관리운영 등으로 통합적인 관리지원체계가 이루어져야 하며, 크루즈 기반시설의 설치는 해양수산부에서 지원하고 크루즈사업은 문화관광부에서 일원화 하도록 한다.

(4) 해양자원의 관리에 대한 종합적인 계획수립

해양자원과 강 하구언지역을 포함한 전문가 및 시민의 참여에 의한 종합계획을 수립하여야 하고, 자원의 조사 및 평가에 의한 토지이용의 관리가 되어야 한다. 또한 종합계획에는 외국선사가 국내 전용항에 기항하게 하는 유치프로그램도 포함되도록 해야 한다.

(5) 독도 및 북한에 크루즈관광 기반마련

크루즈 연계 프로그램개발을 위해 독도에 크루즈관광을 할 수 있는 기반과 프로그램을 지원하며, 장기적으로 북한의 항만개발과 관광산업을 위한 항만지원 프로그램을 제안하고 그 속에서 크루즈항을 제안한다.

(6) 크루즈선박 건조 산업과 지원

크루즈선박의 건조 산업이 대형화로 향후 지속적으로 증가될 전망이므로 국내에서 크루즈선박의 건조 산업을 지원하며, 정부규제개혁에 의해 관광산업이 무역업으로 변경되었듯이 선박건조, 세제 등도 크루즈산업에 지원되게 하여야 한다.

2) 크루즈산업의 기반을 위한 법 · 제도개선 전략

크루즈산업의 기반을 위한 법・제도개선 전략으로 크게 해석론적 전략(현행법률 검토측면)과 재정지원 및 세제감면방안으로 나누어진다. 현행 법률을 개선해야 할 점으로 크루즈사업의 근거법 정비, 크루즈 선내 부대시설 인허가 절차의 간소화, 카지노업의 허가기준 개선, 면세점 설치 및 운영 등을 들 수 있으며, 재정적으로 크루즈선 도입 및 건조비용 지원, 기항지 수용태세 지원, 정기 크루즈선 항세 감면, 크루즈사업자 법인세 감면, 정부 및 한국관광공사를 통한 크루즈 관광상품의 해외홍보 등을 들 수 있으며, 그에 대한 개선방안으로는 아래와 같이 살펴보도록 한다.

(1) 크루즈사업의 근거법 정비

크루즈사업을 추진하기 위해서는 크루즈사업에 대한 효율적인 관리와 제도적 지원을 위한 법적 체계가 확보되어야 하나 현행 국내 관련법인 해운법과 관광진흥법상에는 이러한 규정이 없어 이에 대한 개선이 필요하다.

현행 해운법상의 해상여객운송사업은 내항 정기 및 부정기 여객운송사업, 외항 정기 및 부정기 여객운송사업, 기타 해상여객운송사업으로 구분하고 있으며, 크루즈사업은 기타 해상여객운송사업에 의해 사업면허를 받고 있다. 그러나 크루즈선의 다양한 부대시설 등을 규정할 제도적인 어려움과 사업측면에서도 사업추진의 장애가 있다. 또한 관광진흥법상의 업종에도 관광객이용시설업에 관광유람선업의 규정이 있으나 해운법에 의한 해상여객운송사업 면허를 받은 자로서 선박을 이용하여 관광객에게 관광을 할 수 있도록 하는 업으로만 규정되어 있어 역시 법적체계가 미흡한 실정이다. 따라서 크루즈사업을 추진하기 위한 사업근거법의 정비방안은 해운법을 정비하는 방안과 관광진흥법을 정비하는 방안을 고려해 볼 때 크루즈사업 여건개선측면에서 관광진흥법을 개정하여 크루즈사업의 근거를 마련하여야 한다.

(2) 크루즈 선내 부대시설 인허가 절차의 간소화

크루즈 관광사업을 관광진흥법 관광사업에 포함하고, 크루즈선의 부대시설 인허가 절차가 복잡하여, 관련사항을 총괄하지 못하고 일일이 부대사업의 인허가를 받아야 한다. 따라서 관련 인허가 사항은 관광진흥법 제16조 관광숙박업 등의 등록심의위원회에서 일괄 처리토록 하고 관리・승인은 광역시도에 위임하도록 법규를 개정하여야 한다.

(3) 카지노업의 허가기준 개선

카지노시설은 국제크루즈선이 갖추어야 할 가장 기본적인 오락시설인 동시에 크루즈선사의 중요한 수입원이나 각국의 규제로 인해 대부분 공해상에서만 이용되고 있는 실정이다. 그러나 크루즈사업의 진흥을 위해 관광진흥법 제20조 1항 2 외국을 왕래하는 여객선이나 2만 톤 연근해 크루즈선 내로 한정한 법 개정을 서둘러야 한다.

(4) 면세점의 설치 및 운영

공해상을 통과하는 국제크루즈선에서 뿐만 아니라 인근해 크루즈선에서도 관세법 등 관련법에서 크루즈 선상내의 면세점을 설치 및 운영할 수 있게 한다.

(5) 크루즈선 도입 및 건조비용 지원, 기항지 수용태세 지원

기존의 해운법 '선박확보 등의 지원 대상' 조항에 크루즈선박 도입조항을 신설하고, 계획조선자금 지원 대상에 크루즈선의 도입 및 건조비용, 크루즈선의 개보수사항까지도 포함하여야 하며, 또한 관광진흥개발기금법에 의해 기존의 관광지, 관광단지, 관광특구외에 크루즈 기항지내에 위치한 문화, 체육시설, 숙박시설, 상가시설에 대하여 관광진흥개발기금의 지원을 확대하여야 한다.

(6) 정기 크루즈선 항세 감면, 크루즈사업자 법인세 감면

국내 항구를 출발하거나 정기적으로 기항하는 크루즈선의 경우 현행 크루즈선 사업 운영에 큰 부담으로 작용하고 있는 입출항 수속관련 세금을 크루즈 운항관련 항세를 감면해 주는 방안을 검토하고, 외국의 경우 크루즈사업은 여러 가지 운영상의 편의와 세제감면 등 사업성 확보를 위해 외국법인으로 등록하여 사업을 추진하는 경우가 많다는 것을 인식하며, 크루즈산업의 신산업육성차원에서 크루즈사업 초기진출부터 경영성과가 일정수준 될 때까지 일정기간 법인세를 감면해 주는 방안을 검토하도록 한다.

(7) 정부 및 한국관광공사를 통한 크루즈 관광상품의 해외홍보

크루즈 관광상품의 가치와 활용도측면에서 국내 크루즈사업이 추진될 경우 사업자 뿐만 아니라 정부차원의 홍보지원은 반드시 필요하다고 본다. 따라서 중앙정부 및 한국관광공사에도 크루즈 관광상품을 국내외에 적극적으로 홍보해야 한다.

Chapter

5

크루즈여행과 경영관리

크루즈관광의 이해

제5장 크루즈여행과 경영관리

제1절 주요시설

1. 선내 시설

〈그림 5-1〉 스테이트 룸 발코니 양식

크루즈선박의 침실에는 캐빈과 스테이트 룸(State room)이 있다. 캐빈은 다른 사람들과 함께 사용하지만 스테이트 룸은 개인실이다. 예전 대부분의 항해선박들은 스테이트 룸을 하나만 가지고 있었고, 대형선박일 경우 몇 개를 가지고 있었지만, 보통 고위관료, 귀족, 중요인사들에게 지정되었다. 오늘날 대부분의 크루즈선사들은 캐빈이나 스테이트 룸으로 손님을 구분하고, 캐빈의 공간은 크루즈선의 크기, 침대 수, 앉을 공간에 따라 다양하며 목욕시설도 제공된다. 대부분 크루즈선사들은 비교적 고가의 고급 캐빈들과 적절한 가격의 캐빈 종류를 제공한다.

2. 갑판설계

단층 갑판부터 거대하고 화려한 12층 갑판까지 크루즈선들의 그 크기는 다양하다. 갑판설계는 각 갑판마다 선실과 공동사용실의 위치를 편리하고 쉽게 알 수 있도록 배치, 제작한다. 다기능 선박에서 층의 위치는 승객이 캐빈을 선택시 중요사항이 될 수 있다.

그 이유로 낮은 층일수록 흔들림이 적으며, 중간층은 식사와 유흥에 적합하고, 고층의 캐빈은 전망을 즐기기에 좋다. 캐빈은 일반적으로 크루즈 정기선들의 내부와 외부에 위치하며, 대부분의 특등급의 캐빈들은 바깥 경치를 볼 수 있도록 외부에 위치한다. 반대로 가장 싼 내부 캐빈들은 경치를 볼 수 없다. 현창(둥근 창)이나 창문이 있는 외부캐빈에는 보통 부가요금이 붙는다.

3. 크루즈 설비

크루즈 설비는 크루즈 종류, 가격수준, 여행노선 일정에 따라 다양하다. 대부분의 기본 시설들은 음식, 주류, 여가서비스를 제공한다. 보통 크루즈선박이라면 최소한 1개 이상의 식당과 칵테일 라운지를 가지고 있다. 대중식당 크루즈와 프리미엄 크루즈 정기선들에서 카지노, 비디오아케이드, 극장, 오락라운지, 상점들은 기본적인 여가시설로 갖추어져 있다. 그에 따른 많은 고객창출을 위해 크루즈 정기선들은 다양한 행사를 마련한다.

〈그림 5-2〉 스타 크루즈선의 극장

4. 크루즈선박의 특징

모든 크루즈선박들은 관리 직원, 승무원들의 목적에 따라 독특한 개성을 띈다. 예를 들어, 프랑스, 이탈리아, 그리스 크루즈선박들은 다양한 종류의 음식과 고객서비스를 제공한다. 선박의 특성은 또한 승객의 부류에 의해서도 나타날 수 있다.

특정의 선박이나 특별한 여행일정 고객에게는 보다 큰 어필을 할 수 있다. 예를 들어, 봄철에 플로리다를 떠나 카리브 해로 이동하는 단기여행은 종종 대학생들로 채워지며, 장기

여행 일정의 호화 크루즈는 보통 나이가 많은 중년 승객들이 이용하게 된다. 대중시장 크루즈는 젊은 연인이나 가족들이 많고, 크리스마스를 보내기 위해 떠나는 크루즈에는 더 많은 가족들과 어린이들이 있다. 만족한 크루즈 여행을 위해서는 배의 특성과 소비자들의 욕구, 수요를 결합시키는 것이 가장 중요한 요소이다.

5. 음식 서비스

〈그림 5-3〉 선내 만찬식당 전경

대부분의 크루즈는 3~4일간의 일일 식사를 요금에 포함시키고, 또한 룸서비스를 제공하는 크루즈선박도 있다. 전 세계를 관광함에 있어 크루즈 선사에서 제공되는 음식과 서비스만큼은 그 어느 곳보다 가장 훌륭하다는 것은 잘 알려져 있다.

대부분 크루즈에는 2가지의 만찬 식사시간이 있는데 정규 식사 시간과(main seating) 늦은 식사시간(late seating)이 있다. 정규식사는 이른 식사시간(early seating)이라고도 하며, 늦은 식사시간(late seating)이 시작되기 전까지를 말한다. 다른 크루즈선박에서는 두 번째 식사시간(second seating)이라고도 하는데 라이브 음악 공연과 함께 이루어지기도 한다. 승객들은 정규 식사시간과 늦은 식사시간 중 선호하는 것을 선택할 수 있지만 한 번 결정한 이후에는 같은 테이블에서 같은 웨이터에게 접객을 받는다.

크루즈는 승객 요구를 최대한 수용하려 노력한다. 예를 들어, 어린이들과 노인이 있는 가족들은 종종 이른 식사시간을 요구한다. 저녁식사 전에 칵테일을 즐겨먹는 승객들은 보통 늦은 식사시간을 요구한다. 또한 늦은 식사시간은 해안여행을 위해 상륙하여 그곳에서 늦게까지 관광하려는 승객들이 이용할 만하다. 식당에서는 금연석, 흡연석이 필요하고 크기나 연령에 따라 각기 다른 테이블이 필요하다.

6. 기항항

〈그림 5-4〉 플로리다 마이애미 기항항

대부분 크루즈의 주요 특색은 그 자체에 있지만 이국적인 항구 관광은 크루즈여행의 하이라이트이다. 크루즈의 종류, 지역의 매력도, 쇼핑기회와 기타 여러 가지 요소들에 따라 목적지와 체류기간이 정해진다.

대중 크루즈선들은 승객들이 간단하게 관광을 하고 기념품을 살 수 있는 짧은 시간동안 정박한다. 고급 크루즈(Premium Cruises)와 특수목적의 크루즈(Speciality Cruises)들은 각 항구에서 좀 더 오래 머무르는 경향이 있고 때때로 호텔숙박이나 가이드 관광 같은 선택적인 현지 여행을 주선하기도 한다.

보통 여행객들이 하와이, 타이티, 알래스카, 카리브 해 지역 같은 특별한 곳에 중점을 두는 반면에, 어떤 승객들은 기항항을 부차적인 것(extra feature)으로 간주하기도 한다.

7. 해안여행

크루즈 여행객들은 가이드동반 관광과 개인 관광 중 하나를 선택할 수 있다. 항구를 떠나기 전 대부분 선박에서는 지역을 설명하는 강의, 영화, 슬라이드 등이 상영된다. 육지여행들은 일반적으로 싸고 품질이 좋다.

8. 객실선택

캐빈의 크기와 위치, 고객의 재정 상태에 따라 캐빈이 선택된다.

가장 싼 캐빈에는 2층 침대가 놓여 있는데, 저렴한 요금을 찾는 여행자, 단독여행자, 어린이들에게 적합하다. 트윈침대가 있는 적당한 가격의 캐빈이 일반적으로 선호된다. 대부분의 배에서는 더블침대나 프렌치(French)침대로 캐빈의 수를 제한할 수 있다. 가장 비싼 캐빈은 킹사이즈 침대가 있는 고급스로운 외부캐빈이다.

〈그림 5-5〉 펜트하우스 스위트 룸(Penthouse Suite Room)

대중 크루즈(Volume Cruise)에서는 승객들이 캐빈 밖에서 시간을 많이 보낼 수 있도록 하기 위해 캐빈의 크기를 제한한다. 캐빈의 크기는 배마다 다양하고 넓을수록 가격이 비싸다. 어린이를 동반한 가족들은 일반적으로 부가적인 공간과 개인적인 공간이 연결된 캐빈을 선호한다.

캐빈의 위치 또한 크루즈 가격 결정요소 중 하나이다. 경치를 볼 수 있는 외부의 캐빈은 보통 실내의 캐빈보다 비싸다. 그리고 식당, 라운지, 상점, 여가시설에 근접하여 고층에 있는 캐빈은 접근성의 이점으로 가장 비싸다. 이러한 위치들은 종종 스위트와 큰 유리창이 있는 실외의 고급스러운 캐빈을 포함한다.

9. 서비스 및 봉사료(Tip)

일반적으로 서비스에 대한 대가로 지급하는 팁은 크루즈 요금에서 포함하지 않는다. 식사와 무알코올 음료는 크루즈 가격에 포함되기 때문에 사례금을 결정하기는 힘들기 때문이다. 그래서 크루즈선박에서는 아래와 같이 그 지침을 적용한다.

〈표 5-1〉 크루즈선의 서비스요금

식당종업원	하루 1인 $2.00~2.50
버스기사 또는 보조	하루 1인 $1.00~1.25
테이블장	$5.00
지배인	$5.00(선택)
와인담당 승무원	와인 가격의 10%
캐빈담당 승무원	하루 1인 $2.00~2.50
바, 갑판담당 승무원	서비스 시간의 15%

제2절
선상생활

1. 크루즈여행의 장점

1) 크루즈여행이란?

크루즈여행은 호텔숙박료와 관광지 이동의 교통비가 필요 없는 여행이다. 왜냐하면, 크루즈는 숙박을 하는 운송 수단, 또는 운송을 하는 숙박수단의 양면적인 성격이 될 수 있기 때문이다.

바다 한가운데서 분위기 있는 식사를 즐기며, 선사에서 주최하는 각종 레크리에이션을 즐기다보면 서서히 밤은 저물 것이다. 다음날 잠을 자고 일어나면 가벼운 복장에 카메라를 들고 하선하여 기항지의 가장 대표적인 관광명소와 쇼핑지로 데려다 주는 식으로 진행되는 게 크루즈 여행이다.

여객선이 여객의 수송을 주목적으로 하는 것임에 반해 '크루즈 여행'은 단순한 운송이라기보다는 '위락'을 위한 선박여행으로 숙박, 식사, 음주, 오락시설 등 관광객을 위한 각종 편의시설을 갖춰 놓고 수준 높은 서비스를 제공하면서 승객들을 안전하게 원하는 관광지까지 순항하는 여행이다.

2) 크루즈 투어의 특징

(1) 이동시간이 즐거운 크루즈

낮에는 각 기항지에서 새로운 세계 탐험, 밤에는 선내시설을 이용한 각종 레크리에이션 및 쇼 관람, 바로 크루즈만의 장점이다. 선내에서 즐기거나 또는 잠을 자는 동안 다음 여행지로 이동하는 크루즈는 좁은 좌석과 아까운 낮 시간에 이동하는 일반 여행과는 비교할 수 없는 즐거움이 있다. 즐거움과 편안함, 그리고 시간 낭비가 전혀 없는 여행이 바로 크루즈 여행이다.

(2) 여행의 수준에 비해 너무 저렴한 크루즈

크루즈를 일부 특수층만 즐기는 여행, 또는 여행비가 비싼 여행이라는 생각은 잘못된 것이다. 특급호텔 수준의 식사와 선내시설, 세계 각국의 쇼와 이벤트, 최고급 시설의 해상 스포츠를 저렴한 비용으로 즐길 수 있다. 여행의 수준과 서비스의 질에 비한다면 오히려 저렴한 여행이 바로 크루즈여행이다.

(3) 안전하기 때문에 편안한 크루즈

해외여행에서 무엇보다도 중요한 것은 안전이다. 특히 밤에는 더욱 그렇다. 크루즈는 선내로 외부인의 출입이 금지되며, 선내에서 모든 즐거움을 만끽할 수가 있다. 움직이는 환상의 도시 그 자체인 크루즈에서 편안하고 안전한 여행을 즐길 수 있다.

(4) 세계 별미의 경연장 크루즈

여행에서 잊을 수 없는 즐거움의 하나가 바로 식사일 것이다. 크루즈의 만찬은 세계최고의 요리사들이 준비한다. 서양식, 중국식, 일본식, 한식 등 세계 각국의 별미와 화려하고 세련된 식당 분위기가 어울려 잊을 수 없는 여행의 추억을 선사할 것이다. 단 한 번의 여행으로 세계의 명요리를 마음껏 먹을 수 있는 것이 바로 크루즈만의 장점이다.

(5) 세계와 친구가 되는 크루즈

이동만 함께 하는 여행으로는 친구가 될 수 없다. 세계 각지의 모든 사람들과 함께 생활하고 즐기는 가운데, 서로의 문화를 이해할 수 있으며, 마음을 열어야만 진정한 친구가 될 수 있다. 짧은 기간이지만 배라고 하는 테두리 안에서 함께 생활하는 동안 무엇과도 바꿀 수 없는 소중한 경험과 귀중한 친구들을 얻을 수 있는 여행은 크루즈 뿐일 것이다.

(6) 화려한 파티의 무대 크루즈

크루즈의 쇼에는 라스베가스의 화려함이 있고, 크루즈의 쇼에는 브로드웨이의 감동이 있으며, 리오의 정열이 있다. 매일 밤 펼쳐지는 환상적인 무대와 각종 파티는 다른 여행에서는 경험할 수 없는 크루즈만의 매혹적인 밤의 여정이다.

2. 크루즈선상의 각종서비스

1) 크루즈 선상신문

모든 크루즈선사에서는 크루즈 여행의 길잡이라 할 수 있는 크루즈 선상신문을 매일 제공하고 한다.

로얄 캐리비안 크루즈는 크루즈 컴파스(Cruise Compass), 셀러브리티 크루즈는 셀러브리티 투데이(Celebrity Today)라는 이름으로 매일 선상에서 발행하고 있으며, 다음날의 일정 및 정보를 담은 선상신문이 저녁에 각 선실로 배달된다. 따라서 선상신문의 프로그램에 나와 있는 다음날 도착하게 될 지역 정보와 프로그램을 보면서 하루 스케줄을 잡을 수가 있으며, 선상 신문은 3~4층에 위치해 있는 고객안내데스크(Guest Relation Desk) 앞에 항상 비치되어 있으므로 분실하더라도 쉽게 정보를 다시 얻을 수 있다.

(1) 선상신문의 제공정보

① 기항지 정보 : 익일 도착하게 될 기항지에 관한 설명과 기항지 관광에 관한 정보 제공

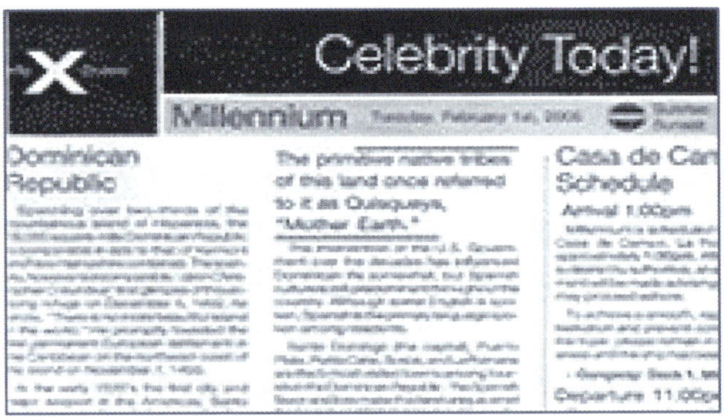
Celebrity Today!
Millennium
Dominican Republic
The primitive native tribes of this land once referred to it as Quisqueya, "Mother Earth."
Casa de Cam
Schedule

〈그림 5-6〉 크루즈 선상신문

② 행사 정보

㉠ 수영장, 헬스클럽, 도서실, 기항지 관광 신청 데스크, 면세점, 카지노, 미용실, 다양한 바 등 선내 시설의 운영 시간 정보

㉡ 에어로빅, 피부 관리 세미나, 음악 밴드 공연, 골프 퍼팅 시합, 빙고게임, 얼음 조각 시범, 선장 주최 칵테일파티 등의 다양한 선내 행사, 시간 정보

㉢ 시설 및 프로그램이 제공되는 장소에 관한 정보 제공

③ 식사 정보 : 시간별 식당 운영 시간 및 식당 명, 식당위치, 메뉴, 복장(드레스코드) 등에 관한 정보 제공

④ 안전 규칙 및 기타 중요 정보 및 선장의 인사말 등

2) 크루즈에서의 통신

"움직이는 도시"로 불리는 크루즈선인 만큼 항해 중에도 인터넷, 전화, 팩스 등의 사용이 가능하다. 특히 최근에 건조된 크루즈선 뿐만 아니라 개보수를 통해서 대부분의 크루즈선에는 사이버 카페를 갖추고 있으며, 사이버 카페에서는 인터넷 사용뿐만 아니라 기본적인 문서 작업도 가능하며, 여행 중에 찍었던 이미지 파일을 모아 두면 CD(별도 비용)로 만들어 주기도 한다.

〈그림 5-7〉 크루즈 인터넷 사용

크루즈선의 통신은 인공위성을 통해 이루어지기 때문에 통신료가 비싼 편이며, 사용 요금은 인터넷의 경우 1분당 US$ 0.75이며, 전화의 경우 1분당 US$ 7.5(각 선실별 전화기를 이용해 통화가능)이다.

따라서 통화는 각 기항지에 내렸을 때 해당 국가의 수신자부담 전화를 사용하시는 것이 가장 저렴하며, 편리한 이용을 위해서는 로밍 서비스를 이용하기도 한다. 그러나 아직까지는 로밍 폰의 경우 운행 중에 연결이 잘 안 되는 경향이 있다.

또한 최신 유람선의 경우 각 선실에서 인터넷 전용선을 이용해서 인터넷 사용이 가능하므로 노트북을 가지고 여행하려면 일정 비용을 지불하고 Cyber Stateroom Hookup 프로그램을 이용해 편리하게 인터넷을 이용할 수 있다.

3) 선상 프로그램 / 다양한 강좌

크루즈 여행 중 선상 프로그램으로 진행되는 다양한 유, 무료 강좌에 참가하는 것은 보다 가치 있는 여행이 될 수 있다. 다양한 선상 프로그램의 진행 시간, 장소 및 간략한 내용은 매일 발행되는 크루즈 선상신문(로얄 캐리비안 크루즈-크루즈 컴퍼스, 셀러브리티 크루즈-셀러브리티 투데이)을 참고할 수가 있다.

(1) 댄스 강좌

1시간에서 1시간 30분 동안 진행되며, 왈츠, 살사, 스윙 등 각 주제별로 강좌가 진행된다. 별도의 사전 예약은 필요 없으며, 동행이 없더라도 즉석에서 인원에 맞춰 커플이 이루어지므로 부담 없이 참석이 가능하다. 초보자를 기준으로 기본적인 동작 및 스텝을 배우므로 쉽게 새로운 춤을 접할 수 있는 기회가 된다.

(2) 컴퓨터 강좌

1시간 가량 전용 컴퓨터실에서 진행되는 강좌는 초보(메일 보내기, 윈도우 사용 방법) 및 중급 수준의 컴퓨터 활용을 비롯해 디지털 사진 강좌, 포토샵 강좌 등 다양하게 준비되어 있으며, 별도 비용은 없으나 사전에 예약이 필요하다.

(3) 게임 레슨

보다 카지노를 잘 즐기기 위해서는 기본적인 게임의 룰을 아는 것이 필요하다. 포커, 룰렛, 블랙잭, 슬롯머신 규칙 등을 30분에 걸쳐 강습하며, 별도 비용은 필요로 하지 않는다.

(4) 스포츠 관련 강좌

휘트니스 센터에서 진행이 되며, 스트레칭, 에어로빅 등은 무료이다. 별도 유료 프로그램으로는 요가, 필라테스, 실내 싸이클링 등이며, 1시간 가량 진행되는데 비용은 1인당 US$ 10으로 사전 예약(명단에 기입해 놓으면 됨) 후 참가가 가능하다.

이외에도 골프레슨, 동양의학 및 치위생관련 강좌 등 의료관련 강좌, 냅킨 접기, 꽃꽂이 등 다양한 강좌가 마련되어 있다.

(5) 골프 프로그램

일반적인 골프 선택 관광 프로그램에 풍부한 크루즈 경험을 가진 프로골퍼가 동행하여 선내에서 골프레슨(개인레슨, 시뮬레이션)을 제공하며, 그룹인 경우 단체 경기 등을 구성하는 골프 프로그램이다. 크루즈 여행 중에 골프 전문가와의 상담, 레슨을 통해서 골프에 대한 식견을 넓히는 계기가 될 것이며, 기항지 선택 관광 골프 프로그램에 참가해 직접 필드에서 흥미진진한 경기를 즐길 수가 있다. 골프 프로그램 포함사항으로는 크루즈 스텝인 공인 프로골퍼 탑승, 골프 레슨센터 설치, 고품격 골프클럽 렌탈서비스, 선내 무료 퍼팅 콘테스트 등이 있다.

〈그림 5-8〉 크루스 선상의 골프 프로그램

4) 카지노

〈그림 5-9〉 크루즈 카지노 시설

크루즈선이 매우 작더라도 모든 선내에서는 카지노를 즐길 수 있다. 소형 크루즈선의 카지노는 단지 슬롯머신만을 제공할 수도 있다. 큰 카지노는 슬롯머신(Slot machines), 블랙 잭(Blackjack), 룰렛(Roulette), 크랩(Craps)을 일반적으로 제공한다. 배가 항구에 정박할 때는 카지노가 열리지 않고, 해상 위에서 항해 중일 때만 열린다. 각 기항항은 승객들이 항구의 카지노, 바, 숍 등을 이용하기를 원하기 때문이다. 술을 마실 수 있는 최저 나이와 같이 갬블링을 할 수 있는 최저나이도 선장에 의해 공고되며 역시 보통 18세이다. 갬블링 비용은 크루즈요금에 포함되지 않는다.

5) 편안한 휴식처 바(Bar) & 라운지

은은하게 연주되는 피아노 선율을 느끼며 여유롭게 칵테일 또는 와인을 즐기는 시간. 가족이나 친구들과 함께 하는 크루즈 여행 중에 갖게 되는 이런 여유로운 시간은 평소에 나누지 못했던 깊은 대화를 가능하게 하며, 혹은 혼자만의 조용한 시간을 갖을 수도 있다. 다양한 주제로 인테리어된 실내외 바(Bar)와 라운지가 마련되어 있다.

(1) 바(Bar) 오픈시간

대부분의 바(Bar)는 라이브 음악을 연주하며, 주로 오후 5시부터 새벽 1시까지 문을 연다. 문을 열지 않는 시간에는 다양한 행사가 진행되거나 고객들께서 편하게 쉬실 수 있는 장소로 제공되고 있다.

① 샴페인 바(Champagen Bar) : 오후 5:00~새벽 1:00
② 코바 카페 밀라노(Cova Cafe de Milano) : 오후 5:00~새벽 1:00
③ 포춘 카지노 바(Fortunes Casino Bar) : 카지노 오픈 시간－공해상을 운행 중에만 오픈함

④ 마티니 바(Martini Bar) : 오후 5:00~새벽 1:00

⑤ 마스트 바(Mast Bar) : 오후 3:00~오후 6:00

⑥ 랑데부 라운지(Rendez-Vous Lounge) : 오후 5:00~새벽 1:00

⑦ 리비에라 풀바(The Riviera Pool Bar) : 오전 9:00~오후 7:00

⑧ 오션 카페 바(Ocean Cafe Bar) : 오전 7:30~자정

⑨ 익스트림 스포츠 바(Extreme Sports Bar) : 오후 5:00~오후 9:00

(2) 판매 음료의 종류

크루즈 요금에는 하루 7차례 제공되는 뷔페스타일 및 정찬 식사, 24시간 룸서비스 및 커피와 차, 과일 주스(뷔페식당에서 제공)는 포함되어 있지만 와인, 칵테일, 고급 커피 등은 별도로 지불을 해야 한다.

따라서 바(Bar)에서 제공되는 음료는 유료이지만 충분히 만족하실만한 맛과 서비스, 분위기가 제공된다. 커피의 경우 US$ 1.95 ~ 2.75 선이며, 와인은 1잔에 US$ 5.5~7.95, 칵테일은 US$ 5.5~8, 맥주는 US$ 3이다.

〈그림 5-10〉 바(Bar) & 라운지

6) 최상의 미용 서비스-쉽 쉐이프 프로그램(Shipshape Program)

전문적인 미용 업체인 엘레미스(Elemis)와 쉽 쉐이프 프로그램(Shipshape Program)이 운영되고 있다.

쉽 쉐이프 프로그램에서는 최상의 재료들만을 사용하고 있으며, 얼굴을 비롯해 전신 마사지, 매니큐어, 패티큐어, 아쿠아 스파 등 숙련된 전문가들이 좀 더 세련되고 편안한 시간을 만들어준다. 특히 엘레미스 아쿠아 스파(Elemis Aqua Spa)는 타히티에서 고대 이집트까지 시간이 흘러도 변하지 않고 전해 내려오는 모든 아름다움에 관한 비법을 그대로 발견하고 체험해 볼 수 있다.

승선 후에 쉽 쉐이프 센터에서 상담 후 직접 예약 또는 전화상으로도 예약을 할 수 있으며, 취소를 원할 경우에는 최소 24시간 전에 통보하면 되며, 선상 결제 수단인 씨패스 카드(Sea Pass Card)로 간단하게 지불이 이루어진다. 각 서비스별로 요금에 차이가 있으나 보통 US$ 50~150 정도이다.

(1) 얼굴(Face)

① 하이드로 페이셜 테라피(50분)
② 에이지 존 집중 트리트먼트
③ 안티 옥시즌 비타민 집중 트리트먼트
④ 엘레미스 아로마 페이셜(50분)

(2) 신체(Body)

① 엘레미스 아로마 스톤 테라피(75분)
② 엘레미스 딥 티슈 근육 마사지(50분)
③ 스웨덴식 마사지(25분, 50분)
④ 반사요법 / Reflexology(50분)
⑤ 커플 마사지(50분)

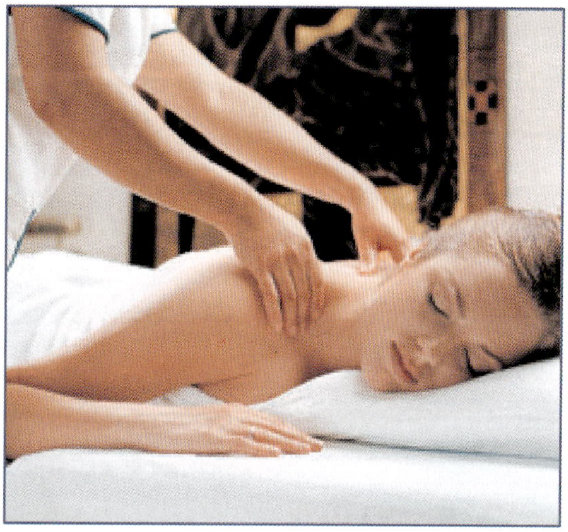

〈그림 5-11〉 미용서비스

7) 저녁 정찬 Seating

저녁 정찬은 크루즈 여행의 꽃이라고 할 수 있으며, 그만큼 각 선사별로 식사와 서비스에 많은 정성을 기울인다. 각 선사별로 크루즈의 크기 또는 서비스 방침에 따라서 저녁 정찬을 제공하고 있다.

(1) 오픈 시팅(Open Seating)

오픈 시팅 또는 프리스타일 다이닝(Freestyle Dining)으로도 불리며, 별도의 지정된 좌석 없이 저녁 정찬 시간 내에 원하는 좌석에 앉아서 식사를 하는 방식이다.

따라서 본인이 원하는 자리, 시간(다이닝 오픈 시간 내)을 선택해서 식사를 할 수 있다는 편리함이 있는 반면 지정 웨이터가 별도로 있는 것이 아니므로 좀 더 친근하고 섬세한 서비스를 받기는 어려운 단점이 있다.

(2) 싱글 시팅(Single Seating)

오픈 시팅과 마찬가지로 저녁 정찬 시간 내에서 원하는 시간에 식사를 할 수 있으나 지정된 테이블에서 식사를 하는 방식이다. 저녁 정찬 시간은 하루에 한번으로 정해져 있으며, 대부분의 소규모 크루즈선에서 채택되고 있다.

〈그림 5-12〉 크루즈 저녁정찬

(3) 투 시팅(Two Seating)

대형 크루즈에서 채택하고 있는 방식으로 다이닝 시간을 둘(Early/Late)로 나누어서 지정된 테이블에서 저녁 식사를 제공하는 것으로 로얄 캐리비안 & 셀러브리티 크루즈에서도 투 시팅으로 저녁 정찬을 운영하고 있다.

일반적으로 Main Seating(오후 6시 30분)과 Second Seating(오후 8시 30분)으로 나눠어 지며, 예약 시점에서 저녁 정찬 시간을 예약할 수 있다. 식사 테이블이 지정되어 있을 뿐만 아니라 담당 웨이터, 보조 웨이터, 총괄 웨이터들의 보다 섬세한 서비스를 제공받을 수 있다.

(4) 포 시팅(Four Seating)

소수의 크루즈선사에서 채택하고 있으며, 오후 5시 30분, 6시 45분, 7시 30분, 8시 45분의 지정된 시간에 식사가 가능합니다. 한번 선택한 식사 시간은 변경이 어려우며, 각 Seating당 1시간의 여유밖에 없으므로 여유 있는 저녁 식사 및 서비스를 제공받기 어려운 단점이 있다.

8) 세탁 서비스-세탁물 처리 방법, 요금 등

크루즈 여행은 보통 일주일 이상의 일정이 많으므로, 즐거운 크루즈 여행을 하면서 특히 저녁 정찬 때에 정장을 입는 경우가 있고 옷에 대해 더욱 신경이 많이 쓰이게 된다.

크루즈 내에서는 세탁물에 대한 세탁, 드라이클리닝, 다림질 서비스를 받을 수 있다. 물론 유료 서비스이나 서비스 내용을 보면 생각보다 편리하고 저렴하게 이용할 수 있다.

(1) 세탁물 서비스 이용 방법

① 객실내 배치된 세탁물 봉투와 신청서류를 확인한다.

② 신청서류에 이름, 객실번호, 날짜를 기입하고 해당 세탁물의 원하는 서비스를 체크하고 서명을 한다.

예 치마, 드라이클리닝을 원하실 경우 Dry cleaning, Skirt란에 표시

③ 체크한 신청서류와 세탁물 봉투에 세탁물을 담아 룸메이드(객실 담당직원)에게 인계한다. 이때 동일한 3장으로 이루어진 세탁물 서비스 신청 서류의 손님 보유분을 받는다.

(2) 세탁물 서비스 시간

① 일반 서비스 : 오전 픽업, 다음날 오후 5시 전달

② Express 서비스 : 오전 9시 전 픽업, 같은 날 오후 5시 전달-추가 50% 비용이 적용된다.

〈그림 5-13〉 크루즈선의 세탁시설

(3) 세탁물 서비스 요금

① 다림질 서비스 : USD 1.5~3.5

② 세탁 서비스 : USD 0.75~5.5

③ 드라이 크리닝 : USD 1.5~7

9) 암벽 등반(Rock Climbing Wall)

암벽등반 시설은 로얄 캐리비안 크루즈와 셀러브리티 크루즈중 로얄 캐리비안 크루즈에서 체험할 수 있는 선내 시설이다.

총 20 여척의 로얄 캐리비안 전 크루즈에서 체험 가능하며, 로얄 캐리비안 크루즈내 시설 중 가장 인기 있는 선내 ACTIVITY 시설중 하나이다.

〈그림 5-14〉 크루즈 암벽등반

끝을 알 수 없는 짙푸른 카리브 해에서, 신비로운 지중해에서, 거대한 빙하가 떠 있는 알래스카에서 수면으로 부터 45~60미터 높이인 크루즈의 가장 높은 곳에서 이 모든

것들을 바라보는 짜릿한 경험을 할 수 있다. 전문 강사가 항상 곁에 있으므로 더욱 쉽게 암벽등반을 즐길 수 있다.

이용 신청은 암벽 등반장 밑 데스크에서 신청 가능하며 이용 가능 시간은 크루즈내 정보지인 선상신문 'ACTIVITY' 란에 이용 가능시간이 표기되어 있다. 등반에 필요한 안전모, 암벽화, 안전장치가 구비되어 있어 등반 중 1인 한명의 직원이 승객들의 안전을 책임지고 있으므로 어린이나 초보자도 안전하고 재미있게 암벽등반을 즐길 수 있다.

10) 선상 안전훈련

본격적인 크루즈 여행에 앞서 선상 안전 훈련을 하는 것은 해상법상 모든 크루즈 승객의 의무사항이다. 훈련은 승선 당일 크루즈 출발 시간 30분 전에 실시되며, 훈련은 7번은 짧게 1번은 길게 사이렌이 울림으로써 시작된다.

교육이 시작되면 선실 내에 있는 구명조끼를 입고 해당 구명보트 있는 곳으로 집결한다. 혹은 각자의 집결 장소가 있어 해당 장소로 모이면 된다. 예를 들어, 대공연장, 바(bar) 등 사람이 많이 모일 수 있는 곳이 집결 장소가 된다.

집결장소는 선실 문에 Your Muster Station란에 안내되어 있으며, 곳곳에 배치되어 있는 승무원들이 친절하게 안내해 준다. 해당 장소로 집결하면 담당자가 각자의 선실번호를 확인하게 되며, 모든 탑승객이 확인된 후 교육이 끝나게 된다. 그러나 일반적으로는 대극장에서 구명조끼 착용 방법 및 간단한 안내를 하는 것으로 약 20~30분 후에 종료되는 경우가 많다.

안전교육은 응급사항 발생에 능동적으로 대처하기 위해 필수적인 사항으로 조금 번거로울 수 있다고 생각될 수 있으나, 참가 후 승객들의 반응은 색다른 경험으로 오히려 즐거워하는 경우가 많다.

11) 객실내 TV 기능과 사용법

크루즈 객실내 TV는 일반 방송 시청뿐 아니라 여러 가지 다양한 기능이 있다. 객실내 TV는 RCTV라고도 하며 일반 TV의 기능뿐 아니라 별도의 추가 기능이 있다.

일반 방송 채널을 시청할 수 있을 뿐만 아니라 크루즈 관련 별도 추가메뉴를 사용할 수 있다. 별도 메뉴에는 룸서비스 신청, 선택 관광 프로그램 예약, 마사지 예약, 영화 관람(유료), 선내 주요 프로그램 등을 시청할 수 있으며 승선 카드로 결재한 내역을 볼 수도 있다.

〈그림 5-15〉 크루즈 선실 TV

12) 크루즈 내 복장 안내

크루즈를 예약 하고자 하는 사람들 중에는 크루즈내 분위기에 맞추어 복장을 어떻게 준비할까 라고 걱정하는 분들이 많다. 크루즈 내에서는 편한 복장으로 다니면 되며, 너무 격식에 얽매일 필요는 없다. 그러나 크루즈를 타는 중 꼭 정장을 준비해야 하는 경우가 있는데 이는 저녁 정찬 레스토랑에서 2번 정도(7박 8일 크루즈 기준) 입는 경우가 있다.

정장 복장의 예로서 남자는 양복, 넥타이 혹은 보타이(나비넥타이) 한복이 있으며, 여자는 양장 정장 혹은 드레스, 한복 등이 있다.

〈그림 5-16〉 크루즈 선원의 보타이 착용모습

13) 크루즈내 공연장 시설

(1) 대형 극장(Theater)

여러분은 현재 뉴욕 브로드웨이에 계십니까? 아니면 유람선에 탑승하고 계신가요? 이런 착각을 불러일으킬 정도로 수준 높은 브로드웨이 스타일의 공연이 크루즈의 대형 극장에서 펼쳐진다. 모든 공연은 횟수에 제한 없이 무료로 감상할 수가 있다.

최고의 브로드웨이 쇼들을 비롯한 뮤지컬 공연 등 수많은 볼거리들을 우아하고 럭셔리한 공연장에서 보여진다. 놀라운 공중 곡예사들의 공연을 비롯하여 마술쇼, 웃음을 제공해드릴 코미디 쇼에 이르기까지 다양한 볼거리가 준비되어 있다.

가창력이 뛰어난 싱어와 화려한 댄서의 움직임을 보고 있노라면 다른 세상에 와 있는 듯한 느낌이 들며, 대공연장은 크루즈 크기에 따라 다르나 일반적으로 800석에서 1700석 규모이며 부드럽고 안락한 의자와 세심한 칵테일 서비스는 하이라이트라고 할 수 있다.

(2) 다양한 공연무대

크루즈에서는 보다 재미있는 시간을 보낼 수 있는 다채로운 공연 프로그램들이 준비되어 있다. 그래서 종종 무엇을 해야 할지 결정하는 것이 유쾌한 고민이 되기도 하며, 크루즈내 각종 바와 중앙홀, 야외수영장 주변에서는 쉴 새 없이 공연 무대가 펼쳐진다. 재즈 뮤지션과 함께 하거나, 스쿠너 바, 피아노 바에 앉아 음악을 감상할 수도 있다. 가라오케나 퀴즈 게임, 게임 쇼 등 무대 중심으로 나가 직접 참여하는 것도 색다른 경험이 될 수가 있다.

(3) 스튜디오 B(Studio B)

스튜디오 B(Studio B)는 아이스 링크를 말한다. 로얄 캐리비안 크루즈의 보이저 클래스(138,000톤) 이상 급의 크루즈에서 본 시설을 이용하실 수 있다.

〈그림 5-17〉 크루즈 공연장

카리브 해의 뜨거운 태양의 열기 속에서 얼음처럼 시원한 아이스 스케이팅의 경험은 여러분께 평생 잊지 못할 크루즈 여행의 한 페이지를 선사해 드릴 것이다.

낮에는 스케이트를 렌트해 자유롭게 아이스 스케이팅을 즐기실 수 있으며 밤에는 세계 정상급 수준의 아이스 스케이팅 쇼를 감상할 수 있다.

14) 다양한 어린이 프로그램

크루즈에서는 모든 크루즈 여행객이 즐길 수 있는 프로그램이 준비되어 있다. 어린이(유아) 및 청소년들만을 위한 자연과 과학 탐험, 각종 쇼들을 포함하여 참여 가능한 활동들, 보물찾기, 테마 파티 등을 통해 그들의 세계를 만들어 갈 수 있다. 특히 어린이(유아) 및 청소년 전용 센터와 수영장 등에서 세계 각국으로부터 온 새로운 친구들을 만날 수 있는 '선상친구 사귀기' 프로그램이 있으며, 이 모든 어린이, 청소년 프로그램은 유능한 전문 스텝들에 의해 관리된다.

(1) 어드벤쳐 오션(Adventure Ocean)

어드벤쳐 오션은 재미와 교육적인 활동들을 적절히 혼합시켜 놓은 무료 어린이 프로그램이다. 크루즈 마다 프로그램이 다르지만 한 가지 변하지 않는 것은 자녀가 현지의 풍습, 신선한 과학 체험, 새로운 친구를 사귀는 방법을 배우게 된다. 프로그램에 참여하기 위해서는 반드시 3살 이상, 대소변 가림이 가능해야 한다.

자녀를 돌보는 스텝들은 모두 교육 및 레크리에이션을 전공하거나 3~17세 어린이를 대상으로 하는 풍부한 경험을 가지고 있는 스텝으로 구성되어 있다.

어드벤쳐 오션과 함께 하는 가족 크루즈 여행은 부모님과 아이들 모두 즐길 수 있으며, 어린이를 위한 식사, TV 프로그램, 다양한 게임, 심지어는 10대들을 위한 나이트 클럽 등 여러 가지 프로그램들이 제공된다.

〈그림 5-18〉 다양한 어린이 놀이시설

(2) 과학 여행 하이라이트

셀러브리티 크루즈는 아이들에게 단지 재미만 주는 게임이 아닌 교육적인 게임을 제공한다. 과학탐구와 자연학습을 통해 아이들이 곤충을 발견할 수 있고, 바다 생물과 해적의 세계도 볼 수 있다. 3~12세 사이의 어린이들의 창의력을 키워줄 과학 여행은 하루에 30분에서 한 시간까지 추가비용 없이 제공된다.

15) 아이스 링크

주간에는 일반 크루즈 손님들이 즐길 수 있는 아이스 스케이팅장, 게임장, 음식 시연회장 등으로 활용되며 야간에는 볼쇼이 발레단과 같은 아이스 스케이팅 공연장으로 활용된다.

〈그림 5-19〉 크루즈 아이스 링크

주간에 아이스 스케이팅장을 이용할 경우 스케이트는 무료로 대여하며, 또한 크루즈내 다양한 프로그램 중 많은 크루즈 승객들이 모여 함께 하는 게임장으로 이용될 경우 얼음 위를 강화바닥재로 자동 교체되는 시스템이 있어 그 활용가치가 높다.

특히 야간 공연은 뛰어난 음향시설, 조명시설과 함께 아이스 스케이팅 쇼의 진수를 느낄 수 있다.

16) 선장 환영 리셉션(칵테일파티)

선장 환영 리셉션은 선장이 승객들을 환영한다는 의미로 간단한 칵테일파티 형태로 진행된다. 크루즈를 탑승하게 되면 일반적으로 크루즈 탑승 2일째, 선장이 주최하는 환영 칵테일파티가 열리게 된다. 참석 대상은 크루즈 승객 모두가 되며 승객 인원이 많은 관계로 두 차례에 나누어 행사를 갖는다.

칵테일파티 참석시 복장은 정장을 하는 것이 일반적이며, 남성은 정장에 넥타이 착용,

혹은 턱시도를 준비하면 된다. 여성은 치마 정장이나 드레스를 준비하면 된다. 장소는 주로 크루즈내 대형 공연장이나 대형 바에서 진행된다.

진행방법은 환영 리셉션장 입구에서 선장과 간단한 사진 촬영을 하며, 촬영된 사진은 크루즈내 포토 갤러리라는 곳에서 인화되어 전시되고 원하는 경우 일정금액을 지불하고 찾을 수도 있다.

〈그림 5-20〉 크루즈 선상 칵테일파티

행사장 안으로 들어서면 웨이터들이 샴페인이나 음료 등을 서비스 하고 자리를 잡고 앉으면 무대에서는 재즈 악단 등이 분위기를 고조시킨다. 앞 무대에서는 자연스럽게 남녀 손님이 연주되는 음악에 맞추어 춤을 추기도 한다. 시간이 어느 정도 지나면 선장의 인사말과 함께 크루즈내 각 파트의 최고 매니저들을 선장이 직접 소개한다.

갤리라고 부르는 크루즈 주방의 총 책임자인 주방총괄매니저, 객실파트 총괄매니저, 공연 등 이벤트를 담당하는 엔너테인먼트 총괄매니저등 여러 가지 부문의 총 책임자를 소개하는 시간을 갖는다. 마지막으로 손님들이 어느 국가에서 오셨는지 국가 이름을 호명하기도 하여 분위기를 고조시키며 총 약 1시간 정도 진행된다.

17) 쇼핑(Ship's Shops)

크루즈에서는 면세(수입면세) 쇼핑을 즐길 수 있다. 해로드면세점은 Queen Elizabeth Ⅱ에 매장을 가지고 있으며, 이러한 상점들은 아스피린에서 다이아몬드에 이르기까지 모든 물품이 제공되며 매우 합리적인 가격에 구입이 가능하다. 크루즈 승객들은 크루즈 내에서 프

〈그림 5-21〉 쇼핑

랑스의 향수, 오스트리아의 크리스털, 스위스의 초콜릿, 아일랜드의 레이스 그리고 그 외 다양한 국제적인 보석들을 구입할 수 있다.

3. 크루즈선상의 각종 규정

1) 크루즈 수하물 수속 및 규정

크루즈 여행시 수하물의 수속은 출발 항구에서 이루어지며, 항구에 대기하고 있는 포터들에게 수하물을 전달하면 된다. 수하물에는 한국 사무소에서 승선서류와 함께 발급하는 짐표를 붙여야 하며, 짐표에는 승선객 성명, 선실번호, 유람선명 등이 명기되어 있다.

짐표를 분실했을 경우에는 포터들이 여분의 짐표를 가지고 있으므로 직접 선실 번호 및 고객 성명을 명기한 후 짐에 붙여 맡기면 된다. 수하물은 항구에서 바로 유람선으로 이동되므로 별도의 수하물 짐표를 발행하지 않으며, 붙이는 짐에는 여권, 항공권, 현금 등 귀중품을 넣지 않도록 주의해야 한다.

항구에서 붙여진 짐은 승선 후 각 선실로 배달되며, 크루즈 출발 30분 전까지 짐이 선실로 배달되지 않았을 경우에는 룸 메이드 또는 Guest Relation Desk에 문의하면 된다. 많은 인원이 동시에 수속이 진행되므로 일단 유람선에 짐을 싣고 각 선실로의 배달이 늦어질 수 있으므로 문의하면 직원들이 수하물 전달에 대해 친절하게 안내해 준다.

하선시에는 하선 전날 짐을 꾸린 후 각 선실로 배달되어져 온 짐표를 붙여서 저녁 7시부터 11시 사이에 선실 밖에 내어 놓으면 된다. 각 선실로 배달되어져 오는 짐표는 사전에 하선 후의 항공 스케줄 및 투어 스케줄을 확인하고 그 자료에 근거해서 순서대로 하선할 수 있도록 색상이 배정된다. 따라서 하선을 일찍 하여야 할 경우 고객 데스크에 본인의 짐표의 하선 순서를 사전에 확인하는 것이 필요하다.

수하물은 다음날 아침 터미널에 짐표 색상별로 모여져 있으며, 본인의 짐을 확인한 후 픽업하면 된다.

수하물 규정은 1인당 최대 200파운드(약 90kg)의 수하물을 별도의 추가 요금 없이 유람선 안으로 반입할 수 있다. 단, 폭발물, 무기류 및 기타 위험한 물품 등은 반입이 금지된다.

크루즈선사의 과실로 인한 수하물의 분실 및 훼손의 경우 크루즈 약관에 따라 품목 확인을 통해 수하물의 개수, 가격에 상관없이 1인당 최대 US$ 300 이내에서 보상된다. 따라서 고가의 귀중품은 여행시에 지참하지 않는 것이 좋으며, 불가피하게 지참하는 경우에는 수하물에 넣지 말고 직접 작은 가방에 소지하도록 한다.

2) 크루즈내 알코올(alchol) 규정

크루즈 내에는 많은 바(BAR) 들이 있고 시중 가격에 비해 결코 비싸지 않은 가격으로 수많은 종류의 알코올음료를 이용할 수 있다.

(1) 알코올 음용 최소 나이

크루즈내 알코올음료를 음용할 수 있는 최소 나이는 21세이다. 그러나 북미를 제외한 기타 크루즈 여행 지역의 알코올음료를 음용할 수 있는 최소 나이는 21세보다 낮은 게 일반적이다. 물론 부모님이나 보호자가 동반하는 크루즈 여행의 경우 18세 까지도 가능하다.

알코올 음용 나이를 결정하는 기준일은 승객이 크루즈를 탑승하는 날짜를 기준으로 하며 이러한 알코올 정책을 위반하는 승객에 대해서는 크루즈 탑승에 제한을 받을 수 있다.

(2) 알코올 구입

① 크루즈내 면세점에서 구입한 경우

알코올을 크루즈내 면세점에서 면세가로 구입할 수 있는데 이럴 경우 구입한 알코올은 크루즈선사에서 보관하며 하선 전날 밤 선실로 배달된다. 크루즈 내에서 구입 후 바로 음용을 원할 경우 면세 가격으로는 구입이 안 되며, 세금을 부담하면 즉시 구입가능하고 음용 가능하다.

② 크루즈외 기항지 등에서 구입한 경우

크루즈 내에서 음용할 목적으로 기항지 등에서 구입한 알코올은 객실내로 반입할 수 없고 선사에서 보관하며 하선 전날 밤 선실로 배달된다.

3) 크루즈내 흡연정책

흡연 고객의 욕구를 충족시키기 위해 크루즈는 크루즈 선내 몇 개의 바, 라운지와 크루즈 상층부의 오픈덱에 대해서는 흡연지역으로 지정하였다. 따라서 크루즈 내에서는 위 지정된 몇몇 군데를 제외하고 공공장소에서는 흡연이 금지되어 있다.

크루즈 여행을 하다보면 많은 기항지들을 들르게 되는데 일반적인 사항으로 기항지 선택관광시 이용하는 버스 또한 금연구역이다.

4) 크루즈 기항지에서의 승하선 절차

크루즈 기항지는 항구 사정에 따라 바로 항구에 접안하는 Dock 또는 운행 크루즈선이 많거나 수심이 낮아서 항구에 바로 접안하지 못하고 바다에 정박하여 텐더보트(150여명 탑승)로 승객들을 실어 나르는 Tender가 있다.

기항지에서의 모든 승하선 절차는 전자 시스템으로 이루어지며, 최초 크루즈 탑승시에 승선카드를 기계에 넣고 고객의 사진을 찍게 된다.

하선시 출입문에 설치되어 있는 기계에 승선카드를 넣으면 최초 인식된 고객 얼굴이 화면에 나타나게 되며, 직원은 바로바로 고객을 인식할 수 있다. 또한 승선시에는 카드 인식과 함께 간단한 소지품 X선 검사 후 바로 탑승이 이루진다.

이렇듯 승하선 절차가 간단하기 때문에 2,000~3,000명이 넘는 탑승객이 큰 혼잡 없이 기항지에서 승하선을 할 수 있다.

기항 국가가 다를 경우에도 별도의 입출국 수속은 거의 없으며, 입국 수속이 필요할 경우에는 출입국 관리사무소 직원이 크루즈에 탑승해서 간단한 질문 후 입국 허가를 해주고 있다.

따라서 비자가 필요한 국가의 경우 사전에 비자를 발급받아야 하며, 기항 일정 중 필요한 비자를 받지 않았을 경우에는 탑승 수속시 탑승이 거부된다.

제3절
선상정보와 예절

1. 크루즈 승선 전에 알아야 정보

여행객은 승선 전 자신의 크루즈 티켓과 여권을 제시해야 한다. 이 서류들을 절대로 수화물에 넣으면 안 된다. 안전상의 이유로 승객들은 배 안으로 들어가지 못하게 되어 있기 때문이다.

승선을 위해 개인적으로 도착한 후 공항에서의 세관, 이민국 통과를 위한 항공 도착시간과 배의 출항에서의 세관, 이민국 통과를 위해서 항공 도착시간과 배의 출항시간 사이의 충분한 여유를 가져야 한다.

1) 수화물

배에 승선하기 전에 반드시 세관 홀을 통과해야 한다. 수화물 검사 후 가방은 포터에 의해 지정된 승객의 캐빈으로 전달될 것이다. 승객들은 각각의 가방이 잠겨 있는지, 이름표가 정확히 붙어 있는지, 배와 캐빈의 번호가 일치하는지를 확인하여야 한다. 자신의 캐빈 번호를 모를 경우 수화물은 캐빈이 정해질 때까지 리셉션 구역에 보관되며, 캐빈 번호가 확정된 이후에 담당 승무원에 의해 그곳으로 전달될 것이다.

2) 귀중품

승객들은 편의를 위해서 배의 사무장에게 일정액의 보증금을 지불하고 귀중품을 맡길 수 있다. 크루즈 회사에서는 보증금을 낸 귀중품에 대해서만 분실시 책임을 진다.

3) 사진관

전문 사진사는 배안에서 이루어지는 모든 행사에 참여하게 된다. 승객이 희망할 경우에만 촬영을 하고 의무사항은 아니다.

4) 종교 서비스

매일 천주교 미사를 비롯하여 각 종교의 예배에 참석할 수 있다.

5) 입항과 출국

승객이 수화물을 확인한 후에는 포터들이 세관홀로 옮기는 것을 도와줄 것이다. 만약 단체그룹의 여행객이라면 그룹의 투어리더(여행인솔자)에게 자세한 사항을 문의하면 된다. 그리고 승객터미널 밖에는 택시가 항상 운행되므로 이를 이용할 수 있다.

개인승객들이 세관홀을 통과하고 배가 항구 관계자들로부터 통과를 허가받기 위해서는 입항시간과 출국시간 사이에 충분한 시간을 두어야 한다(최소한 4시간 소요). 그리고 또한 입항하는 수에 따라 택시를 잡는 시간도 고려해야 할 것이다.

6) 출항시간

- **3일 크루즈** : 올림픽(Olympic)호와 오디세우스(Odysseus)호는 Piraeus에서 금요일 11시에 출항하며 9시부터 승선이 가능하다.
- **4일 크루즈** : 올림픽호, 오디세우스호 모두 월요일 11시에 출항하며 9시부터 승선이 가능하다.
- **7일 크루즈** : SS호는 월요일 7시에 출항하며 4시부터 승선이 가능하다. TR호는 금요일 8시에 출항하며 5시부터 승선이 가능하고, SO호는 금요일 7시에 출항하며 4시부터 승선이 가능하다. 또 OR호는 토요일 9시에 출항하며 6시부터 승선한다.
- **10, 12, 14, 21일 크루즈** : SS호의 경우 14, 21일 크루즈는 월요일 7시에 출항하며 4시부터 승선이 가능하다. 또 OD와 SO호는 10, 12, 14일 크루즈의 출항과 승선에 관한 정보를 승객에게 서류로 전달한다.

2. 선상예절

크루즈 여행을 제대로 즐기려면 미리 크루즈 소개 안내 책자를 보고 선 내에서의 생활이나 시설들을 익혀두는 것이 좋다. 또한 6개월 정도 시간여유를 고려하여 배의 중앙에 위치한 방을 배정 받도록 하는 것이 현명하다. 배의 양끝보다는 여러 편의 시설을 이용하기에 동선이 짧다는 이점이 있기 때문이다.

객실을 선택할 때에는 비싼 방을 고집할 필요는 없다. 보통 카테고리 1(1박당 1백20달러 정도)부터 시작되는 선실은 1급이 올라갈 때마다 3~40달러 정도가 추가된다. 카테고리 6~8정도부터는 객실에 창이 나 있어 바다를 볼 수 있다는 장점이 있다. 그러나 사실상 방에서 보내는 시간은 그리 많지 않고 객실과 상관없이 동등한 서비스를 받을 수 있기 때문에 크루즈 경험이 많은 실속파들은 제일 싼 객실을 선택한다. 하지만 이 방들은 6개월 전에 미리 예약이 완료되므로 서둘러야 한다.

크루즈 여행에는 반드시 정장을 준비해야 한다. 첫날 벌어지는 선장 환영파티를 비롯하여 매일 밤 벌어지는 만찬파티에는 정장이 아니면 입장이 불가하기 때문이다. 옵션투어를 위해서도 그때그때 적절하게 필요한 옷을 준비해 가는 것이 좋다. 대부분의 장비는 대여 가능하다. 매일 벌어지는 빙고게임, 퍼팅대회, 클레이사격 등 각종 오락 프로그램과 경연대회는 해당날짜에 배달되는 소식지를 참고로 하면 된다. 또한 기항지에서의 선택 관광도 미리 예약해두는 것이 좋다.

크루즈여행의 가장 큰 장벽으로 지적되는 건 언어장벽이다. 가능하면 영어를 잘 구사하면 좋겠지만 다소 못하더라도 분위기만 잘 맞추면 된다. 크루즈에는 전 세계에서 모인 온갖 계층의 사람들이 모여들기 때문에 진정한 크루즈의 매력을 경험하고 싶다면 가능한 많은 사람과 접촉하고 대화를 나누는 것이 좋다.

제4절 크루즈 상품의 생산과 판매

1. 크루즈 요금

크루즈선사는 가동률과 객실점유율 제고가 중시되므로 고객흡수를 위한 촉진방안으로서 할인요금의 적용, 비수기의 요금설정, 단골 승객(special cruise)에 대한 특별할인, 한 객실을 3명~4명의 승객이 사용할 때 제공하는 할인제도, 일정기간 전에 예약을 한 승객에 대한 할인율 적용 등의 방법에 의해 신규수요를 개발하거나 승객의 고정화를 유도하고 있다. 승객에게 적용되는 요금은 12종류에 이르며 가장 고가의 요금은 가장 경제적인 요금(economy)의 약 2배 정도이다.

1) 크루즈요금 설정의 요소

① 크루즈 운항기간(duration of cruise)
② 계절(season)
③ 객실 위치 및 사용객실의 크기(cabin location & size)
④ 크루즈선박의 프로필(ship profile)

2) 크루즈요금에 포함된 사항

승객은 중요 비용을 사전에 크루즈선사에 지불하고 승선하므로 많은 돈을 지니고 여행할 필요가 없다.

① 운송(transportation)

② 선상에서의 각종의 편의 제공(various convenience on ship)

③ 식사(meal)

④ 오락프로그램 참석과 각종의 선상활동(recreation activities)

⑤ 기항지에서 선박으로부터 육지에 도착하는 운송수단 이용 및 그 반대 방향으로 이루어지는 운송수단의 이용(pilot service)

3) 선택적인 요소로서 크루즈 요금에 포함되지 않는 사항

① 기항지관광(shore excursion)

② 치료비용(medical expense)

③ 세탁비, 사우나 및 마사지 등 개인 서비스(service charge)

④ 선상에서의 쇼핑비용(shopping expense)

⑤ 카지노 게임시 칩 구입비용(gambling chip)

⑥ 맥주와 와인 등 음료수대와 팁(tip)

4) 추가경비

미국 서부, 멕시코, 하와이제도에서(4N 5D)의 추가경비를 예로 보면 다음과 같다.

① 항만세 : US$ 61

② 선상에서의 팁

웨이터	Bus boy	방청소인	식당지배인	Bell boy
US$ 15	US$ 9	US$ 15	US$ 5	US$ 5

③ Hotel 식사 tip : US$ 10

④ Driver tip : US$ 15

2. 크루즈 요금의 특징

1) 크루즈 요금은 가변적이다.

크루즈 요금은 예약률에 따라 자동으로 변경된다. 따라서 예약률이 낮은 시점에 예약을 하는 것이 가장 저렴하므로 통상 그룹의 경우 1년에서 최소 6개월 전, FIT 예약의 경우에도 최소 2㈜3개월 전에 예약을 하는 것이 좋다.

이러한 가변적인 성격으로 동일 선박과 일정이라고 해도 출발일자별, 예약률에 따라 요금이 달라질 수 있으며 또는 같은 날짜라 하더라도 선호되는 선실 등급이 오션뷰로 예약률이 높을 경우에는 오션뷰가 발코니 캐빈보다 요금이 높을 수도 있다.

2) 별도의 그룹 요금이 없다.

크루즈에는 항공 요금처럼 별도의 그룹 요금이 존재하지 않는다. 이는 시스템에서 조회되는 요금이 현시점 조회 최저 요금이기 때문이다. 또한 그룹 예약의 경우 별도의 미팅룸 또는 행사 진행 서비스, FOC 등등의 서비스가 추가로 제공되므로 그룹으로 사용할 수 있는 선실의 숫자가 제한적이다.

그룹 예약의 FOC 규정은 16명 예약 기준으로 1개의 침대(1 Half twin FOC)가 제공되며, 따라서 32명이 예약을 할 경우 1개의 선실이 FOC로 제공된다(항구 이용료+세금 별도).

3) 크루즈 요금의 구성

크루즈 요금은 선실요금, 항구 이용료, 세금으로 구성되어 있다. 선실요금에는 기본적으로 숙박, 기타 편의 시설, 식사, 각종 공연 관람 등의 비용이 포함되어 있으며 커미션은 세금 성격이 강한 항구 이용료 및 세금을 제외한 선실 요금의 10%가 지급된다.

4) 싱글 Charge

크루즈 선실은 2인 1실을 기본으로 합니다. 따라서 싱글로 선실을 사용하려면 2명분의 비용을 모두 지불해야 한다. 예를 들어 1인당 선실 요금 US$ 800+항구 이용료 US$ 100+세금 US$ 50으로 싱글 룸을 사용하시려면 US$ 800×2+항구 이용료 US$ 100+세금 US$ 50로 선실 요금 기준 200%를 지불해야 한다.

5) 추가 3, 4인용 성인 요금 및 어린이 요금

크루즈 선실에는 호텔에서처럼 별도 침대를 추가할 수 없으며, 별도의 3, 4인용 선실이 있다. 따라서 성인 2명과 동일 선실을 사용하는 추가 3번째, 4번째 손님의 경우 할인된 요금을 적용받는다. 이는 어린이 적용 요금과 동일한데, 어린이 요금 역시 부모와 동일 선실을 사용해야 하는 조건으로 만약 성인 1명과 어린이 1명이 여행을 할 경우 어린이도 일반 성인 요금으로 적용된다.

3. 크루즈 투어 예약 및 여행조건

1) 여행의 예약

여행자가 여행사에 구두, 전화, 서신, 서류 등에 의한 표시로 신청하며 여행사는 소정의 절차에 따라 이에 대한 신청을 확인한 후 여행자가 예약금을 납부하면 여행 예약이 성립되며, 여행자는 약관 및 승선 약관을 주지하여야 한다.

2) 여행경비의 납부

여행경비는 아래와 같이 기일 내 지불해 주어야 예약확인 및 승객 등록이 가능하다.

① 예약 신청시 : 예약금
② 출발 45일전까지 : 총 여행경비의 60%
③ 출발 30일전까지 : 총 여행경비 중 잔액의 전액

3) 취소료

여행자의 여행계약이 해제·변경되거나, 여행조건의 변경, 취소할 때 이에 대한 취소료는 다음과 같다.

① 출발일 45일 전 : 예약금
② 출발일 30일 전 : 여행경비의 50%
③ 출발일 2일 전 이후 100%

4) 여행조건 및 일정의 변경

① 2인 1실 기준의 크루즈선 Out-Side 객실 기준
② 이코노미 클래스 항공료 포함
③ 관광 및 교통편 포함
④ 항구세 및 공항세 포함

⑤ 공항 및 호텔의 포터 봉사료
⑥ 각 지역 옵션관광은 별도
⑦ 크루즈사는 여행자의 안전과 보호를 위해 쌍방의 합의시에는 일정의 일부 또는 전부를 변경할 수 있다.
⑧ 천재지변, 불의의 재해, 정변, 전란, 파업, 크루즈선의 납치 그와 불가항력의 사유로 인한 부득이한 경우에는 여행의 원활한 진행을 위해 출발 전후에 관계없이 여행조건 및 일정의 일부를 당사의 판단에 의해 변경할 수 있다.

4. 크루즈 예약 진행

처음 크루즈 문의를 받을 때 가장 당황되는 것은 바로 크루즈 예약 진행을 어떻게 해야 하는지에 대한 사전 지식이 없기 때문일 것 같다. 이는 크루즈라는 생소한 상품이 주는 막연하게 생각되는 어려움 때문일 수도 있다. 하지만 크루즈 상품의 예약 방법은 그리 복잡하거나 어렵지 않다.

1) 여행 목적지, 여행 시점 결정

일반 패키지 상품과 동일한 부분이며, 먼저 크루즈 상담이나 예약 진행시에 결정해야 하는 부분은 바로 어디를 여행할 것이냐이다. 주요 여행지의 경우 알래스카, 지중해, 북유럽, 카리브 해, 멕시코, 바하마 등지이며, 이외에도 버뮤다, 파나마 운하, 남미, 갈라파고스 등 매우 다양하다.

그렇기 때문에 조금 막막할 수 있지만 한국인들이 가장 많이 선호하는 일정은 알래스카, 지중해, 북유럽, 카리브 해, 멕시코 등이기 때문에 좀 더 쉽게 접근할 수 있다.

- 자연의 아름다움, 대빙하의 장대함을 느끼고 싶은 여행객 → 알래스카(5~9월)
- 그리스, 로마 유적, 그리스 섬들의 아름다움, 유럽의 건축물들 선호하는 여행객 → 지중해, 북유럽(5~11월)
- 여름철 리조트와 같이 바다를 즐기거나 새로운 문화 체험을 원하시는 분들 → 카리브 해, 멕시코(연중)

특히 알래스카, 지중해, 북유럽의 경우 연중 운행하지 않으므로 여행 시점의 결정도 중요하다.

2) 선실 등급의 결정

선실 등급은 내측, 오션뷰(창문은 있으나 열지 못함), 발코니, 스위트 선실로 나뉘어진다. 각 등급별로 요금이 구분되기 때문에 여행 경비 예산에 따라 결정하는 것이 일반적이다. 여러 등급으로 요금을 실시간으로 안내되며 가격대비 선실의 효용도에 따라 결정 하는 것이 일반적이다.

3) 예약시 필요 사항

예약시 필요 사항은 예약을 원하시는 일정 및 날짜, 성함, 생년월일, 여권번호 등이며, 최초 예약시에는 기본적인 여행 일정 및 날짜, 영문 성명만 있으시면 예약이 가능하다.

4) 예약 확정서 발급 및 신청금 입금

예약 일정, 예약 확정 사항-선실 번호, 선실요금, 항구 이용료, 세금, 신청금 입금 요청사항, 취소료 적용 일자가 안내되어 있는 예약 확정서가 발급되며, 예약 확정 1주일 내에 5박 이하-1인당 US$ 100, 7박~8박 1인당 US$ 250, 9박 이상 1인당 US$ 450의 신청금을 입금하면 예약이 최종 확정된다.

5) 잔액의 완납 및 승선서류 발급

예약 확정서에 안내한 입금 스케줄에 따라 잔액을 입금하면 크루즈 승선 수속을 위한 승선서류를 발급한다.

5. 예약 시스템

로얄 캐리비안/셀러브리티 크루즈의 요금조회 및 예약 시스템은 Cruise Match 2000(CM 2000)이다. Cruise Match 2000(CM 2000)은 인터넷 사이트를 통화여 접속 가능한 로얄 캐리비안/셀러브리티 크루즈의 자체 예약시스템이다.

현재까지는 많은 일반 여행사에서 본 시스템을 바로 이용하는 서비스는 이루어지지 않고 있으나 앞으로 요금조회 서비스는 이용할 수 있도록 작업 중에 있다. 그러나 크루즈 요금을 비롯한 여러 가지 정보를 조회하는 방법은 로얄 캐리비안/셀러브리티 크루즈 홈페이지에서 손쉽게 조회할 수 있다.

Cruise Match 2000(CM 2000)에서는 조회 시점에서 다양한 요금제 중 가장 저렴한 요금을 조회하며 실시간 예약이 가능하다. 또한 크루즈 객실번호를 선택, 예약할 수 있어 원하는 객실타입, 객실위치를 조회, 예약하여 최적의 예약 만족도를 제공한다. 식사시간의 선택, 저녁 정찬시 일행이 있을 경우 동일 정찬 테이블 요청, 투인/싱글 베드 요청 등 다양한 욕구에 부응하는 맞춤 서비스를 제공하고 있다.

6. 일정 및 가격

1) 알래스카 크루즈 7박 8일

〈그림 5-22〉 알래스카 크루즈 운항모습

알래스카는 천혜 야생동물의 보고라고 할 만큼 아름다운 자연환경과 야생동물-고래, 곰, 독수리, 다양한 해양 동물 등을 만날 수 있다. 자연 뿐만 아니라 토착 인디언들의 문화와 옛 골드러쉬의 정취를 느낄 수 있는 다양함이 있는 곳이다.

낮에는 빙하 투어, 개썰매, 금광으로 향하는 스릴 넘치는 기차여행, 연어 낚시, 고래 관찰 등으로 바쁜 하루를 보냈다면 저녁에는 세레나데호로 돌아와 스파나 사우나를 즐기며 휴식을 취할 수 있다. 풀코스로 제공되는 정찬식사에 맛좋은 와인을 곁들인다면 저녁 식사가 더욱 풍성해질 것이다.

저녁 식사 후에는 가볍게 브로드웨이 스타일의 공연을 보신 후 카지노를 즐기거나 다양한 라운지와 바(Bar)에서 담소를 나눌 수 있다. 혹은 라이브 음악에 맞춰서 커플댄스를 즐길 수도 있다. 하루의 모든 일정을 마치고 편안한 침실에서 달콤한 잠에 빠져있는 동안 세레나데호는 아름답고 멋진 알래스카의 다음 기항지로 이동할 것이다.

- **출발일자** : 2006년 7월 23일부터 9월 10일까지 매주 일요일
- **유람선명** : 로얄 캐리비안 크루즈-세레나데호(90,090톤)
- **이용선실** : 디럭스 발코니
- **판매요금** : 3,990,000원부터

- 이용항공 : 에어캐나다(AC)
- 간략일정 : 밴쿠버 - 세레나데호 탑승 7박(내수면항해 - 허버드빙하 - 스케그웨이 - 주노 - 케치칸) - 밴쿠버

2) 노르웨이 피요르드 크루즈

날씨가 여름으로 향해 갈수록 시원한 곳으로의 여행을 꿈꾸게 된다. 시원하고 색다른 노르웨이 피요르드 크루즈를 즐길 수가 있을 것이다. 패키지로 판매하고 있으며, 인솔자가 확정되어 있어 보다 편안한 크루즈 여행을 즐길 수 있다.

〈아름다운 섬들 & 노르웨이 피요르드 크루즈 17일 - 컨스텔레이션호 / 인솔자 동행 확정〉

- 출발일자 : 7월 14일~7월 30일(총17일)
- 유람선명 : 셀러브리티 크루즈 컨스텔레이션호(91,000톤)
- 이용선실 : 디럭스 발코니(2A)
- 판매요금 : 8,340,000원(여행사 예약시 일정 커미션 지급)
- 간략일정 : 인천 - 런던 - 도버(1) - 크루즈승선, 르아브르(프랑스) - 코크(아일랜드) - 더블린(아일랜드) - 그린녹(스코틀랜드) - 벨파스트(북아일랜드) - 게이랑거, 헬러실트(노르웨이) - 올덴(노르웨이) - 베르겐(노르웨이) - 코펜하겐(덴마크) - 도버 - 런던 - 기내(1)

〈그림 5-23〉 북유럽 기항지

3) 머큐리호와 함께하는 호주, 뉴질랜드 고품격 크루즈 여행

2007년 12월 셀러브리티 크루즈 머큐리호(77,000톤)가 여러분을 환상적인 호주, 뉴질랜드로 안내한다. 볼거리는 많지만 국가 간, 도시 간 이동이 많아 다소 피곤했던 호주, 뉴질랜드 패키지 여행을 이제는 편안한 크루즈 여행으로 즐길 수 있다.

빙하, 호수, 폭포가 만들어 내는 기막힌 장관이 일품인 뉴질랜의 기항지들, 태고의 아름다움과 신비로움을 느낄 수 있는 태즈메니아섬, 아름다운 항구 시드니를 체험할 수가 있다. 여러분이 선상 프로그램과 공연, 식사를 즐기는 동안 머큐리 호는 아름다운 기항지로 이동한다. 다음날 아침에 펼쳐지는 놀라운 장관을 볼 때마다 크루즈 여행의 진정한 묘미를 느낄 것이다.

〈호주/뉴질랜드 크루즈 14박 15일〉

- 일정 : 호주/뉴질랜드 14박 15일
- 출발일자 : 2007년 12월 09, 23일, 2008년 01월06,20일, 02월 03,17일
- 유람선명 : 셀러브리티 크루즈 ,머큐리호(77000톤, 승객수 : 1870명, 승무원 : 935명)
- 출발항구 : 시드니/호주 또는 오클랜드/뉴질랜드
- 세부일정 : 시드니－멜버른－호버트/태즈메니아－밀포드사운드－다우풀사운드－더스키사운드－더니든－크라이스트쳐치－웰링턴－볼캐닉 화이트섬－타우랑가－오클랜드(오클랜드 출발의 경우 역순)

〈그림 5-24〉 뉴질랜드 크루즈 운항모습

4) 아름다운 지중해 14박 15일 크루즈

코발트 빛 아름다운 지중해와 그리스 로마 유적을 찾아가는 고품격 여행, 지중해 크루즈 일정을 대표하는 12박 일정을 셀러브리 크루즈 밀레니엄호(91,000톤)가 안내한다. 인솔자가 동행하므로 크루즈 여행에 익숙하지 않은 사람들도 편안하게 크루즈 여행을 즐길 수 있을 것이다.

〈지중해 14박 15일－밀레니엄호〉

- 출발일자 : 2006년 7/24(월)
- 유람선명 : 셀러브리티 크루즈－밀레니엄호(91,000톤)
- 이용선실 : 디럭스 발코니(2A)
- 판매요금 : 7,450,000원
- 간략일정 : 바르셀로나－해상－빌프랑쉐－리보르노－치비타베키아－나폴리－해상－산토리니－피래우스－해상－듀브로브닉－베니스

〈그림 5-25〉 지중해 크루즈 운항모습

5) 아름다운 지중해 9박 10일 크루즈

그리스 로마 시대의 주요 유적과 아름다운 자연이 있는 지중해와 유럽지역의 크루즈 노선은 2005년 한해 전 세계 크루즈 승객중 15%가 이용하였으며 로얄 캐리비안 & 셀러브리티 크루즈 한국사무소 2005년 전체 송객대비 20%를 차지하고 있다. 지중해, 북유럽 노선의 지속적인 수요 증가로 인하여 로얄 캐리비안 크루즈에서도 2006년 들어 138,000톤 급의 보이저 호를 지중해 7박 일정으로 운행하고 있다.

〈지중해 로얄 캐리비안 보이저호 10일〉

- 출발일자 : 2006년 09월 08, 22, 29일(추석특선) 10월 13,27일
- 유람선명 : 로얄 캐리비안 크루즈 보이저호
- 이용선실 : 발코니 객실
- 판매요금 : 4,590,000원~ 5,490,000원
- 간략일정 : 바르셀로나(스페인) – 마르세이유(프랑스) – 빌프랑쉐(니스/칸/몬테카를로)프랑스 – 리보르노(피렌체/피사)이탈리아 – 치비타베키아(이탈리아) – 나폴리(이탈리아) – 해상 (항해) – 바르셀로나(스페인)

〈그림 5-26〉 지중해 크루즈 정박모습

6) 신이 준 선물 아름다운 알래스카 크루즈

2005년 한국의 크루즈 출국자 수를 5,000명으로 추정했을 때 약 28%, 1,400명을 나타내 단연 한국에서 크루즈 여행지 1위로 꼽히고 있는 알래스카는 거대한 빙하와 야생의 동물들을 가깝게 접할 수 있는 매력을 지니고 있다.

사람의 손길이 닿지 않은 자연 그대로의 모습은 언제나 우리에게 휴식처럼 다가온다. 아름답게 수놓아진 그 이름을 다 알 수 없는 야생화와 묵묵히 그 자리를 지키고 있는 거대한 빙하들은 한 폭의 그림이 된다. 거대한 고래와 독수리, 물살을 거슬러 올라가는 연어 떼, 각종 해양 동식물들을 만나는 기쁨과 개썰매, 빙하 체험, 연어 낚시를 즐길 수 있는 알래스카는 신이 준 선물이다.

〈알래스카 10일〉

- 출발일자 : 2006년 07월 29일(토요일) – 인솔자 동행 확정
- 유람선명 : 셀러브리티 크루즈 인피니티호(91,000톤)
- 이용선실 : 디럭스 발코니
- 판매요금 : 5,490,000원
- 간략일정 : 씨애틀 – 벤쿠버 – 인사이드페시지 – 케치칸 – 허바드글레시어 – 쥬노 – 시트카 – 벤쿠버 – 시애틀

〈그림 5-27〉 알래스카 크루즈 운항모습

7) 바하마와 멕시코 크루즈와 라스베가스/그랜드캐년

〈그림 5-28〉 바하마 멕시코 크루즈 운항모습

바하마 멕시코 운항 일정은 캘리포니아와 멕시코의 해변 휴양지, 멕시코의 음식과 문화 체험, 골프 투어 등 짧은 여정과 저렴한 요금으로 크루즈 여행을 경험할 수 있는 이점이 있어 동문회 행사나 가족 모임 등으로 인기 있는 일정이다.

운행 유람선인 모나크호는 무려 5억불을 투자해서 탑승객들에게 즐거움과 편안함을 줄 수 있는 새로운 모습으로 거듭났으며, 1년 내내 금요일 출발 3박(엔세나다-해상) 일정, 월요일 출발 4박(샌디에고-카탈리나섬-엔세나다) 일정을 운항하고 있다.

〈멕시코 크루즈/라스베가스/그랜드캐년〉

- 출발일자 : 10월 2, 9, 16, 23, 30, 11월 6, 13, 20, 27일(9박 10일 일정)
- 항공 : KE017 15:00 / KE012 00:30
- 유람선명 : 로얄 캐리비안 크루즈 모나크호
- 이용선실 : 오션뷰
- 판매요금 : 2,190,000원부터
- 간략일정 : 로스앤젤레스 – 모나크호 탑승 4박(샌디에고 – 카탈리나섬 – 엔세나다) – 로스앤젤레스(1) – 라프린(1) – 그랜드캐년 – 라스베가스(1) – 로스앤젤레스 – 기내(1)

8) 기항지에서의 투어

크루즈 여행의 가장 큰 매력은 세계적으로 유명한 기항지를 편안하게 이동하면서 여행할 수 있다는 점이다. 일반적으로 크루즈 일정은 오전에 기항지에 정박한 후 오후에 다음 기항지로 이동하게 되는데, 기항지에서 정박하는 시간 동안 자유 여행 또는 선사의 선택 관광 프로그램인 Shore Excursions에 참가하게 된다.

(1) 기항지 자유 여행

항구에서 가까운 곳의 도보 여행 또는 현지 교통편을 이용해 자유 여행을 할 수 있다. 단, 주의할 점은 선상 신문에 안내되는 크루즈 탑승 시간을 꼭 지켜야 한다는 것으로 탑승 시간보다 여유 있게 크루즈를 탑승할 수 있도록 하는 것이 필요하다.

(2) 선택 관광 – Shore Excursions

각 선사는 기항지의 주요 볼거리, 즐길 거리 등을 묶어 다양한 선택 관광 프로그램을 판매하고 있다. 다년간의 경험으로 최상의 프로그램을 제공하는 만큼 만족도도 높은 편이며, 영어 가이드가 투어를 진행한다. 현지 랜드사가 투어 서비스를 제공할 수 없는 지역에서는 그룹인 경우에도 본 선택 관광 신청 후 인솔자가 통역을 해주는 것으로 진행하게 된다.

(3) 선택 관광 예약

선택 관광은 선내 또는 출발 10일전까지 인터넷에서 예약이 가능하다. 선내에는 선택 관광 예약을 전담하는 데스크가 마련되어 있으며, 신청리스트에 예약을 원하는 투어를 선택한 후 캐빈 번호, 이름을 적은 후 제출하면 된다. 결재는 승선카드로 이루어지며, 연계되어 있는 신용 카드로 결제 청구된다.

지중해, 알래스카의 경우 인기 있는 선택 관광이 마감되는 경우가 자주 발생하므로 출발 전에 인터넷 예약을 하도록 권하고 있다.

(4) 기항지 투어 자체 수배

지중해 또는 북유럽 일정을 인센티브 또는 그룹으로 진행할 경우에는 현지 랜드사를 통한 기항지 투어 자체 수배를 하는 것이 좋다. 이는 각 기항지별 역사, 문화적 설명을 한국 가이드가 해준다는 장점이 있으며, 그만큼 투어에 대한 만족도를 높일 수 있다.

〈그림 5-29〉 스페인 바르셀로나 기항지 구엘공원

9) 남미 일주 인피니티호 26일

〈그림 5-30〉 중남미 기항지

아직도 많은 미스터리를 안고 있는 신비한 잉카 문명과 안데스 산맥, 정열적인 쌈바와 탱고, 그 규모와 아름다움으로 모두의 찬사를 받는 이과수 폭포 등 남미 대륙은 놀라움에 대한 기대를 만족시켜 줄 최상의 여행지이다.

남미 크루즈 여행은 보다 편안하고 만족스러운 경험을 줄 것이며, 고대 문명의 유적지, 축제와 파티의 도시, 눈 덮인 안데스 산맥과 멋진 빙하 지대로 안내한다. 브로드웨이의 화려한 쇼, 한 밤의 피아노 바에서의 칵테일 한잔, 일출을 바라보며 사랑하는 사람과 함께 하는 아침식사, 이 모든 것이 인피니티에서는 가능하며, 대리석과 원목, 유리로 장식된 밀레니엄 클레스 중 특히 우아한 멋을 자랑하는 크루즈이다.

〈남미일주 인피니티호 26일〉

- 출발일자 : 2006년 12월 11일(월요일)
- 여행기간 : 2006년 12월 11일부터 1월 5일(26일)
- 항공 : 인천－LA : 2006년 12월 11일 월 15:00 KE017, LA－인천 : 2007년 1월 5일 금 17:30 KE094
- 유람선명 : 셀러브리티 인피니티호(91,000톤급)
- 이용선실 : 발코니(디럭스 발코니)
- 판매요금 : 11,000,000원/성인
- 일정 : 인천・로스엔젤레스－리마・쿠스코・우루밤바(페루)－마추피추－우루밤바・쿠즈코－홀리아카・리마–빠라카스・바예스타섬・나스카－리마・부에노스아이레스(아르헨티나)・몬테비데오(우루과이)－공해상－푸에르토마드란(아르헨티나)－공해상－공해상－케이프호른(칠레)－우수아이아(아르헨티나)－푼타아레나스(칠레)－마젤란해협－항해－칠리안 피요르드－항해－푸에르트몬트(칠레)－공해상－발파라이소・산티아고(칠레)－리오데자네이로(브라질)－이과수－상파울루－L.A－인천

10) 서부 카리브 해

〈그림 5-31〉 카리브 해 크루즈 정박

아름다운 바다에 점점이 보석처럼 박혀 있는 크고 작은 섬들과 어깨를 들썩이게 하는 신나는 레게 음악이 떠오르는 카리브 해 정열적인 태양이 이글거리지만 시원한 바다가 있어 더욱 시원하고 색다른 추억을 즐길 수 있는 곳으로 스쿠버 다이빙, 스노클링, 돌고래와 함께 하는 수영 등 잊지 못할 추억을 선물할 것이다.

최고 깊이가 무려 7,686m에 이르는 카리브 해는 푸른 하늘을 고스라니 옮겨 놓은 듯 말로 표현하기 힘든 아름다운 바다 빛을 만들어 낸다. 카리브 해를 수놓은 크고 작은 섬들은 각각의 특색을 가지고 있으며, 많은 사람들이 즐겨 찾는 최상의 휴양지이다.

- 네비게이터호(Navigator of the sea) : 138,000톤, 승객 3,114명, 승무원 1,181명
  - 특급 호텔 수준의 휴양 & 편의 시설 : 바이킹 크라운 라운지, 아이스 링크, 암벽등반, 실외 수영장, 미니어쳐 골프 코스, 카지노 로얄, 나이트클럽, 쇼핑센터, 쇼룸, 미용실, 비디오 아케이드, 헬스클럽 등의 시설이 완벽하게 갖추어져 있어 시간을 알차게 꾸밀 수 있다.
  - 하루 7번 제공되는 환상적인 식사 : 정찬과 뷔페식을 포함해 하루 7차례의 식사가 제공되며 매일 저녁에는 이탈리아식, 프랑스식, 지중해식, 카리브해식 등 세계 각국의 특별 요리를 음미할 수 있다.

〈서부 카리브 해 크루즈 네비게이터호 11일〉

- 출발일자 : 2006년 11월 24일(금요일)
- 여행기간 : 2006년 11월 24일부터 12월 04일(11일)
- 항공 : 인천-뉴욕 : 2006년 11/24 19:00 KE085
  뉴욕-인천 : 2007년 12/3 00:50 KE086
- 유람선명 : 로얄 캐리비안 네비게이터호(138,000톤급)

- 이용선실 : 발코니(슈페리어 발코니)
- 판매요금 : 4,490,000 원/성인
- 일정 : 뉴욕(1)/마이애미/유람선7박(라바디/오쵸리오스/조지타운/코쥬멜)/마이애미/뉴욕

11) 싼타 크루즈 서부 카리브 해

〈그림 5-32〉 로얄 캐리비안 네비게이터호

환상의 카리브 해는 남아메리카 대륙 북해안, 중앙아메리카 동해안, 남・북 아메리카 사이에 있는 크고 작은 섬들로 이루어진 서인도 제도에 둘러싸인 대서양의 내해를 말한다.

신나는 레게음악이 떠오르는 카리브 해, 정열적인 태양이 이글거리지만 시원한 바다가 있어 더욱 시원하고 색다른 추억을 즐길 수 있는 곳으로 스쿠버 다이빙, 스노클링, 돌고래와 함께 하는 수영 등 잊지 못할 추억을 선사할 것이다. 푸른 하늘을 고스란히 옮겨 놓은 듯 말로 표현하기 힘든 아름다운 바다 빛을 지닌 카리브 해는 수많은 크고 작은 섬들이 각각의 특색을 가지고 있으며, 많은 사람들이 즐겨 찾는 최상의 휴양지이다.

- 네비게이터호(Navigator of the sea) : 138,000톤, 승객 3,114명, 승무원 1,181명
  - 특급 호텔 수준의 휴양 & 편의 시설 : 바이킹 크라운 라운지, 아이스 링크, 암벽등반, 실외 수영장, 미니어쳐 골프 코스, 카지노 로얄,나이트 클럽, 쇼핑센터, 쇼룸, 미용실, 비디오 아케이드, 헬스클럽 등의 시설이 완벽하게 갖추어져 있어 시간을 알차게 꾸밀 수 있다.
  - 하루 7번 제공되는 환상적인 식사 : 정찬과 뷔페식을 포함해 하루 7차례의 식사가 제공되며 매일 저녁에는 이탈리아식, 프랑스식, 지중해식, 카리브해식 등 세계 각국의 특별 요리를 음미할 수 있다.

〈서부 카리브 해 크루즈 네비게이터호 11일〉

- 출발일자 : 2006년 12월 8일(금요일)

- 여행기간 : 2006년 12월 8일부터 12월 18일(11일)
- 항공 : 인천－뉴욕 : 2006년 12월 8일 11:00 KE081
  뉴욕－인천 : 2006년 12월 17일 00:50 KE086
- 유람선명 : 로얄 캐리비안 네비게이터호(138,000 톤급)
- 이용선실 : 발코니(슈페리어 발코니)
- 판매요금 : 4,490,000원/성인
- 일정 : 마이애미－해상－라바디(하이티)－오쵸리오스(자메이카)－죠지타운(그랜드케이먼)－코쥬멜(멕시코)－해상－마이애미

12) 2007~2008년 로얄 캐리비안 크루즈 랩소디호 아시아 일정

오는 2007/12/10일을 시작으로 로얄 캐리비안 크루즈 랩소디호가 아시아 지역 운항을 시작하며 2008/03월부터는 한국을 기항하는 일정으로 운항된다.

로얄 캐리비안 크루즈 랩소디호의 아시아 운항 결정은 아시아 지역의 크루즈 승객들에게는 보다 격조 높은 크루즈 탑승의 기회를 제공할 것이며, 아시아 크루즈 시장의 부흥에도 일조할 것으로 예상하고 있다.

78,000톤 급인 랩소디호는 암벽등반 시설을 비롯해 특색 있는 크루즈 여행을 즐길 수 있도록 설계된 크루즈로 유리를 많이 사용한 디자인으로 현재 아시아 지역을 운행하고 있는 코스타 알레그라호(28,000톤)와 스타 크루즈 버고호(77,000톤) 보다 큰 규모이다.

또한 중국, 아시아계 탑승객들이 주를 이루고 있는 현재 아시아 운행 크루즈와는 달리 북미, 유럽, 호주, 뉴질랜드 거주 탑승객들에게 높은 평가를 받고 있는 로얄 캐리비안 크루즈가 운행을 개시함에 따라 보다 즐겁고 편안한 인터내셔널 분위기의 크루즈 서비스를 제공할 것이다.

- 운항일정

① 2-Nights Malaysia Getaway
- 출발일 : 2007년 12월 10일
- 일정 : 싱가폴－포트 클랑(말레이시아)－싱가폴

② 5-Nights Spice of Southeast Asia
- 출발일 : 2007년 12월 12일, 21일, 29일
- 일　정 : 싱가폴－포트 클랑(말레이시아)－페낭(말레이시아)－푸켓(태국)－싱가폴

③ 4-Nights Isles of Southeast Asia
- 출발일 : 2007년 12월 17일
- 일정 : 싱가폴-푸켓(태국)-랑카위(말레이시아)-싱가폴

④ 3-Nights Best of Malaysia
- 출발일 : 2007년 12월 26일
- 일정 : 싱가폴-포트 클랑(말레이시아)-페낭(말레이시아)-싱가폴

⑤ 5-Nights Gems of Asia
- 출발일 : 2008년 2월 8일, 21일, 3월 2일
- 일정 : 홍콩-오키나와(일본)-타이페이(대만)-까오슝(대만)-홍콩

⑥ 3-Nights Sanya Getaway
- 출발일 : 2008년 2월 13일
- 일정 : 홍콩-산야(중국)-홍콩

⑦ 5-Nights Indo-China Explorer
- 출발일 : 2008년 2월 16일, 26일, 3월 7일
- 일정 : 홍콩-하노이(베트남)-다낭(베트남)-산야 (중국)-홍콩

⑧ 5-Nights Asian Legacies(Seoul)
- 출발일 : 2008년 3월 14일, 24일, 4월3일, 13일, 5월7일
- 일정 : 상해-서울, 평택(한국)-제주도(한국)-나가사키(일본)-상해

⑨ 5-Nights Asian Legacies(Seoul)
- 출발일 : 2008년 3월 19일, 29일, 4월8일, 18일, 5월12일
- 일정 : 상해-후쿠오카(일본)-부산(한국)-제주도(한국)-상해

⑩ 7-Nights Pearls of the Orient
- 출발일 : 2008년 4월 23일, 30일
- 일정 : 상해-서울, 평택(한국)-제주도(한국)-부산(한국)-가고시마(일본)-상해

랩소디호(Rhapsody of the seas)의 제원	
총 톤수	78,491톤
길 이	279m(915ft)
너 비	32m(105.6ft)
최고속도	22노트
총 탑승객	2,435명
총 승무원	765명
운행 개시일	1997년5월 (2002년 4월 보수)

〈그림 5-33〉 로얄 캐리비안 크루즈 랩소디호

13) 남미 일주 크루즈 31일

눈을 감으면 인디오들이 만들어 내는 신비한 선율이 온몸을 감싸는 듯하다. 남미는 알프스보다 많은 산맥, 북유럽보다 많은 피오르드, 알래스카보다 많은 빙하가 만들어내는 장관뿐만 아니라 지구의 허파라 불리는 아마존, 세계 3대 폭포인 이과수가 있는 곳이다. 또한 아직도 많은 미스터리를 안고 있는 신비한 잉카 문명과 정열적인 쌈바와 탱고는 여러분들의 기대를 만족시켜 드릴 최상의 여행지가 될 것이다. 셀러브리티 크루즈는 고대 문명의 유적지, 축제와 파티의 도시, 눈 덮인 안데스 산맥과 멋진 빙하지대로 초대한다.

〈남미 일주 인피니티호 31일-출발 확정〉

- 출발일자 : 2007년 01월 07일(일)
- 도착일자 : 2007년 02월 06일(화)-31일간
- 항공 : 인천-LA : 01월 07일 15:00, KE017
  LA-인천 : 02월 05일 00:10, KE012
- 유람선명 : 셀러브리티 크루즈 인피니티호(91,000톤)

15) 동남아시아의 정취 7박 8일

정통 크루즈 여행을 동남아시아에서 즐길 수 있다는 것은 크루즈 여행을 위한 이동 시간 및 비용 등을 감안했을 때 크루즈 여행을 위한 절호의 기회라고 생각한다. 또한 금액이나 여행 기간 때문에 멀게만 느껴졌던 크루즈 여행을 보다 쉽게 접할 수 있다.

이미 동남아시아는 많은 여행객들이 여행을 했던 여행지이다. 그러나 크루즈로 여행하는 동남아시아는 색다르고 독특한 추억을 선물할 것이다.

〈그림 5-34〉 싱가폴 에어텔 전경

〈동남아시아의 정취 7박 8일 〉

- 출발일자 : 2007년 12월 20일(목요일)
- 도착일자 : 2008년 01월 02일(수요일)
- 항공 : 인천-싱가폴 12/20 16:05 KE641, 싱가폴-인천 01/02 06:35 KE642
- 유람선명 : 랩소디호(78,491톤)
- 이용선실 : 내측선실 기준
- 판매요금 : 1,990,000원
- 일정 : 인천-싱가폴-포트클랑-푸켓-해상-싱가폴-인천

Cruise Tourism

Chapter

6

세계의 주요항구와 항해구역

크루즈관광의 이해

세계의 주요항구와 항해구역 제6장

제1절 대표적인 시장현황

1. 북미지역

북미수요의 대부분은 미국, 캐나다라고 할 수 있으며, 미국의 수요는 뉴욕 인근지역과 미국의 동남부지역 및 태평양지역에서 이루어진다. 뉴욕은 미국에서 크루즈수요가 가장 큰 지역으로 분류할 수 있고, 미국 동남부지역은 크루즈 중심지가 형성되어 있어 다른 지역보다 접근성이 좋기 때문에 크루즈 수요발생이 용이하다. 이 지역의 크루즈 중심지로는 마이애미항(Port of Miami), 에버글레이드항(Port Everglades) 및 카내버럴항(Port Canaveral) 등이 있으며, 세 군데 크루즈항을 중심으로 카리브 해 크루즈와 바하마 크루즈가 이루어진다. 태평양지역에서는 주로 로스앤젤레스, 샌프란시스코가 중심이 된다. 캐나다는 밴쿠버의 캐나다 플레이스 크루즈 터미널을 중심으로 여름철에만 한정되기는 하지만, 알래스카의 빙하, 피오르드 등 웅대한 자연경치와 함께 계곡에서의 낚시, 강물살 타기 등 활력 있는 스포츠를 즐길 수 있다.

이 지역 항해는 일본 등 동양권을 대상으로 현지까지 항공편으로 가서 유람선을 이용하는 항공·항해방식의 마케팅이 활발하다.

2. 중남미

세계에서 가장 아름다운 바다의 낙원이라 불리는 카리브 해는 가장 인기 높은 항해권이다. 마이애미를 모항으로 바하마, 푸에르토리코, 멀티니, 자메이카를 항해하는 크루즈선은 호화로움과 서비스를 겨루고 있다. 내력 있는 명승지가 가까이에 있어 4~5일의 단기항해가 많은 것도 유리한 점이다. 또한 파나마 운하를 지나 카리브 해와 태평양 연안의 아카풀코를 잇는 운하 경유항해(Trans Cannal Cruise)도 유명하다.

멕시코는 최고의 크루즈 여행 목적지로 떠오르고 있고, 멕시코의 코주멜(Cozumel)은 가장 대표적인 기항항이다.

3. 유 럽

역사와 문화의 뿌리를 자랑하는 지중해, 에게해 지역도 세계를 대표하는 항해권이다. 봄에서 가을 동안이 성수기다. 대형 호화 크루즈선에서부터 작은 요트 크루즈선에 이르기까지 여러 가지 크루즈선들이 아드리아 해, 흑해까지 운항되기도 한다. 북해나 발트 해도 유럽을 대표하는 항해권이다. 피오르드의 웅장한 풍경이나 코펜하겐, 스톡홀름, 헬싱키 등 북유럽의 아름다운 도시들이 매력 포인트이다. 이 지역은 성수기가 여름에 한정되어 있긴 하지만 제철에는 인기가 매우 높다.

4. 아시아 태평양 지역

최근 아시아 태평양 지역은 높은 관심과 무한한 성장잠재력을 가지고 있는 지역이다. 아시아에서 해양 레저 대국을 자칭하는 일본을 시발점으로 중국, 한국, 대만, 홍콩 등의 단기항해나 괌, 사이판, 싱가폴 등을 시발점으로 한 항공·항해 등 여러 가지 상품이 여러 해운회사에서 제시하고 있다. 한국, 중국, 대만과 일본을 연결하는 국제 페리나 정기여객선들도 크루즈선과는 또 다른 항해를 맛보게 한다. 일본의 북해도 끝에서 발리 섬까지 남북으로 길게 펼쳐진 권역의 특징으로 폴리네시아, 미크로네시아의 섬들, 특색 있는 풍물들을 자원으로 하는 항해는 성장성이 높다.

5. 하와이, 오세아니아, 기타지역

사철 여름인 하와이는 섬들을 잇는 단기항해와 태평양 횡단 항해의 중계지로서도 중요한 유람항해 구역이다. 한국, 일본, 중국 등과 반대의 계절을 지닌 호주, 뉴질랜드 등 오세아니아도 크루즈 권역에 들어 있다. 또한 남극, 아마존에서의 항공·항해, 라인 강을 따라 가는 항해(River Cruise), 세계일주 항해 등의 특별 상품으로써 크루즈 상품들도 선보이고 있다.

제2절
세계의 주요 크루즈지역

1. 주요 크루즈지역

세계의 주요 크루즈지역은 카리브 해, 지중해, 알래스카지역 및 유럽 등이며, 카리브 해를 제외하고, 계절에 따라 운항하는 지역이 달라지기도 한다. 아직 아시아·태평양지역은 크루즈의 주요 목적지로 여겨지지는 않고 있지만, 1992~2001년 동안 134%가 성장하여 세계 시장에서 3.5%의 점유율을 나타내며, 꾸준한 성장세를 보이고 있다. 아시아·태평양지역은 전통적으로 남태평양, 동남아, 극동 아시아 및 태평양횡단으로 구분된다.

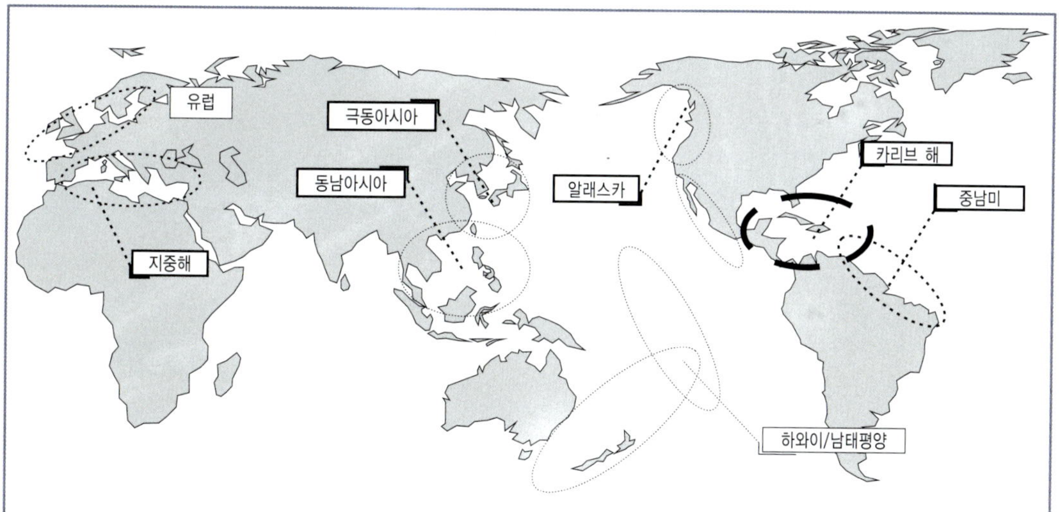

자료 : 이경모(2004), 『크루즈산업의 이해』

〈그림 6-1〉 세계의 주요 크루즈지역

2. 세계의 주요 크루즈지역과 최적 크루즈시기

대부분의 크루즈지역은 계절에 따라 수요변화가 있어 카리브 해의 경우 10월~3월 사이에 수요가 많은 편이고, 4월~9월 사이에는 지중해에 가장 많은 수요가 집중되는 편이다.

이에 비해 알래스카 및 북유럽 등과 같이 지구 북반구 지역은 하절기 수요가 많은 편이고, 호주, 뉴질랜드 및 남미 등과 같은 지구 남반구지역은 동절기 수요가 많은 편이다.

〈표 6-1〉 세계 주요 크루즈지역과 계절

월별 / 크루즈지역별	1	2	3	4	5	6	7	8	9	10	11	12
알래스카						◎	◎	◎	◎			
아마존	◎	◎	◎									◎
남극대륙	◎	◎									◎	◎
영국주변지역					◎	◎	◎	◎	◎			
남미지역	◎	◎	◎							◎	◎	◎
호주/뉴질랜드	◎	◎	◎							◎	◎	◎
카리브 해	◎	◎	◎	◎	◎	○	○	○	○	○	○	◎
지중해				◎	◎	◎	◎	◎	◎	◎		
멕시코해안/미국서부해안	◎	◎	◎								◎	◎
노르웨이북단ㆍ피오르드/아이슬란드						◎	◎	◎				
홍해/동아프리카/인도양	◎	◎	◎							◎	◎	◎
동남아시아	◎	◎	◎							◎	◎	◎
남태평양				◎	◎	◎	◎	◎	◎			
세계일주	◎	◎	◎	◎								◎

자료 : 이경모(2004), 『크루즈산업의 이해』

3. 주요 크루즈지역별 점유율

세계의 주요 크루즈 지역에서 가장 높은 점유율을 나타내는 지역은 카리브 해로 전체시장의 42.06%를 차지하고 있으며, 다음으로 유럽과 지중해가 각각 10.89%와 10.22%를 차지하고 있다. 우리나라가 포함된 극동아시아는 전체 시장의 0.57%를 차지하고 있어 매우 미미한 시장점유율을 보이고 있다.

〈표 6-2〉 주요 크루즈지역별 점유율(단위; berth X days)

DESTINATION	1987	1995	2000	2002	
	TOTAL BED-DAYS	TOTAL BED-DAYS	TOTAL BED-DAYS	TOTAL BED-DAYS	점유율
CARIBBEAN	8,828,791	15,254,551	21,510,142	26,741,052	42.06%
MEDITERRANEAN	841,051	3,477,729	6,277,064	6,497,444	10.22%
ALASKA	1,715,197	3,008,146	4,197,332	5,052,907	7.95%
BAHAMAS	1,922,386	2,761,224	3,200,346	2,876,295	4.52%
TRANS CANAL	970,191	2,277,201	2,573,444	2,092,723	3.29%
MEXICO WEST	1,131,462	1,754,312	2,680,934	3,386,475	5.33%
EUROPE	357,516	1,582,589	3,744,693	6,922,608	10.89%
BERMUDA	1,141,121	1,094,707	988,391	1,226,806	1.93%
TRANSATLANTIC	339,388	658,928	1,015,625	1,005,665	1.58%
HAWAII	602,728	601,542	857,390	1,903,302	2.99%
SOUTH PACIFIC	352,983	574,218	1,155,217	835,454	1.31%
SOUTH EAST ASIA	272,592	430,123	244,620	346,196	0.54%
AFRICA	0	347,432	502,773	259,962	0.41%
CANADA/NEW ENGLAND	283,714	334,735	1,107,689	1,150,950	1.81%
FAR EAST (ORIENT)	465,608	327,009	201,582	360,022	0.57%
MISSISSIPPI	231,392	286,228	347,140	0	0.00%
WORLD	0	272,425	414,342	582,314	0.92%
SOUTH AMERICA	620,396	255,83	825,670	1,394,808	2.19%
U.S. COASTAL WEST	64,444	108,092	217,518	216,338	0.34%
INDIAN OCEAN	0	84,009	120,698	93,708	0.15%
UNCLASSIFIED	0	69,560	108,676	233,258	0.37%
TRANS PACIFIC	17,904	42,610	52,400	143,020	0.22%
U.S. COASTAL EAST	132,794	42,840	1,402,429	147,422	0.23%
ANTARCTICA	0	12,240	48,499	73,176	0.12%
PARTY CRUISES	85,336	3,602	68,203	43,296	0.07%
	20,376,994	35,661,526	53,862,817	63,585,211	100%

자료 : 이경모(2004), 『크루즈산업의 이해』

제3절
세계의 크루즈 목적지와 기항항

크루즈 지역을 살펴보기 이전에 몇 개의 용어들을 알아볼 필요가 있다. 각각의 크루즈 지역은 승선지점(Point of Embarkation)으로 사용되고 있는 특정한 항구도시를 가지고 있다. 승선지점은 승객들이 크루즈를 시작하기 위해 배에 오르는 항구이다. 그리고 특정한 지역에서 각각의 크루즈선들은 승객들이 관광, 쇼핑, 문화, 역사체험 또는 이와 비슷한 활동을 하기 위해 배를 하선하는 데, 그 정박항을 기항항(Port of call)이라 한다. 크루즈를 마치는 항구도시를 상륙지점(Point of debarkation)이라 한다. 상륙지점은 승선지점과 동일 항구일 수도 있으며 아닐 수도 있다. 크루즈 승객들은 여행을 마치고 이 항구에서 하선한다.

크루즈선사, 승선지점, 기항항, 그리고 이들 지역에서 운항하는 몇몇 크루즈선사들을 살펴보자.

1. 북미권역 기항지(Cruising North America)

1) 알래스카(Alaska)

〈그림 6-2〉 알래스카연안 기항지 및 운항노선

알래스카는 5월말에서 10월초까지 크루즈를 운항할 수 있다. 승선 항구는 알래스카의 앵커리지(Anchorage), 주노(Juneau), 위티어(Whittier) 캐나다의 프린스 루퍼트 비시(Prince Rupert, B.C), 밴쿠버(Vancouver)를 포함한다. 이들 항구 중에서 밴쿠버(Vancouver)가 승선지점으로서 가장 많이 이용된다. 밴쿠버에서 출발하는 전형적인 7일 일정의 크루즈에서 기항항은 알래스카의 주노(Juneau), 스캐그웨이(Skagway), 케치칸(Ketchikan), 글래시어 베이(Glacier Bay), 시워드(Seward) 등이 있다.

2) 북동부(Northeast)

대서양 해안을 순항하는 승선항구는 캐나다의 할리팩스(Halifax), 노바 스코샤(Nova Scotia), 메사추세츠의 보스턴(Boston), 플로리다의 포트 라우더 데일(Port Lauderdale)과 포트 미어스(Port Myers), 조지아의 사바나(Savannah)가 있다. 이 지역의 크루즈는 대부분 7일 일정이며, 7~14일 범위의 내에서 일정을 제공한다. 크루즈의 기간에 따라 존슨(St John's)섬, 찰스톤(Charleston)에 기항한다. 핼리팩스(Halifax), 보스턴(Boston), 뉴포트(Newport), 뉴욕(New York), 볼티모어(Baltimore), 바하버(Bar Harbor), 퀘백시(Quebec City)로부터의 운항도 크루즈의 기간에 따라 포함되어질 수 있다.

〈그림 6-3〉 대서양해안 기항지 및 운항노선

3) 미시시피 강과 그 지류들(Mississippi River and Its Tributaries)

미시시피 강은 일반적으로 수심이 얕고, 대형크루즈선은 운항이 불가능하지만 소형크루즈선박은 운항이 가능하다. 미시시피 강을 운항하는 동안 카준음악축제(Cajun Music festival)에 참여하고 여러 중요도시를 방문하며 미국의 역사에 대해 많은 체험을 할 수 있다.

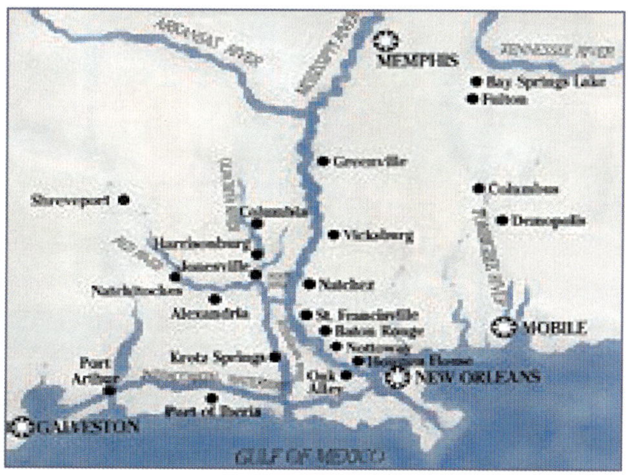

〈그림 6-4〉 미시시피 강 기항지 및 운항노선

4) 멕시코와 태평양 연안(Mexican and Pacific Ocean)

〈그림 6-5〉 멕시코 리비에라 기항지 및 운항노선

멕시코의 아카풀코(Acapulco)와 푸에르토 밸라타(Puerto Vallarta)와 캘리포니아의 로스앤젤레스(Los Angeles) 샌디에이고(San Diego)를 승선지점으로 하는 크루즈 운항은 일반적으로 3~4일, 길게는 10~16일 정도 순항한다. 로스앤젤레스(Los Angeles)와 푸에르토 밸라타(Puerto Vallarta)를 운항하는 동안 캘리포니아 해안에서 26마일 떨어진 카탈리나(Catalina), 카보 산 루카스(Cabo San Lucas), 마사틀란(Mazatlan), 엔세나다(Ensenada)에 들른다.

5) 카리브 해(The Caribbean)

카리브 해 연안은 세계에서 가장 최고의 크루즈 운항지로서 알려져 있다. 카리브 해는 또 동부, 서부, 남부 세 지역으로 주로 나뉘어 운항되며, 바하마(Bahama) 지역은 네 번째 지역으로 포함하여 운항된다. 카리브 해 전역을 서로 혼합하여 운항되며, 일 년 내내 크루즈 운항이 제공된다.

〈그림 6-6〉 카리브 해 지역의 기항지와 운항노선

6) 바하마(The Bahamas)

바하마(Bahamas)는 동쪽 카리브 해와 혼합되어 운항되기도 하며, 일반적으로 3~4일 일정으로 운항된다. 일반적으로 플로리나 마이애미(Miami), 에버글레이드(Everglades) 항이 주요 승선항이며, 때때로 탬파(Tampa), 카내버럴(Canaveral) 항에서 승선하기도 한다. 바하마 지역의 주요 기항지로는 나소(Nassau)와 프리포트(Freeport)항으로 쇼핑과, 역사적으로 흥미로운 유적지 등의 볼거리를 제공한다.

〈그림 6-7〉 바하마 지역의 기항지와 운항노선

7) 카리브 해 동부(Caribbean-Eastern)

카리브 해의 동부지역의 항해는 7일~14일 일정의 크루즈이며 일 년 내내 운항된다. 그러나 몇 개의 크루즈라인들은 겨울에 카리브 해를 운항하고, 여름의 알래스카 운항을 위해 그들의 크루즈선을 옮긴다. 승선 항은 마이애미(Miami), 에버글레이드(Everglades)항, 탬파(Tampa), 푸에르토리코의 산 주안(San Juan)이다.

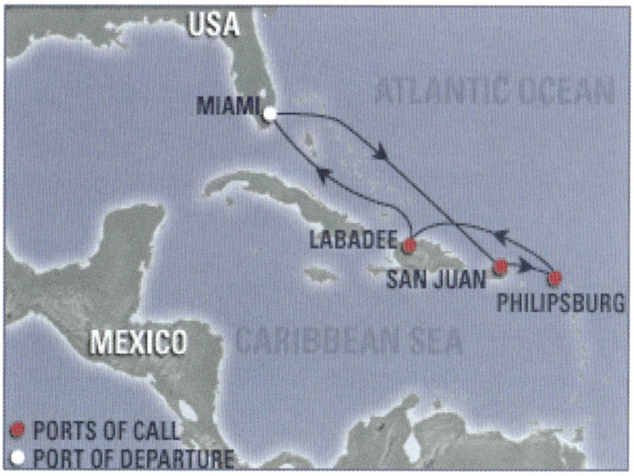

〈그림 6-8〉 카리브 해 동부 기항지 및 운항노선

주요 기항지로써는 세인트 토마스(St. Thomas), 세인트 크로아(St. Croix), 세인트 존(St. John) 세인트 마틴(St. Martin) 안티구아(Antigua), 과들루프(Guadeloupe), 마르티니크(Martinique) 등을 들 수 있다. 안티구아는 독특한 매력을 가지고 있는 열대섬이며, 과들루프, 마르티니크는 프랑스 문화 및 화산지형으로 매우 다양한 볼거리를 가지고 있다. 그 밖의 기타 기항지로는 도미니카(Dominica), 세인트루시아(St. Lucia), 세인트 빈센트(St. Vincent), 그레나다(Grenada), 세인트 키트(St. Kitts) 등을 들 수 있다.

8) 카리브 해 남부(Caribbean-Southern)

카리브 해 남부는 주로 산 주안(San Juan)에 승선한다. 주요 기항지로는 ABC섬이라고 불리는 아루바(Aruba), 본에어(Bonaire), 큐라소(Curacao)이며 다이빙을 즐기기에는 최고의 장소이다. 또한 트리니다드(Trinidad), 바베이도스(Barbados) 등을 방문하여 이국적인 문화를 접할 수 있다. 카리브 해 남부는 남아메리카의 베네수엘라 과이라(La Guaira), 콜롬비아 카르타제나(Cartagena) 등의 기항항을 운항하기도 한다.

〈그림 6-9〉 카리브 해 남부 기항지 및 운항노선

9) 카리브 해 서부(Caribbean-Western)

바하마(Bahamas)의 승선항구와 동일하며 때때로 휴스턴(Houston), 갤버스턴(Galveston), 뉴 오리언스(New Orleans)에서 승선하기도 한다.

주요 기항지로는 유카탄 반도의(Yucatan Peninsula) 칸쿤(Cancun), 코주멜 섬(Cozumel Island), 케이먼 섬(Cayman Island), 자메이카(Jamaica), 하이티(Haiti) 등이 있다.

〈그림 6-10〉 카리브 해 서부 기항지 및 운항노선

칸쿤(Cancun)은 멕시코 인이 거주하며 마야문명으로도 유명하다. 다양한 볼거리와 가까운 코주멜 섬(Cozumel Island)에서는 다이빙 및 낚시 등 해양스포츠를 즐길 수 있으며, 자메이카(Jamaica)는 레게음악(Reggae Music)으로 유명하다. 또한 하이티(Haiti)는 프랑스와 아프리카의 조화된 문화를 감상할 수 있다.

2. 유럽 기항지(Cruising Europe)

1) 지중해 서부(The Western Mediterranean)

서부 지중해에는 크루즈 승선을 위한 많은 항구들이 발전되어 있다. 이 항구의 주축이 되는 나라는 스페인, 프랑스, 이탈리아이며 바레아릭 섬(Balearic Island), 코르시카 섬(Corsica Island) 사르디니아 섬(Sardinia Island), 시칠리아 섬(Sicily Island), 몰타 섬(Malta Island) 역시 기항지로서 매우 인기 있는 곳이다. 또한 카나리아 제도(Cnaria Island)로 갈 수 있는 스페인의 승선항인 지브롤터(Gibraltar) 역시 매우 인기 있는 승선항이다. 대표적인 기항항으로는 스페인의 바르셀로나(Barcelona), 프랑스의 니스(Nice), 이탈리아 로마(Roma) 등이 있다. 운항일자는 짧게는 3~4일, 길게는 7~14일 사이로 다양하다.

〈그림 6-11〉 서부 지중해 기항지 및 운항노선

2) 지중해 동부(The Eastern Mediterranean)

동부 지중해는 유럽의 고대도시의 문명을 감상할 수 있는 많은 기항지들이 있다. 주요 승선항으로서는 이탈리아의 베니스(Venice), 그리스 아테네(Athens), 크로아티아의 두보르브니크(Dubrovnik), 터키 이스탄불(Istanbul) 등이 있으며, 코르푸(Corfu), 미코노스(Mikonos), 크레데(Crete), 산토리니(Santorini), 로도스(Rhodes)의 그리스 섬은 에게해에서의 가장 인기 있는 기항

〈그림 6-12〉 동부 지중해 기항지 및 운항노선

지이다. 또한 유럽이 아닌 아프리카의 고대 문명을 감상할 수 있는 기항지 이집트의 알렉산드리아(Alexandria)까지 운항하는 것도 있다.

3) 대서양(Atlantic Ocean)

유럽 대서양을 운행하는 크루즈 라인은 스페인 말라가(Malaga), 포루투칼 리스본(Lisbon), 프랑스 르아브르(Le Havre)가 주요 승선항이며, 때때로 아일랜드, 영국에서 승선하기도 한다. 운항일자는 대략적으로 7~14일 정도로 긴 편이며, 카나리아 제도(Canary islands)도 병행하여 운항하기도 한다.

〈그림 6-13〉 대서양 기항지 및 운항노선

4) 아일랜드, 영국과 북극해(Ireland, Great Britain, and The North sea)

북서 유럽은 특히 매력적인 지역으로 많은 명성으로 알려져 있다. 몇몇 크루즈항은 아일랜드(Ireland) 및 영국(Great Britain)을 선회하며 네덜란드 암스테르담(Amsterdam), 독일의 함부르크(Hamburg), 덴마크 코펜하겐(Copenhagen), 노르웨이 베르겐(Bergen)등 대표적인 기항지들을 경유하여 운항한다.

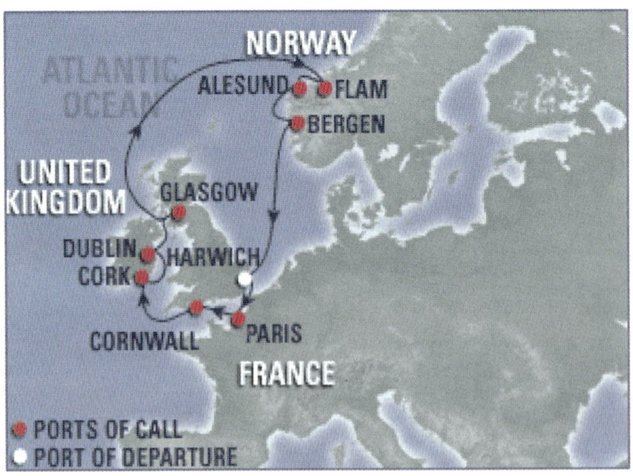

〈그림 6-14〉 아일랜드, 영국, 북극해 기항지 및 운항노선

5) 발트해(Baltic Sea)

발트해는 유럽 여러 나라들과 인접해 있으며, 발트해로 향하는 승선항은 독일의 브레머하벤(Bremerhaven), 독일의 함부르크(Hamburg), 덴마크의 코펜하겐(Copenhagen), 영국의 런던(London), 노르웨이 오슬로(Oslo) 등에서 시작한다. 각 승선지점인 크루즈의 기항항은 스웨덴의 스톡홀름(Stockholm), 핀란드의 헬싱키(Helsinki), 러시아의 상트페테르부르크(St. Petersburg), 독일의 함부르크(Hamburg), 네덜란드의 암스테르담(Amsterdam) 등 다양하다.

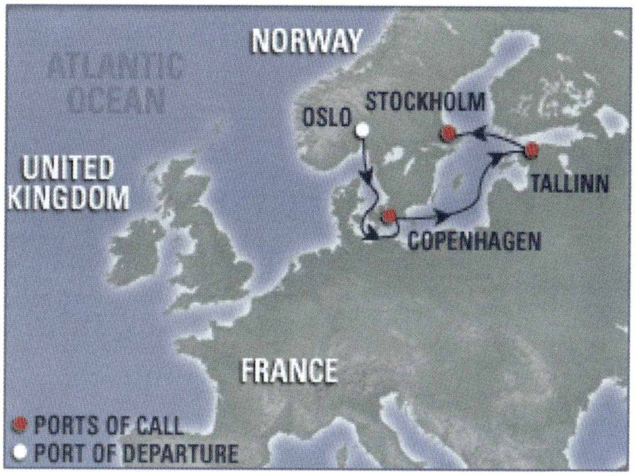

〈그림 6-15〉 발트해 기항지 및 운항노선

6) 리버 크루즈(River Cruise)

대부분의 가장 일반적인 리버 크루즈는 프랑스의 론 강(Rhone), 독일의 라인 강 및 엘베 강(Rhine and Elbe), 러시아 볼가 강(Volga)을 통해 운항되고 있다. 다뉴브 강(Danube)은 오스트리아 비엔나(Vienna), 헝가리 부다페스트(Budapest), 슬로바키아 브라티슬라바(Bratislave) 등을 경유할 수 있어, 많은 관광객들이 선호하고 있다.

〈그림 6-16〉 리버크루즈 운항노선

3. 기타 세계의 크루즈 지역

1) 중남미(Central and South America)

현재 남아메리카 대서양 해안은 크루즈 운항에 매우 인기 있는 곳이다. 일반적으로 산 주안(San Juan), 브라질의 푸에르토리코(Puerto Rico) 및 리오 데 자네이로(Rio de Janeiro)가 주요 승선항이다. 주요 기항지는 데빌스(Devil's Island) 섬으로 때때로 브라질의 벨렘(Belem), 레시피(Recife), 살바도르(Salvador)에서 출항하기도 한다. 아마존(Amazon) 리버 크루즈를 이용할 때에는 브라질의 마나우스(Manaus)가 주요 기항지이다.

〈그림 6-17〉 남아메리카 기항지 및 운항노선

또한 남아메리카에서는 태평양 연안으로 출항하는 몇 달 동안의 긴 크루즈 일정을 제공하기도 한다. 주요 크루즈 라인은 우루과이의 몬테비데오(Montevideo), 아르헨티나의 부에노스아이레스Buenos Aires)에서 승선하여 마젤란 해협(Strait of Magellan)을 경유하여 태평양 연안으로 운항된다. 남아메리카 태평양 연안 주요 기항지로는 칠레의 발파라이소(Valparaiso), 페루의 칼라오(Callao)를 들 수 있다. 몇몇 크루즈선들은 남아메리카를 우회하기 이전에 남극대륙(Antarctica)을 거쳐서 가기도 한다. 자연생태계 그대로 보존하고 있는 이스터(Easter), 갈라파고스(Galapagos)섬도 각광받는 기항지 중 하나이다.

2) 태평양(The Pacific)

태평양은 6,400만평방의 해안에서 수천 개의 아름다운 열대섬이 퍼져 있으며, 타히티(Tahiti) 및 피지(Fiji)는 남태평양의 항해의 중요한 섬들이다. 파푸아 뉴기니(Papua New Guinea), 뉴 칼레아(New Caledonia), 바누아투(Vanuatu), 사모아(Samoa), 통가(Tonga), 쿡 섬(Cook Island) 역시 남태평양의 주요 기항지중의 하나이며, 호주(Australia) 동쪽 해안의 섬들과 뉴질랜드(New Zealand) 주위의 사이에 많은 섬들 역시 중요한 기항지 중 하나이다. 크루즈 운항은 주로 11월과 다음해인 4월 사이에 이루어진다. 또한 하와이

(Hawaii)는 20세기 초 인기 있는 크루즈 노선 중 하나로써 로열 캐리비안 크루즈 라인(Royal Caribbean Cruise Line)은 연중 일주일을 기준으로 오아후(Oahu)섬에서부터 3~10일 일정의 크루즈를 제공한다. 주요 기항지로는 전형적인 7일 크루즈에서 카나이(Kanai)와 마우이(Maui)섬에 하와이의 큰 섬인 힐로(Hilo)와 코나(Kona) 및 호놀룰루(Honolulu)에 정박한다.

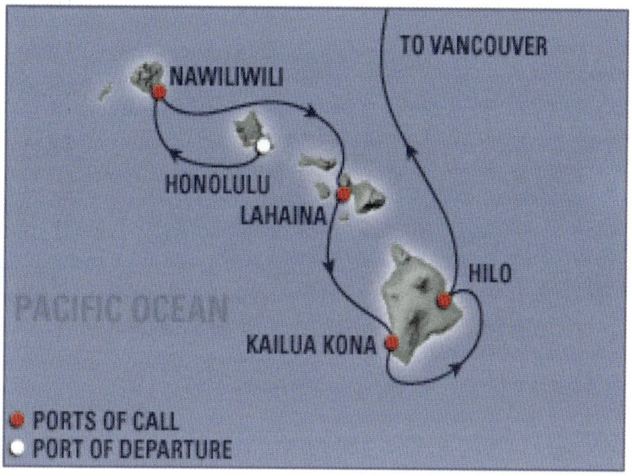

〈그림 6-18〉 하와이 기항지 및 운항노선

3) 아시아(Asia)

아시아 기항지는 3가지 유형으로 순항하는 특징이 있다. 인도네시아(Indonesia), 말레이시아(Malaysia), 필리핀(Philippines), 싱가폴(Singapore)의 많은 섬으로 구성되어 있는 기항지를 순항하거나, 인도(India), 스리랑카(Sri Lanka), 몰디브(Maldives) 등 서로 다른 문화를 연결시켜 순항하거나, 마지막으로 한국(South Korea), 일본(Japan), 중국(Chinese) 등 지형상의 이점을 이용하여 순항하는 방법이다. 아시아 기항지는 주로 10월과 다음해인 5월 사이에 승선하여 운행된다.

〈그림 6-19〉 아시아 기항지 및 운항노선

4) 아프리카(Africa)

북서쪽 아프리카의 주요 크루즈 승선항은 튀니지와 모로코에 있으며, 주로 카나리제도(Canary Island)와 마데이라제도(Madeira Island)를 운항하고 있으며, 일반적으로 크루즈는 5월에서 10월 사이에 출항한다. 또한 아프리카 동쪽 해안의 케나의 몸바사(Mombasa) 및 다르에스살람(Dar es Salaam)의 주요 기항항이 있고 잔지바르(Zanzibar), 마다가스카르(Madagascar), 세이셸(Seychelles), 코모로(Comoros), 리유니온(Reunion), 모리셔스(Mauritius)섬 등 여러 기항지가 있다.

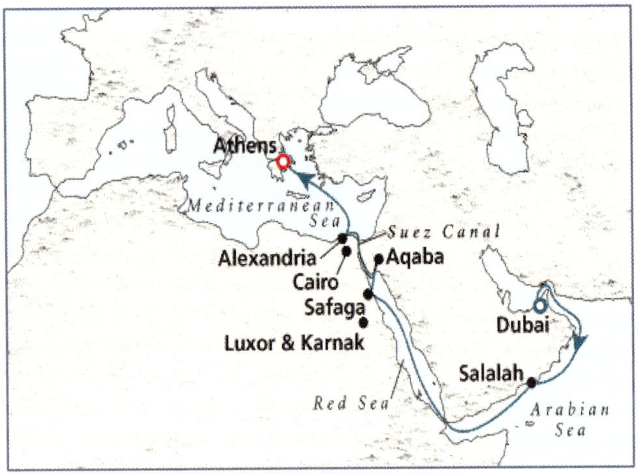

〈그림 6-20〉 아프리카 기항지 및 운항노선

〈표 6-3〉 크루즈 지역별 계절 주요 승선항 및 기항항

지 역	주요 승선항 및 기항항	시 즌
알래스카 (Alaska)	밴쿠버(Vancouver), 시애틀(Seattle), 앵커리지(Anchorage)	5월~10월
북미 북동부 (Northeast)	뉴욕(New York City), 몬트리올(Montreal)	늦은 봄~가을
북미-리버 (North America-Rivers)	미시시피 강 항구(Mississippi River ports)	매년
멕시코 태평양 연안 (Mexico Pacific Coast)	로스앤젤레스(Los Angeles), 샌디에이고(San Diego), 아카풀코(Acapulco)	겨울
바하마 (Bahamas)	마이애미(Miami), 카내버럴(Port Canaveral), 탬파(Tampa), 에버글레이즈(Port Everglades)	매년
카리브 해-동부 (Caribbean-Eastern)	마이애미(Miami), 에버글레이드(Port Everglades), 산 주안(San Juan)	매년
카리브 해-남부 (Caribbean-Southern)	산 주안(San Juan), 아루바(Aruba), 바베이도스(Barboados)	매년

카리브 해-서부 (Caribbean-Western)	마이애미(Miami), 에버글레이즈(Port Everglades), 카내버럴(Port Canaveral), 탬파(Tampa), 휴스턴(Houston), 갤버스턴(Galveston), 뉴 오리언스(New Orleans)	매년
지중해-서부 (Mediterranean-Western)	바르셀로나(Barcelona), 니스(Nice), 차비타베키아(Civitavecchia)	늦은 봄~초가을
지중해-동부 (Mediterranean-Eastern)	베니스(Venice), 이스탄불(Istanbul), 파레우스(Piraeus)	늦은 봄~초가을
유럽-대서양 (Europe-Atlantic)	마라가(Malaga), 런던(London), 리스본(Lisbon), 르아브르(Le Havre)	늦은 봄~초가을
아일랜드, 영국, 북해 (Ireland, England, North Sea)	런던(London), 코펜하겐(Copenhagen)	늦은 봄~초가을
유럽-발틱해 (Europe-Baltic Sea)	함부르크(Hamburg), 코펜하겐(Copenhagen), 상트페테르부르크(St. Petersburg)	늦은 봄~초가을
유럽-리버 (Europe-Rivers)	론(Rhone), 라인(Rhine) 엘바(Elbe), 볼가(Volga), 다뉴브 항구(Danube Port)	늦은 봄~초가을
중남미 (Central and South)	산 주안(San Juan), 리오 데 자네이루(Rio de Janeiro)	10월~익년 4월
태평양 (Pacific Islands)	다양한 항구 이용(Various)	11월~익년 4월
아시아 (Asia)	다양한 항구 이용(Various)	10월~익년 5월
아프리카-북서 (Africa-Northwest)	다양한 항구 이용(Various)	5월~10월
아프리카-동부 (Africa-East coast)	몸바사(Mombasa), 다르에스살람(Dar Es Salaam)	11월~익년 3월
아프리카-서부 (Africa-West coast)	다양한 항구 이용(Various)	11월~익년 3월

자료 : Marc Mancini, Ph.D., *CRUISING: A Guide to the Cruise Line Industry page p111*

Cruise Tourism

Chapter

7

여행업과 크루즈 상품의 판매

크루즈관광의 이해

제7장 여행업과 크루즈 상품의 판매

제1절 여행업과 크루즈업무

1. 여행업과 크루즈여행

크루즈여행이 초기에 이루어진 것은 영국의 사우샘프턴(Southampton)에서 식민지 내에 있는 뉴욕까지 항해하는 것이었다. 누구나 서쪽으로의 항해에 있어서 Port Cabin(배의 왼쪽 편에 있는 선실)을 요구했으며, 돌아올 때는 Starboard Cabin(배의 오른쪽 편에 있는 선실)을 요구했다. 이러한 방법으로 엘리트 크루즈 승객들은 따뜻한 남쪽으로 트인 선실에서 여행을 즐겼다.

크루즈사업의 활성화는 여행사에게 있어 음악과 같이 즐거운 것이다. 대부분의 여행사들은 크루즈 상품판매를 선호한다. 크루즈를 이용했던 많은 크루즈 승객 대다수가 고객 불만을 거의 드러내지 않기 때문이다. 많은 크루즈 고객들은 일 년에 한두 번, 그리고 매년 여행을 한다.

일반적인 크루즈에서는 선불을 할 경우 고객에게 몇 가지 직접적인 이익을 준다. 선불은 고객에게 명백한 이익처럼 느껴지지는 않지만 이것은 틀림없이 이익이 되는 것이다. 그 이유는 고객이 여행 중에 개인적으로 부대시설에 대해 일일이 지불하는 것에 대한 번거로움이 없을 뿐만 아니라 총 여행경비를 더 정확하게 볼 수 있게 해주기 때문이다. 그리고 국제적인 항구들을 경유할 경우, 출발하는 크루즈에서 선불하는 것이 외국통화의 변화에 현명하게 대처하는 이점이 있다.

그리고 크루즈여행에서 서비스는 승객들이 즐기는 놓칠 수 없는 이익이다. 많은 크루즈 선사들은 1~2명의 승객을 위해 한명의 승무원을 배정한다. 이와 같은 비율의 결과는 일반적으로 훌륭한 서비스와 높은 관심으로 나타난다. 아마도 서비스가 최고인 이유는 모든 승무원들이 그들이 하고 있는 일을 즐기고 있기 때문일 것이다.

크루즈여행은 숙박, 이동, 식사, 오락 등 모든 것을 포함하고 있으며. 고객의 집으로부터 항구도시로의 왕복 항공운송 수단과 같은 요소들까지도 포함한다.

수직적 여행자이자 때로는 수평적 여행자이고 싶은 여행자들에게 크루즈만큼 만족이 되는 휴가프로그램은 없을 것이다. 수직적 여행자들은 모든 것을 보고, 즐기고 싶어 하기 때문에 크루즈에서는 많은 형태의 오락, 사교, 레크리에이션 활동 등을 제공한다. 수평적 여행자들은 수영장 주변에서 좋은 책을 읽으면서 시원한 음료수 한잔에 가장 행복해 한다. 다시 말해 크루즈에서는 수평적 여행자들을 위해 긴장완화를 제공한다. 크루즈에서 승객들은 모든 것을 할 수 있으며 또 전혀 하지 않아도 된다.

2. 여행업의 크루즈 예약업무

선박과 항해 날짜를 선택한 다음 고객은 요금 종류를 선택해야 한다. 일반적으로 크루즈 상품은 가능한 한 빨리 예약하는 것이 좋다. 크루즈상품을 예약하면 크루즈회사는 구두로 예약을 확인한다. 대부분의 경우 고객은 7일 안에 크루즈회사에 크루즈비용을 지불해야만 최종 크루즈 예약이 이루진다. 지불 마감시간은 선택한 날짜에 따라 달라진다. 만약 예약할 때 선택한 날짜까지 크루즈회사에 금액이 지불되지 않으면 그 예약은 자동으로 취소된다. 마지막 요금 지불은 보통 선박의 항해 전 45~60일 안에 완료되어야만 한다.

예약할 때 승객들은 이른 식사를 할 것인지 늦은 식사를 할 것인지 미리 신청한다. 또한 한 테이블에서 몇 명이 식사할 것인지, 금연 구역을 원하는지의 여부도 함께 결정해야 한다. 특별한 식이요법을 하거나 의학적 장애가 있는 경우에는 크루즈 회사의 담당의사도 이를 알고 있어야 한다.

어떤 선박은 항해 전까지 객실을 지정하지 않는다. 이 경우에는 크루즈회사에게 요금 보증제를 제공할 것이다. 이러한 유형은 승객이 원하는 요금범위 안에서 객실을 받을 것이라는 약속이다. 그러나 특별한 객실은 보증되지 않는다. 만약 요금보증을 이용할 수 없다면 크루즈회사는 승객이 원하는 객실 유형을 위해 대기자 명단에 올릴 것이다. 크루즈여행 요금을 전부 지불한 승객은 오직 계약금만 낸 승객들 보다 대기자 명단에서 높은 우선권을 갖는다.

몇몇 크루즈선사는 일부분의 기본금이라 불리는 비용을 제공한다.

아래의 표는 여행사에서 예약업무를 실행할 경우의 고객정보사항의 항목들이다.

〈표 7-1〉 예약정보 항목

1. 승객이름	2. 여행 스케줄
3. 이용할 수 있는 시간	4. 모든 경비
5. 서비스 등급	6. 객실 요구 사항
7. 활동정도	8. 원하는 항해 날짜
9. 식사 준비시 요구 사항	10. 육지에서의 짧은 여행

대부분 크루즈여행의 예약은 취소수수료를 지불하여야 한다. 취소수수료 규정과 여행조건은 계약금이 지불되기 전에 승객에게 정확히 명시되어야 한다.

대부분의 크루즈여행은 때때로 비자나 여권을 요구하는 나라의 여행지도 방문한다. 승객들은 어떠한 건강상태이며 안전한 여행을 위한 검역과 관련된 서류까지 모든 여행 서류가 갖추어져 있어야 한다. 여행자 보험은 취소수수료와 여행 중 피해로부터 승객을 보호하기 위해 권장한다. 계약금이 지불된 후에 승객은 다음의 정보를 포함한 영수증을 받게 된다. 아래의 표는 계약후의 고객에게 전달되는 사항이다.

〈표 7-2〉 고객전달용 예약정보

1. 선박이름	2. 항해일
3. 요금 부문 구분	4. 객실 형태
5. 여행지역	6. 승선할 항구
7. 종착할 항구	8. 객실 번호
9. 객실당 승객 수	

3. 크루즈 브로셔에 의한 판매

대부분의 여행사에서 브로셔는 크루즈여행상품의 판매를 위해 가장 널리 사용되는 방법이다. 어떤 크루즈여행의 브로셔든지 정보의 양은 다른 방법들보다 많지 않다. 크루즈 브로셔의 첫 번째 몇몇 페이지들은 일반적으로 즐거워하고 있는 승객들, 갑판에서의 활동, 음식, 기항항의 사진으로 구성된다. 여행사와 고객들은 이러한 그림으로부터 많은 것을 알 수가 있다. 이들 사진을 통해서 여행사의 담당자는 크루즈여행의 등급에 대한 수준을 이해할 수가 있다. 선실의 모습과 승객의 옷을 통해 크루즈가 보통등급인지 딜럭스 등급인지에 대해 판단할 수 있다.

크루즈여행에 적합한 연령대는 무엇인가? 사진 속의 승객들은 대부분 아이들을 동반한 젊은 가족인가 또는 노년층인가? 이 사진은 즐거움과 활동에 더 많은 비중을 두었는가? 또는 스트레스 해소를 위한 품위 있는 분위기인가? 이들 브로셔의 내용은 고객들이 크루즈를 상품을 선택하는데 도움을 준다.

몇몇 크루즈회사는 특별한 주제의 여행을 개발해 왔다. 이들 목록은 브로셔의 앞부분에서 볼 수 있다. 주제 크루즈여행의 몇몇 예들은 큰 밴드, 재즈, 50년대와 60년대 음악, 포커, 풋볼, 야구, 자연연구와 고고학을 체험할 수 있도록 계획되어진다.

〈그림 7-1〉 코스타 한글 크루즈 브로셔

일반적으로 크루즈회사 배들 중에서 몇 개의 배에 대한 두세 장의 사진을 싣고 있다. 각 선박의 갑판시설, 일정, 기항항, 운항일수, 선실 요금 등에 대한 것들이 이 페이지의 내용이다. 크루즈여행 상품의 판매에 대한 대부분의 정보는 'individual ship page'에서 알 수가 있다.

크루즈 브로셔의 뒷부분에서는 승객의 거주지에서 항구까지 항공요금의 부과가 있는지 없는지를 나타낸다. 더불어서 이들 차트는 승객이 무료 항공요금을 받을 자격이 있는지와 제한요인은 무엇인지를 설명해 준다. 또한 브로셔의 뒷부분에서는 크루즈 전후에 대한 정보가 있다. 이것들은 일반적으로 항구도시의 호텔패키지에 관한 것이고 렌터카와 갈아타는 곳을 포함한다. 브로셔의 마지막 몇몇 페이지들은 'General Information' 또는 'the fine print'라고 이름 붙여진다. 여기에서는 계약금과 최종 지급요금, 만기일, 예약취소규정, 예약취소보험, 부두에서의 주차, 팁제도, 입·출항 시간 등에 대한 정보를 얻을 수 있다.

4. 선실선택과 가격결정

예산책정과 최대의 안락함을 제공하는 선실 선택은 여행사가 고객을 돕기 위해 노력해야 하는 가장 중요한 부분이다. 일반적으로 이러한 것은 말처럼 쉬운 것이 아니다.

〈그림 7-2〉 CUNARD 회사의 Queen Mary 2호 스위트 룸

낮은 가격의 장점을 가진 선실의 경우 두 가지 단점을 가지고 있다. 낮은 가격의 선실은 높거나 낮은 침실을 가지게 되는 데 몇몇 승객(특히 노인)들에게는 이러한 선실은 좋지 않다. 또한 이들 선실은 뱃머리나 선박의 뒷부분에 위치한다. 뱃머리와 배 뒷부분에서 어떤 움직임이 있는지 보자. 그림에서 보다시피 앞과 뒷부분에 있는 선실은 중간 부분에 위치한 선실보다 더 많이 흔들린다. 밑 갑판과 중간에 위치한 선실은 중력의 중심에 더 가깝다. 물리학적으로 보았을 때 중력의 중심이나 근처에 위치한 선실이 더 적게 움직인다는 것을 보여준다.

큰 선실과 스위트는 높은 갑판에 위치한다. 이들 선실은 바다와 항구의 아름다운 전망을 제공한다. 그러나 높은 곳의 선실은 낮은 갑판의 선실보다 더 많은 흔들림을 느끼게 된다.

각각의 크루즈 브로셔에서 선실은 가격에 따라 색이 결정된다. 이들 차트에서의 가격은 하나의 선실에 두 명의 어른을 기준으로 개인당 책정된 요금이다. 차트에는 다른 항해 시즌을 반영하는 두 개 이상의 가격이 있을 수 있다. 날씨가 좋은 성수기는 가장 비싼 때이다. 비수기는 가격이 가장 낮고 날씨가 별로 좋지 않은 시기이다. 시즌은 나라에 따라서 다르다는 것을 숙지해야 한다. 예를 들어, 알래스카의 성수기는 카리브 해의 성수기와 반대이다. 아래의 표는 카니발 크루즈사의 가격에 관한 것이다.

1) 기본 가격결정

차트에서 10월 16일 항해에서 선실 6에서 한 커플에 대한 총 항공/항해요금은 얼마일까? 10월 16일 항해는 "Value"날짜이고, 선실 6은 개인당 1,619달러이기 때문에 1,619달러×2명=3,238달러이다.

가격차트에서 크루즈요금은 주요 북아메리카 도시로부터의 왕복 여행요금을 포함하기 때문에 만약 항공 운송수단이 필요하지 않다면 어떻게 될까? 가격차트 밑 부분의 "Cruise Only Travel Allowance"를 살펴보자. Celebration에서 항공운송수단이 필요하지 않은 승객은 차트의 가격에서 개인당 250달러를 빼야 된다.

만약 고객이 그들의 10월 16일 항해에 포함된 항공요금을 원하지 않는다면 그들의 총 크루즈 요금은 얼마나 될까? 그 가격은 1,619달러－250달러(Cruise only travel allowance) ×2명＝2,738달러가 된다.

그러나 3,238달러 또는 2,738달러를 고객에게 제시하지 않는다. 왜일까? 그것은 아직 크루즈요금에 항구요금, 관세 또는 미국출발세금(때로는 국제출발세라고 부름)을 더하지 않았기 때문이다.

2) 개인여행의 가격 결정

아래의 표에서 Celebration을 위한 가격차트의 밑에 개인여행을 다루는 부분을 살펴보자.

아래의 표의 가격차트를 사용하여 4월 3일 항해의 카테고리 3에서 싱글 여행자를 위한 항공/항해요금은 얼마나 될까? 우리의 계산 : 1,509달러 × 1.5(150%)＝2,263.50달러. 이것에 69달러 항구요금, 1.50달러의 세금, 3달러 미국 출발세를 더해서 이 고객에 대한 총비용 2,342달러가 된다.

만약 동일한 고객이 예를 들어, 카테고리 6의 더 높은 선실 카테고리를 원한다면 우리의 계산은 : 1,769달러 × 2(200%)＝3,538달러＋69달러(항구세), 6.50달러(관세), 3달러(미국출발세)이고 총 3,616.50달러이다.

개인 여행자가 많은 돈을 절약할 수 있는 다른 선택의 상품이 있다. 이러한 선택품들은 밑의 "Guaranteed Share Fare"에 상세히 설명되어 있다.

3) 3~4명의 가격결정

2명 이상의 승객들이 동일한 선실로 여행할 때는 세 번째, 네 번째 승객을 위한 가격 인하가 있다.

가격차트 밑 부분에서 세 번째와 네 번째 승객을 위한 비용을 볼 수 있다. 그러나 이것은 단지 크루즈 요금이다. 이것은 항공요금이 포함되지 않은 것을 의미한다. 만약 모든 승객들이 항구도시까지의 항공운송을 원한다면 여행사는 세 번째와 네 번째 승객을 위한 총 항구요금을 더하여 계산해야만 한다.

카니발사는 여행사가 크루즈회사에 전화할 때 요청하는 첨가된 승객에 대한 "add-on airfare"를 제공한다. 다른 선택은 최상의 이용 가능한 항공요금을 사용하고 승객들이 첫 번째와 두 번째 승객과 같이 동일한 항공사에 예약할 수 있도록 하는 CRS에 첨가된 승객을 예약하게 하는 것이다.

우리들이 마이애미(항구도시)에 살고 있는 4명의 가족을 가지고 있다고 가정하자. 이들 가족의 총비용을 계산하기 위하여 가격차트를 사용한다. 그들은 4월 17일 선실 카테고리 4를 이용하여 여행하기로 결정했다.

가격결정을 위한 계산은 아래와 같다.

조건 : 고객은 10월 16일 선실 카테고리 6으로 여행하는 부부이다. 그들은 죠지아의 아한타로부터의 항공운송수단이 필요하다.

- 첫 번째 두 번째 승객의 크루즈 요금 : 1,619달러 × 2명 =
- 항공세 : 69달러 × 2명 =
- 미국출발세 : 3달러 × 2명 =
- 관세 : 6.50달러 × 2 =
- 부부의 총계 =

항공운송수단없이 4월 17일 선실 카테고리 4로 여행하는 4인 가족의 가격을 책정해 보자.

- 첫 번째 두 번째 승객의 요금 : 1,499달러 × 2명 =
- 첫 번째 두 번째 승객의 Cruise only travel allowance : 250달러 × 2명 =
- 세 번째 네 번째 승객의 크루즈 요금 : 399달러 × 2명 =
- 항구세 : 69달러 × 4명 =
- 미국 출발세 : 3달러 × 4명 =
- 관세 : 6.50달러 × 4명 =
- 4인가족의 총비용 =

4) 특별할인요금(Guaranteed Share Fare)

많은 크루즈라인들은 다른 싱글 승객과 선실을 공유하고자 하는 싱글여행자에게 여행비용을 절약할 수 있는 옵션을 제공한다. 비용절약은 실용적인 것이다. 승객들은 전혀 안면이 없는 승객과 선실을 공유해야 한다. 만약 크루즈회사가 룸메이트를 찾지 못한다면 고객은 낮은 요금을 그대로 유지하고 선실은 고객 혼자서 사용한다.

위의 가격표에서 650달러의 특별할인요금(Gueranteed Share Fare)을 볼 수 있다. 이 요금은 크루즈에서 개인당 적용된다. 이것에 항구세, 미국출발세, 필요하다면 항공요금을 더한다. 항공 운송수단을 얻기 위한 선택은 3~4명의 경우에서 묘사된 것과 동일하다.

5. 비교분석

고객이 크루즈를 원한다고 말하고 당신에게 크루즈보다 500달러 저렴한 리조트의 광고를 보여준다면 당신은 어떻게 할 것인가? 첫째로 당신은 리조트 패키지에 무엇이 포함되어 있는가를 정확하게 보고 관찰해야 한다. 결과적으로 이러한 형태의 휴가는 호텔과 호텔까지의 이동수단을 포함한다. 몇몇 경우에 왕복 항공운송수단은 이 리조트 휴가에 포함된다.

크루즈와 리조트 패키지를 정확하게 비교하기 위해서 포함된 내용들은 동일하게 만들어져야 한다.

예를 들어, 크루즈의 비용은 모든 식사를 포함하나 리조트 휴가는 그렇지 않은 것을 들 수 있다.

6. 예약과 요금지불

비록 몇몇 크루즈회사는 주요 항공사 컴퓨터시스템을 통해서도 예약할 수 있지만 아직 대부분의 예약은 전화를 통해 행해진다. 크루즈회사에 전화하거나 예약을 위해 컴퓨터를 사용하기 전에 고객에 대한 정보를 가지는 것은 매우 중요한 것이다.

많은 여행사들은 각각의 고객에 대한 정보를 모으기 위해 예약양식을 만들어왔다. CLIA는 CLIA매뉴얼의 뒷부분에 있는 Cruise Data and Reservation Sheet라 불리는 조그마한 양식을 만들었다. CLIA의 예약시트는 모든 것을 막론하고, 모든 관련된 데이터를 위한 공간을 포함한다.

이러한 특성의 예약시트는 여행사가 고객에게 특별한 질문을 하도록 유도시킴으로서 도움을 준다. 이와 같이 유도시키는 것이 없다면 여행사는 고객의 시민권, 특별한 식이요법, 선호하는 음식세팅 등에 관해 질문하지 않을 수도 있다. 비록 CLIA양식이 "특별한 기념일"을 포함하지 않을지라도 여행사는 고객이 크루즈여행 동안에 기념할 일이 있는지 물어보아야 한다. 대부분의 크루즈라인들은 비용의 추가 없이 생일, 결혼기념일, 신혼여행에 대한 특별 행사를 제공한다.

고객에 대한 모든 필요한 정보를 모은 후에 크루즈회사에 예약을 하기 위해 전화를 한다. 우선 여행사를 확인한다. 그 다음부터 배, 항해일, 승객수, 선실 수준을 얘기한다. 예약자는 당신에게 요구된 항목 중에 이용 가능한 선실을 말한다. 만약 당신이 갑판 평면도가 나와 있는 브로셔를 가지고 있다면 당신은 제공된 선실을 찾을 수 있다. 당신과 당신의 고객 사이에서 당신은 특별한 선실을 선택할 수 있다.

예약자는 이용 가능한 선실 대신에 TBA를 제안할지도 모른다. 앞에서 배웠듯이 이것에서 요금은 정확히 보장되나 항해 날까지 실질적인 선실은 알 수 없다는 것을 의미한다. 할당된 선실은 돈을 지불한 항목보다 더 좋거나 같을 것이다. TBA는 불안하게 들릴지 모르나 이 관점이 긍정적인 결과를 자주 유발한다는 것을 고객에게 재 보증하게 된다.

완벽을 기하기 위해 예약자는 승객이름, 나이, 특별한 요구 등을 포함한 첨부된 정보를 요구한다. 예약번호는 예약자에 의해 여행사의 담당자에게 주어진다. 빠놓은 것 없이 예약번호와 예약 대리점의 이름을 포함하여 예약자에 의해 주어진 정보를 쓴다. 이 때에 Option date(일반적으로 예약한 날로부터 7일)가 당신에게 주어진다. 만약 예약자가 요금 지불방법(여행사 직원, 신용카드 번호) 등을 뚜렷이 지정하지 않으면 물어보아야 한다.

1) 여행자 수표에 의한 지불

대부분의 크루즈회사들은 비용의 지불이 여행사수표에 의해 이루어질 것을 요구한다. 어떠한 크루즈라인도 고객개인수표를 받지는 않는다. 여행사가 여행사수표로 크루즈회사에게 지불했을 때 고객은 일반적으로 개인수표로 여행사에 지불한다. 그러나 몇몇 여행사는 신용카드로 지불받는다. 신용카드로 지불받는 여행사는 은행과 같은 방법으로 신용카드를 보급한다. 비록 고객이 신용카드로 지불할지라도 여행사는 현금으로 교환해서 크루즈회사에게 여행사수표로 지불한다. 고객이 수표로 계약금을 지불할 경우 여행사는 그 수표를 받고 전체 계약금으로 크루즈회사에게 여행사 수표를 발행한다. 수표에 의해 계약금이 지불될 때에도 커미션은 보류되지 않는다. 최종 지불시기에 만약 고객이 또다시 개인수표로 지불한다면 이것은 은행계정에 저축된다. 여행사가 크루즈라인에게 수표로 발행하기 전에 총 커미션은 순 여행사수표를 만들기 위해 공제된다.

크루즈판매의 표준 커미션 비율은 10%이다. 이 비율은 항공/항해 요금, 크루즈 전후활동, 미리 지불된 해변 관광상품등을 합산하여 계산되어진다. 커미션은 항구세, 미국 출발세, Cruise only travel allowances 또는 디스카운트에서 지불되지 않는다.

여행사가 여행사수표로 크루즈회사에게 지불할 때, 여행사는 일반적으로 수표와 함께 통지서를 사용하거나 간단한 편지를 쓴다. 통지서 또는 편지의 목적은 자금을 적절한 예약에 적용하도록 크루즈라인의 회계부서를 지원하기 위한 것이다. 고객이름, 예약번호, 항해날짜, 배이름, 선실번호를 포함해야 함을 명심해라.

2) MCO에 의한 지불

크루즈라인이 MCO형식으로 지불하기를 원할 때 고객은 수표나 신용카드로 여행사에 지불한다. 비록 여행사가 신용카드로 지불받는 곳이 아닐지라도 이것은 사실이다. MCO는 항공사 인증 표지판에 의해 확인되는 책임 있는 ARC문서이다. 크루즈회사는 확인을 위해 어떤 항공사를 사용하는지에 대하여 물을 것이다.

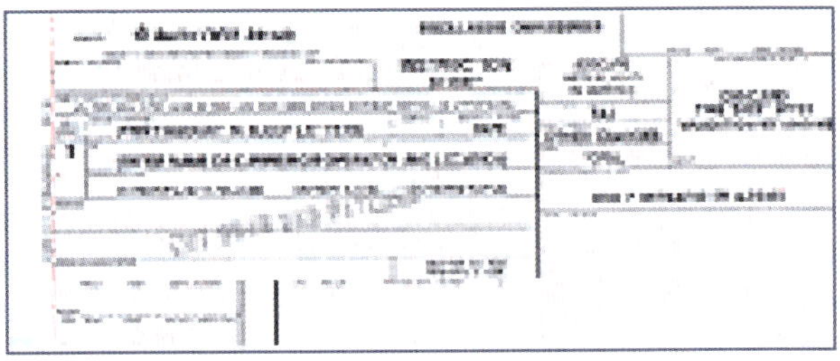

〈그림 7-3〉 MCO(Miscellaneous Charges Order)

만약 대부분의 여행사들이 그들 자신만의 방법을 가지고 있다면 커미션은 여행사 수표발행절차와 다르게 지불될 때 계약금에 포함되기 때문에 MCO에 의해 크루즈라인에 대한 지불이 이루어진다. 최종지불시에 커미션은 더 적은 항구세와 세금을 최종 지불액에 포함한다.

MCO는 확인 후에 버려지는 하나의 커버시트로 구성된다. 녹색 감사원 쿠폰, 핑크색 여행사 쿠폰, 누르스름한 교환용 쿠폰, 흰색 승객영수증. 감사원 쿠폰은 주 단위의 ARC 티켓 보고서를 포함한다. 여행사쿠폰은 적어도 2년 동안 여행사파일에 유지된다. 교환쿠폰은 크루즈라인에 직접 보내진다(일반적으로 통지서 또는 편지와 함께). 승객 영수증은 승객에게 주어진다.

7. 확인 편지

고객의 크루즈 계약금을 받은 후 고객에게 확인 편지를 보내는 것은 모두에게 이로운 것이다. 이러한 절차를 밟음으로 해서 고객을 위해 무엇이 예약되어졌는지 정확하게 기입할 수 있다. 만약 고객 또는 여행사가 실수가 있었다면 이것은 확인 편지에 의해 바로 잡아질 수 있다. 편지에는 쓰여져야 할 네 개의 주요 정보 영역이 있다.

편지의 시작은 사업적 입장에서 고객을 생각한다. 그리고 무엇이 예약되었는지 정확하게 언급하고, 예약의 진행 또는 상태를 언급한다. 고객에게 지불된 가격 안에 무엇이 포함되고 포함되지 않았는지 보여준다. 어떤 여행상품이건 간에 해약은 벌칙을 유발시킨다. 고객에게 크루즈라인의 해약 정책을 말하고 만약 이미 구매되었다면 해약보험을 추천해 주어라.

투어 오퍼레이터(tour operator)를 가진 많은 크루즈라인은 그들 스스로 해약보험을 제공하고 있다. Mutual of Omaha와 같은 몇 개의 주요 보험회사들은 여행해약/중간보험을 제공하나 크루즈라인에서 제공되는 정책보다 더 많은 비용이 든다.

제2절 여행업과 크루즈상품의 구성

1. 크루즈 문서

항해하기 약 2~3주 전에 크루즈라인은 여행사에 크루즈문서의 우편물을 보낸다. 이들 우편물은 크루즈티켓, 항공티켓(항공/항해일 경우), 수화물 꼬리표, 상륙서류양식, 일반적 정보, 크루즈 팁, 항송선에 대한 증빙서류, 항해선물 주문서 등이다. 몇몇 여행사는 그들의 고객에게 여행 선물을 보낸다. 일반적으로 선물비용은 개인 여행사가 아닌 대리점이 부담한다. 비록 대리점이 선물비용을 지불할지라도 여행사의 이름은 카드에 같이 나온다. 와인 한 병은 좋은 선물이다. 선물은 선실에 비치될 수도 있고, 저녁식사에 제공될 수도 있다. 다른 여행선물은 갑판구매에 대한 고객계정의 돈 지불, 전채요리, 꽃꽂이, 과일 바구니 등이다.

많은 여행사들은 여행선물로 꽃과 과일을 원하고 있다. 만약 꽃이 크루즈가 끝날 때까지 신선하다고 할지라도 승객이 집으로 그 꽃을 가지고 가는 것을 미국 관세법은 금하고 있다. 몇몇 크루즈는 충분한 여행과일 바구니를 만들어 각각의 선실에 무료로 신선한 과일을 제공한다. 항해 선물 주문서는 비록 선물이 보내지지 않더라도 여행사에 의해 고객 우편물에서 제거되어야 한다.

각각의 우편물은 각 기항항에 대한 상륙서류를 포함한다. 승객은 이 양식을 완성해서 기항항에 상륙하기 전에 사무장에게 주어야 한다. 상륙서류는 기항항의 정부가 들어온 방문객을 감독하는데 도움을 준다. 국적, 입국방법 등. 여기에서 들은 예는 Bahamas의 상륙양식이다.

고객 크루즈 우편물을 받았을 때 모든 것을 검사하고, 정보가 정확한가를 확인해야 한다. 6월 2일자 크루즈티켓을 가지고 6월 9일에 여행하는 고객은 반갑지 않다. 만약 고객이 물어본다면 고객에게 우편물 안에 있는 각각의 아이템을 설명할 수 있도록 준비해야 한다.

일단 정보가 확인되면 고객과 접촉하여 우편물 도착을 말해야 한다. 대부분의 크루즈 승객들은 우편물을 받기 위해 사무실에 오기를 원한다. 이때에 고객과 함께 우편물의 내용을 다시 한 번 살펴보아라. 우편물의 내용물을 설명하는 것은 쉬운 일이다. 이때가 고객에게 크루즈를 위해 요구되는 다른 서류(여권, 생년월일 확인서, 이입확인서 등)를 상기시킬 좋은 기회이다.

몇몇 고객은 우편으로 서류를 보낼 것을 요구한다. 주의해라! 우편물은 현금으로 교환 가능한 크루즈와 항공티켓이 들어 있다. 대부분의 여행사는 서류가 확인된 우편에 의해 보내어지고, 영수증을 받을 것을 추천한다. 이러한 절차를 거쳤을 때 만약 우편물이 분실되면 확인넘버로 추적할 수 있다. 누가 우편물을 받았으며 언제 도착했는지에 대한 기록에 대해 알 수 있다.

2. 즐거운 여행

대부분의 크루즈 여행은 항구도시까지 비행기로 온 승객으로 시작된다. 다음에 무엇이 이루어질까? 첫째, 승객은 수화물을 찾는다. 공항의 수화물 찾는 장소 근처에 크루즈라인을 나타내는 플래카드를 든 크루즈라인 대리인이 있다. 승객은 수화물을 대리인에게 맡긴다. 아마도 동항 밖에는 몇 대의 버스와 밴이 있고 대리인은 어떤 것을 타야 하는지 승객들에게 설명할 것이다. 수화물은 트럭에 의해 부두에 내려지고 승객의 선실로 날라진다. 크루즈라인은 어떻게 어떤 수화물이 어떤 선실에 가야하는지 알까? 승객의 크루즈 우편물 내용물중의 하나였던 수화물 꼬리표를 기억하는가? 이들 꼬리표가 배, 항해일정, 승객이름, 선실번호 등을 확인시켜준다.

부두에서 승객은 일단 체크-인을 한다. 이 과정에서 의무적으로 크루즈라인 대행사에게 크루즈티켓을 보여준다. 만약 승객이 TBA(To be assigned : 승객의 요금은 확인되나 선실의 번호는 확인되지 않은 크루즈요금정책, 항해를 시작하는 날 선실이 배정되고 이 때에 지불된 요금보다 더 좋거나 동일한 등급의 선실을 배정받는다.) 등급이라면 실제 선실번호는 이 때에 주어진다. 식사시간과 테이블 할당도 이 때 이루어진다. 그러나 몇몇 크루즈에서 식사시간과 테이블 할당은 승객의 선실에 있는 카드에 기록되어 있다.

승객은 이제 승선할 준비가 되었다. 영화에서 여행파티는 승객의 출발을 기념하는 친구와 친척들로 이루어진다. 실제로 대부분의 크루즈라인은 비승객이 승선하는 것을 허락하지 않는다. 이 정책은 테러가 만연한 사회에 살고 있다는 사실에 의한 필요성의 안전장치이다.

3. 상 륙

크루즈가 완료되면 대부분의 라인들은 표준상륙절차를 행한다. 각각의 승객은 색이 다른 꼬리표로 구분된 상륙시간을 할당받는다. 한번에 1,000명의 승객이 한 번에 배를 이탈하려고 하는 것을 피해야 한다.

배가 본 항에 도착하면 배와 승무원들은 통관수속을 받아야 한다. 통관공무원은 통관수속을 위해 승선한다. 일단 배와 승무원이 통관수속을 받고나면 승객들 차례가 된다. 몇몇 도시는 항구에 통관사무실을 가지고 있으나 그렇지 않은 곳도 있다. 영구적인 통관사무실을 가지고 있는 도시에서 승객들은 수속을 밟기 위해 공무원에게 들고 있는 가방을 제시한다. 항구통관사무실이 없는 도시에는 일반적으로 배의 가장 큰 공공장소에 일시적인 통관사무실을 설치한다. 승객과 짐은 이러한 일시적인 통관 사무실에서 통관 절차를 밟는다.

48시간 이상을 미국밖에 있었던 미국시민은 총 400달러의 면세품(수입무관세)을 들여올 수 있다. 미국 Virgin Island에 여행할 때는 1,200달러가 허용된다. 다른 카리브 해 섬에 가는 승객들은 800달러의 면세가 허락된다. 만약 승객이 48시간 미만동안 미국을 떠나 있었다면 25달러가 허락된다. 미국시민은 30일 동안에 한 번씩 이것이 허용된다.

몇몇 품목이 미국 통관법에 의해 금지된다. 금지된 품목은 밀수품(Contraband)라고 불린다. 앞에서 언급했듯이 곤충, 병원균인 박테리아와 곰팡이가 제품에 존재할 수 있기 때문에 식물 원료는 허용되지 않는다. 같은 이유로 과일과 채소 역시 미국으로 들여오는 것 허락하지 않는다.

카리브 해를 여행할 때 승객은 거북이 껍질로 만든 물품과 쿠바시가를 구매할 수 있다. 그러나 이것들은 다른 이유에서 밀수품이다. 거북이 껍질과 모든 거북이를 이용한 물품은 거북이가 멸종위기에 놓인 종으로 분류되기 때문에 금지되어 있다. 쿠바 시가(쿠바의 다른 물품들)는 쿠바와 미국 사이의 외교적 관계가 맺어져 있지 않기 때문에 미국으로 들여올 수 없다.

미국과 북한, 베트남, 캄보디아 사이에는 외교 관계의 부재로 특별한 자격증을 소지하고 있지 않으면 이들 나라에서 구매하거나 만든 품목을 미국에 들여올 수 없다(밀수품의 다른

예들 : 동물(특별한 자격증 없이), 많은 납을 함유한 외국에서 만들어진 세라믹 식탁용 식기류, 환각제와 환각제 제조기구, FDA(Food and Drug Administration)에 의해 승인되지 않은 의약품, 총기류와 탄약, 음식, 멸종위기에 있는 동물과 그 동물로 만든 생산품).

고객에게 제공하는 유용한 책자는 미국 통관청에서 발행한 "Know Before You Go"이다. "Know Before You Go"는 무관세품, 제한품목, 과다 구입시 관세적용 퍼센트와 다른 유용한 정보를 포함한다.

4. 여행사의 후속조치

비록 고객이 크루즈에서 집으로 돌아갔을지라도 여행사로서의 당신의 직무는 끝나는 것이 아니다. 뒤이은 편지와 전화를 고객에게 하는 것은 판매과정에서 중요한 단계이며 두 개의 목적을 달성할 수 있다.

전화 또는 편지는 고객에게 당신이 단순히 판매하기 위한 것 이상의 관심을 가지고 있다는 것을 보여주는 것이다. 고객의 충성도를 만들고 유지하기 위해 이러한 단계는 기본적인 것이다. 대부분의 크루즈가 성공적일 수 없다. 그리고 당신이 제공한 상품에 대해 고객이 자랑하는 것은 즐거운 것이다. 후속조치는 여행사가 고객으로부터 격려 받을 기회를 준다.

그러나 고객이 피할 수 있건 없건 간에 문제점을 경험했다면 후속의 편지와 전화를 고객에게 해야 한다. 고객이 10명의 친구와 친척이 아닌 당신에게 직접 문제점을 말하는 것이 훨씬 좋은 것이다.

문제의 형태는 당신의 행동과정을 통제할 것이다. 공을 지금 놓지 말아라! 만약 문제가 누구도 통제할 수 없는 단순한 실수라면 고객의 편을 들어 주어 성난 군중을 누그러트리는 것이다. 다른 피할 수 없는 큰 문제의 경우에는 편지를 써야 한다. 문제를 제시하고 보상을 요구하는 크루즈에 온 편지는 명령과 같다.

정확하게 크루즈를 대변하고 판매하고, 결과를 논증하는 여행사는 이 산업의 영웅들이다. 고객은 가족, 친구, 사업동반자들에게 이 여행사를 추천할 준비가 되어 있고, 추천하고자 하며 추천할 수 있다.

제3절 크루즈사업과 정보통신기술의 활용

크루즈회사의 정보수요는 항해기간이 길고 많은 시설이 필요하기 때문에 정보의 양과 범위가 다양하다. 크루즈회사는 컴퓨터예약시스템이 필요하다. 크루즈회사는 개별적으로 그들의 상품과 승객에 관한 상세한 정보를 처리하고 있다. 크루즈상품은 항공사의 좌석이나 렌터카보다 더욱 복잡한 상품이다. 'CruiseMatch'는 로얄케리비언 크루즈회사에 의해서 운영되는 크루즈 CRS이고 GDS와 연결되어 있다. 대부분의 GDS는 크루즈회사의 특별상품을 예약할 수 있도록 보여 주고 있다. 그러나 GDS를 통한 크루즈상품의 예약률은 아직은 10% 이하이다. 그림은 GDS를 통한 크루즈상품을 예약하는 데 필요한 스크린의 한 예이다. 위성통신정보는 다른 교통기관보다 수상교통기관에서 더욱 중요한 역할을 수행한다. 아래의 그림은 크루즈선의 정보시스템으로 선박과 육지 사이의 통신은 주로 이 방법을 사용한다. 위성통신항법 시스템이 GPS기술을 이용하여 위성과 선박을 연결한다. 선박과 해안과의 위성통신연결은 선박에서 1일 업무를 처리할 수 있다. 예를 들어 신용카드 소유자는 위성통신이 없으면 신용카드를 크루즈선 안에서 사용하기가 곤란하다. POS 시스템도

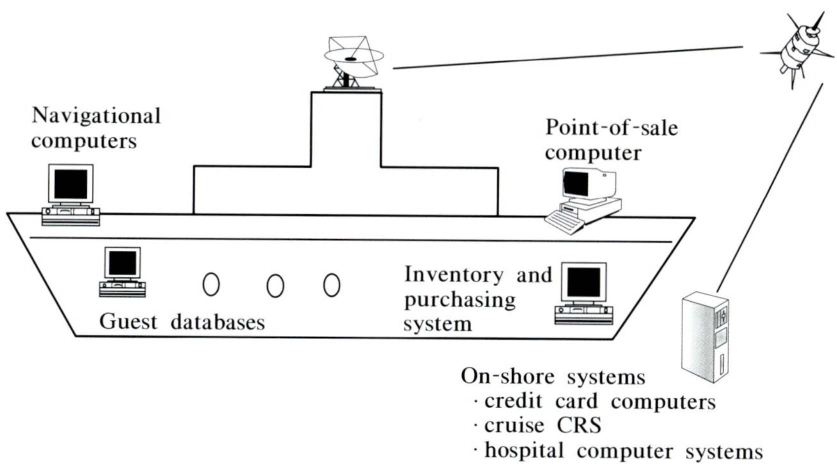

자료: Pauline J. Sheldon(1997), Tourism Information Technology: 82.

〈그림 7-4〉 크루즈 정보통신 시설

크루즈 선내의 상점에서 이와 같은 원리로 사용된다. 크루즈선에서 컴퓨터는 상품과 재고관리를 하기 위해 필수적으로 쓰인다. 이것은 특히 장거리여행 중에 선박에서 필요한 각종 물품의 재고관리를 위해서 유용하게 쓰인다. 선박이 항구에 도착하기 전에 필요한 물품을 통신으로 보내어 정박할 항구에서 신속하게 물품을 선적하기 위해 컴퓨터가 유용하게 쓰인다. 아래의 그림은 선박에서 사용할 수 있는 여러 가지 정보통신의 사례를 보여 주고 있다(김천중, 1998 : 222).

1. 로열 캐리비안 크루즈라인

1950명의 고객과 750명 이상의 승무원을 나르는 로열 캐리비안 크루즈라인(Ro- yal Caribbean Cruiseline)의 74,000톤 바다의 그랜져호(Grandeur of the Seas)는 컴퓨터 기술과 결합된 인간의 창조력의 결과이다. 이 선박은 컴퓨터를 사용하여 디자인하였고, 스케줄 구성은 컴퓨터에 의해 계획되고, 속력·위치·안전·엔진·운항·숙식 시스템은 모두 컴퓨터에 의해 관리된다. 컴퓨터는 배의 운영을 더 쉽고, 안전하게 그리고 경제적으로 할 수 있도록 하며, 이들 모든 시스템은 컴퓨터에 의해 운영된다.

컴퓨터 디자인(CAD)은 편안함을 유지하면서 연료소비를 최소화할 수 있는 적합한 외형을 만드는 데 이용된다. CAD 시스템은 그리기와 교정을 쉽게 할 수 있도록 한다. 컴퓨터화된 청사진은 조그만 밑그림을 큰 규모의 복사본으로 만들어 정확하게 제도할 수 있도록 컴퓨터 안에 저장된다. 철의 절단에서 처녀운항까지 전통적인 방법으로 했을 때 걸렸던 4, 5년보다 30개월은 더 적게 걸린다.

갑판에는 많은 컴퓨터 시스템들이 있다. 극장은 컴퓨터기술을 사용한다. 대부분의 조명신호, 커튼신호, 세트변화는 쇼진행 중의 정확한 순간에 작동될 수 있도록 컴퓨터 안에 미리 프로그램화된다. 배의 운항시스템은 컴퓨터 네트워크화 된 데이터, 전륜나침판, 운항상황판 등과 연결되어 있고, 배의 관리자가 배를 정해진 항로로 운항하도록 한다.

재고와 관리시스템은 컴퓨터에 의해 통제되고, 음식과 다른 서비스가 주문되면 승무원에게 자동적으로 알린다. 고객의 소비는 크루즈 선내에 있는 동안 고객카드로 기록되어 현금이 필요 없도록 전산화 되어 있다(김천중, 1997 : 228).

Chapter

8

국내 크루즈의 현황

- 제1절 국내 크루즈 시장
- 제2절 크루즈관련 법규 및 제도

크루즈관광의 이해

국내 크루즈의 현황 제8장

제1절 국내 크루즈 시장

국내 크루즈 시장은 1998년 금강산 크루즈사업에서 시작되었다. 이후 2001년 스타크루즈사는 부산과 평택 등을 기점으로 우리나라를 정기적으로 취항하여 중국-일본을 연계로 한 크루즈상품을 통해 동북아 크루즈라인을 개척하려 하였으나 수익성 부족 등의 이유로 현재 운항이 중단된 상태이다.

우리나라를 모항으로 하는 크루즈사업은 2005년 5월에는 여객 운송사인 혜성협운이 2005년 5월에 해양수산부로부터 선박확보를 조건으로 운항면허를 취득하였으나 선박확보 어려움 등의 문제로 면허를 반납하게 된다.

2006년 1월 팬스타크루즈가 운항을 시작하여 내국인의 크루즈선 이용이 이루어지고 있으며, 2006년 7~10월 동안에는 제주, 상하이, 나가사키를 연결하는 Costa Allegra호가 운항하였다.

그러나 국내 크루즈 시장은 아직 사업 여건이 활성화되어 있지 않은 실정이며, 크루즈 상품 개발도 이루어지지 못하고 있다.

1. 운항실적

스타크루즈사는 부산항과 제주항에 토러스호(25,000톤, 정원 960명)와 에이리스호(37,000톤, 정원 678명)를 운행한다. 토러스 호는 2000년 3월 12일 취항하여 2001년 10월 14일까지 부산항, 제주항을 중심으로 운항하였다.

1) 이용객실적

상품판매를 위한 별다른 광고, 홍보 활동이 없는 가운데에서도 동기간 동안 이용자수는 약 9만 명 수준, 항차당 400~500명 선으로 나타난다.

에이리스호는 2000년 11월부터 2001년 4월까지 6개월 동안 부산항, 제주항을 중심으로 운항, 동 기간 동안 이용자수는 약 1만 5천여 명 수준, 항차당 300~400명 선으로 나타난다.

토러스 호와 에이리스호의 내국인 이용객 비율은 30%, 일본인 등 외국인의 비율은 70% 정도를 형성한 것으로 알려지고 있다. 또한 평택항과 중국 도시를 오가는 일정으로 2002년 8~11월 기간에는 제미니호(19,000톤, 정원 800명 규모)를 운항한 바 있고, 2003년 4~9월에는 카프리콘호(28,000톤, 정원 800명 규모)를 교체 투입하였으나 2003년 9월 SARS 발발 등으로 운항이 어려워져 중단하게 된다.

카프리콘호는 한국시장을 대상으로 영업을 실시한 결과 항차당 평균 승객이 374명이었고, 그 가운데 한국승객의 전체 승객 중 95%를 차지한 것으로 알려졌다.

〈표 8-1〉 슈퍼스타 카프리콘호 이용객 실적

구 분	월 별	항차수	항차당 이용객 수
2003	4	6	64
	5	9	257
	6	9	504
	7	8	429
	8	10	571
	9	8	290
합 계		50	374

자료 : 한국문화관광정책연구원

2) 운항내역

〈표 8-2〉 스타크루즈 운항내역

구 분		세부내용
부산항 및 제주항	선사명	토러스(Taurus)호(25,000톤)
	기 간	2000년 3월~2001년 10월(17개월간)
	루 트	부산 다대포항－고베－고치－가고시마－다대포항(4박5일) 부산－고베－벳부－다대포항(3박4일) 제주－상해－부토산성(중국)－고베－후쿠오카－부산(7박8일)
	이용객수	약 90,000명
	선사명	에이리스(Aries)호(37,000톤)
	기 간	2000년 11월~2001년 4월(6개월간)
	루 트	후쿠오카－부산－제주－상하이－푸토산－고베－후쿠오카(7박8일) 부산－후쿠오카－나가사키－제주
	이용객수	약 15,000명
평택항	선사명	제미니호(19,000톤), 카프리콘호(28,000톤)
	기 간	2002년 8월~11월, 2003년 4월~9월
	루 트	평택－중국 칭다오－다롄－평택(4박5일)
	이용객수	약 29,000명

자료 : 한국문화관광정책연구원

3) 항만수입

부산항은 2000년 한해 동안 크루즈선 입항에 의하여 약 170억원의 수입을 올렸고, 제주항은 슈퍼스타 에이리스호 1회 입항시 700여만원의 항만 사용료를 비롯해 약 7,200만원의 관광수입을 올린 것으로 알려지고 있다.

슈퍼스타 토러스호는 2000년 44,357명이 탑승하였으며, 항차당 평균 445명이 부산항을 찾아 1억 4,685만원을 지출하였고, 항비는 항차당 총 2억 200만원을 사용함으로써 총 151억 5,000만원을 지출한 것으로 집계된다.

슈퍼스타 에이리스호는 항차당 360명이 탑승하여 8,811만원을 관광비용으로 지출하는 등 항차당 1억 5,000만원씩 모두 27억원을 지출한 것으로 나타났다.

2. 국내 크루즈산업

1) 유람선 운영현황

제주지역은 제주 씨월드호, 제주사랑호, 마라도유람선 등이 운행 중에 있다.

제주지역 유람선 이용객수는 정확한 통계가 존재하지 않으나, 마라도 유람선의 경우 2005년 월평균 15,833명의 관광객이 이용한 것으로 추산된다. 부산에 운항하는 유람선은 티파니 21호와 테즈락호, 태종대 유람선이 있다.

티파니 21호는 300톤 규모의 연안 크루즈선으로 327명이 승선가능하며, 회의시설을 갖추고, 부산 특급호텔 연계 패키지 상품을 판매하고 있다.

테즈락호는 530톤 규모로 188명이 승선 가능한 연안유람선으로 향후 620명이 승선 가능한 1,000톤급 선박으로 교체 예정이다.

인천지역에는 월미도유람선과 현대 유람선이 있는데 월미도 유람선은 1,500톤 규모로 700여명이 승선 가능하며, 현대 유람선은 700톤 규모로 500여명이 승선가능하다.

한강을 따라 운항하는 한강유람선은 일반 유람선과 뷔페유람선, 라이브 유람선으로 구분할 수 있으며 일반 유람선은 총 7개의 코스로 운항된다.

한강유람선은 125~430톤 규모로 200~585명이 승선가능한데 성수기인 여름에는 약 6~7만여 명의 관광객이 이용하고 비수기인 겨울에는 약 2.5~3만여 명의 관광객이 이용하고 있다.

〈표 8-3〉 지역별 유람선 운영 현황

지 역	선박명	업체명	루 트	규모 (톤)	정원 (명)	월평균 이용객수
제 주	제주 씨월드호	(주) 씨월드	• 서빈백사-주간명월-용머리 바위-후해석벽-말뚝바위-동안경굴	191	330	-
	제주 사랑호		• 성산일출봉-독수리바위-멧돼지 벽화-공룡바위	103	283	-
	마라도 유람선	대국 해저관광	• 마라도-송악산	481	282	15,833명 ('05년 월평균)
부 산	테즈락호	대부해안 유람선	• 수미르공원-태종대전망대-자갈마당-오륙도-수미르공원(주간) • 수미르공원-오륙도-광안리해수욕장-해운대해수욕장-수미르공원(야간)	530	188	4,350명 ('05년 10~12월 평균)

	티파니21	부산해상관광개발	• 해운대－이기대－오륙도－부산항－광안대교－해운대(주간) • 해운대－광안대교－부산항(야간)	300	327	3,200명 ('05년 12월 기준)
	태종대 유람선		• 부산대교－자갈치－태종대－오륙도－이기대－광안대교－동백섬－해운대	85	188	－
인 천	월미도 코스모스 유람선	코스모스 해양관광 유람선	• 월미도－작약도－인천정유앞－영종대교 밑－월미도	1500	703	－
	현대 유람선	현대유람선	• 연안부두－월미도－영종도－인천국제공항－외항선경박지－팔미도－송도앞바다－여안부두	700	550	• 평일 : 1,000명 • 주말 : 2,000명
서 울	한강유람선	한리버랜드	• 여의도－양화－여의도 외 6개 코스	125－430	200－585	• 성수기 : 60,000~70,000명 • 비수기 : 25,000~30,000명
	뷔페 유람선		• 여의도선착장－동작대교－양화－여의도선착장			
	라이브 유람선		• 여의도선착장/잠실선착장			

자료 : 한국문화관광정책연구원

2) 연안크루즈 운영현황

숙박을 하는 의미의 연안크루즈는 2004년 12월 팬스타드림호가 최초로 시작하였으며 향후 테즈락호 등이 연안크루즈 운영계획에 있다.

부산항에서 운항하는 팬스타 크루즈는 21,535톤 규모로 약 550여명이 승선 가능하며, 주중에는 부산－오사카 페리를 운행하고 주말에는 부산 연안을 운행한다.

2006년 1월부터는 기존 부산－오사카 페리 노선에 크루즈 개념을 도입하여 같은 배에서 크루즈활동이 가능하도록 한 크루즈 페리 상품을 판매하고 있다.

연안크루즈는 내항여객운송사업 또는 외항여객운송사업에 포함되지 못하며 기타 여객운송사업 항목에 근거하여 운행된다.

부산항에서 운항되는 연안크루즈 팬스타드림호는 부산 1부두를 이용하여 기항하고 있으나 부산항 연안여객부두는 수심 6~8m로, 최대 6,000톤 규모의 크루즈선이 접안 가능하기 때문에 보안과 수심 등의 문제로 연안 여객부두에서 승선이 이루어지지 못하고 수속절차만 연안여객터미널에서 이루어지며, 승선은 국제여객터미널에서 이루어짐으로써 관광객들의 불편을 초래하고 있다.

〈표 8-4〉 팬스타 크루즈 이용 현황

연 도	월	부산-오사카 페리	크루즈 페리	부산 주말 크루즈
2005	1	11,294		1,764
	2	6,905		1,036
	3	7,053		1,032
	4	6,932		1,069
	5	5,923		907
	6	6,086		1,173
	7	9,098		1,542
	8	12,065		1,343
	9	5,859		1,086
	10	9,482		1,853
	11	6,440		670
	12	7,295		1,444
2006	1	10,537	57	810
	2	7,548	376	1,147
	3	3,965	322	464

자료 : 팬스타라인닷컴 내부자료

3. 크루즈관련 국내 주요 항만의 여건

우리나라는 아직까지 국제 크루즈선박의 접안을 위한 전용 부두나 방문객들의 편의 제공을 위한 시설이 조성되어 있지 않으며, 크루즈 관광을 위한 기항지가 되기에는 많은 어려움이 있다.

현재 우리나라에는 무역항 28개소, 연안항 23개소가 있으며 이 중 부산항, 인천항, 평택항, 군산항, 목포항, 제주항, 울산항, 동해항 등에 국제여객선터미널이 조성되어 있다. 그러나 선석 길이나 수심확보 등의 문제로 대규모 크루즈선박은 접안이 어려우며 컨테이너와 화물을 중심으로 운영되는 우리나라의 항만여건상 선석을 확보하는 일 또한 쉽지 않다.

각 항만별 크루즈선의 입항실적을 보면 부산, 제주 순으로 나타나는데 부산은 정체 또는 증가추세를 보이는 반면 제주는 감소추세를 보이고 있다.

부산은 2001~2005년 기간 동안 해외 크루즈선이 총 116회 입항하고 66,198명의 승객이 하선하였고, 제주는 동기간 동안 총 48회 입항하여 20,968명이 하선한 것으로 나타났다.

평택항은 2002년, 2003년에 스타크루즈사에 의하여 모항지로 이용되었으나 수익성 부족으로 현재는 운항을 중단한 상태이다.

국제 크루즈선의 입항횟수는 점차적으로 감소하는 추세를 보이다가 2005년부터 뚜렷한 회복 추세를 보이고 있으며, 2006년에는 신고된 입항건수만도 57회가 되는 등 부산과 제주지역을 중심으로 해외 크루즈선 입항이 지속적으로 증가할 것으로 전망된다.

우리나라의 항만지역 중 인천항, 부산항, 제주항, 평택항, 동해항, 속초항의 항만 여건과 입항현황을 살펴보도록 하자.

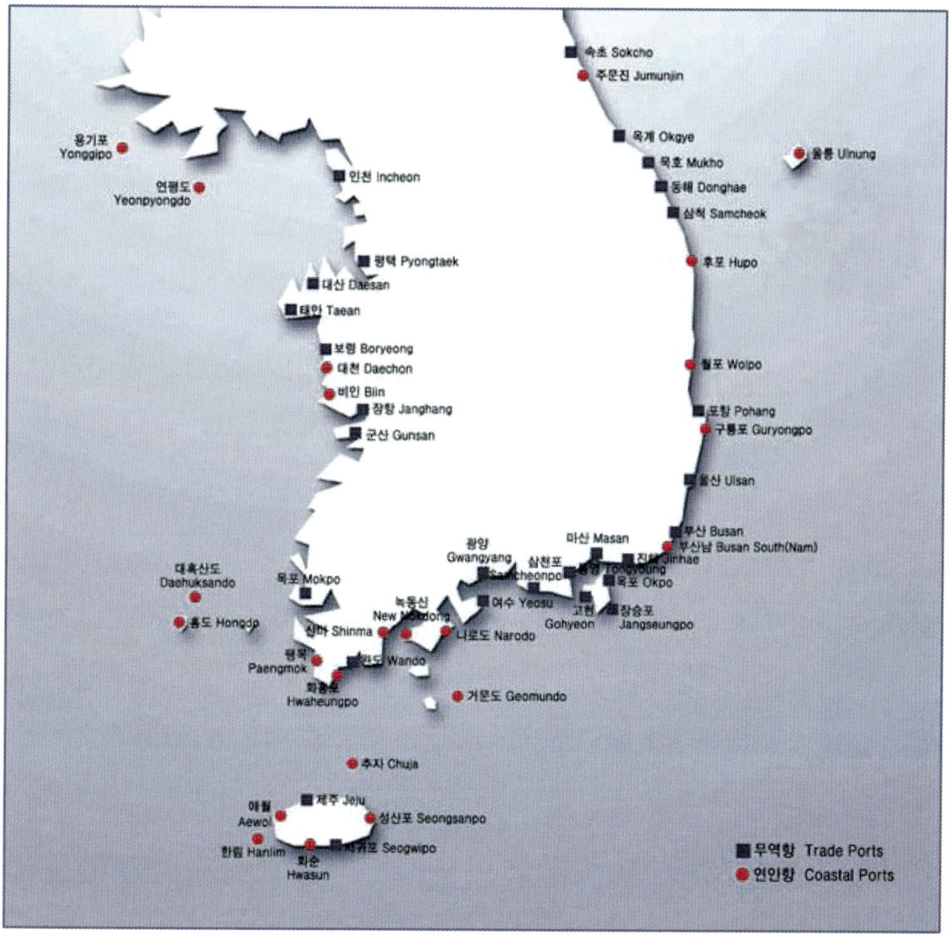

자료 : 해양수산부

〈그림 8-1〉 국내 항만 위치도

〈표 8-5〉 국제 크루즈선의 입항실적

구 분	부 산		제 주		인 천		평 택		동해, 속초	
	입 항	관광객	입 항	관광객	입 항	관광객	입항	관광객	입항	관광객
2001	19	11,783	28	12,805	1	484	-	-	-	-
2002	28	13,237	8	2,760	2	515	39	7,016	-	-
2003	18	6,396	4	1,445	2	1,279	55	14,321	-	-
2004	22	9,930	2	753	-	-	-	-	-	-
2005	29	24,852	6	3,205	3	432	-	-	3	1,076

주 : 1. 부정기여객선 제외
2. 평택항의 입항 실적은 스타크루즈의 운항 실적 포함

1) 인천항

인천항은 우리나라에서 중국 연안도시를 연결하는 국제여객선의 출항지 기능을 특화하고 있다. 현재 인천항과 중국 간에는 9개의 선사가 10개의 항로에서 운항하고 있다.

인천항에는 현재 국제여객터미널 2개가 제1터미널과 제2터미널로 분리되어 운영되고 있다. 2개의 터미널로 이원화되어 있기 때문에 각 터미널별로는 세관 및 법무부 직원들의 수가 적어질 수밖에 없어서 자연히 출입국 수속에 시간이 많이 소요되는 편이다. 또한 시외버스 터미널이나 지하철 등이 터미널과 상당한 거리가 있기 때문에 접근성도 좋지 않으며, 터미널 부근의 숙박시설, 편의시설 등의 시설이 낙후되었으며, 부족한 실정이다.

입항실적은 1998년부터 집계되고 있는데 큰 변화 없이 저조한 것으로 나타나고 하선율은 관광차 입항하므로 95% 이상이 되는 것으로 알려졌다.

2000년 이전까지는 Sky Princess호의 입항이 잦았는데 Sky Princess는 46,087톤으로 입항시 1,000여 명이 하선한 것으로 알려져 있으며, 2006년에는 인천항을 통한 크루즈선의 입항이 세 차례 이루어지는 등 크루즈선 기항지로서의 가능성을 보여주고 있어서 향후 인천항 국제크루즈터미널이 건설될 경우 크루즈선 기항이 보다 증가할 것으로 예상된다.

〈표 8-6〉 인천항 국제크루즈선 입항 통계

구 분	입항횟수	관광객(명)
1998	6	4,268
1999	5	4,290
2000	2	2,365
2001	1	484
2002	2	1,228
2003	2	1,279
2004	–	–
2005	3	653
2006(예정)	3	1,695

자료 : 한국문화관광정책연구원

〈그림 8-2〉 인천항

2) 부산항

주로 우리나라와 일본을 연계하는 국제여객선이 활동하고 있는 부산항은 국제여객선터미널이 조성되어 있지만 선석의 규모가 크지 않아서 대형크루즈선박의 접안은 불가능하다.

국제여객선 터미널에는 5개의 선석이 마련되어 있으나 10,000톤급 카페리 1척, 일일평균 1,000명의 이용객을 기준으로 설계되어 있어서 20,000만 톤급 이상의 크루즈선박들은 일반화물부두인 제1부두와 제2부두를 통하여 입항하고 있다.

부산항에 접안하는 크루즈선박은 일본, 중국 등 다양한 항로를 통하여 기항하고 있는데 2003년과 2004년 부산항을 통한 입항은 감소하였으나, 2005년부터 부산항을 통한 크루즈 입항이 증가했다.

2001~2005년 기간 동안 26개 크루즈선사의 입항이 이루어졌으며 2005년 부산항 기항 시간은 평균 10.5시간이며, 향후 부산항 크루즈 입항이 지속적으로 증가할 것으로 예상되고 있다.

〈표 8-7〉 부산항 국제 크루즈선의 입항 통계

구 분	입항횟수	관광객(명)
2001	19	11,783
2002	28	13,237
2003	18	6,396
2004	22	9,930
2005	29	25,852
2006(예정)	38	20,995

자료 : 한국문화관광정책연구원

2001년 이후 입항한 크루즈선은 1만 톤 이하의 크루즈선은 3척, 1~2만 톤 규모의 크루즈선은 4척, 2만 톤 이상은 19척으로 대부분 중대형 크루즈로 나타나고 있어 크루즈 전용부두의 필요성을 시사해 주고 있다.

2005년 10월에 입항한 Diamond princess호와 Sapphire princess호는 11만 톤 이상의 규모로 국내에 입항한 크루즈선 중 가장 큰 규모인 것으로 알려지고 있으며, 이는 점차 대규모화 되는 세계 크루즈선의 추세를 반영하고 있다.

Princess Cruise는 2005년 4~5월, 9~10월에 Sapphire Princess, Diamond Princess, Pacific Princess호를 통하여 부산항에 총 9회 기항하였고, Clippers Cruise는 2005년 Clippers Odyssey, Clippers Adventurer를 통하여 부산항에 총 5회 기항하였으며, Star Cruise는 9·11테러 전까지 매주 4회 다대포항을 통하여 기항하였다.

〈표 8-8〉 부산항 입항 크루즈선별 통계(2001~2005)

크루즈선명	총톤수	입항횟수	크루즈선명	총톤수	입항횟수
Astor	20,606	1	Norweigan Wind	50,760	2
Asuka	28,856	8	Olivia	15,791	1
Clipper Odyssey	5,218	31	Orient Venus	21,884	4
Columbus	14,000	1	Pacific Princess	30,277	3
Delphin	16,514	1	Pacific Venus	26,518	14
Diamond Princess	116,000	3	Prinsendam	37,845	2
Europa	28,890	2	Regal Princess	70,285	10
Fuji Maru	23,340	10	Royal Princess	44,588	1
Hanseatic	8,378	1	Rus	12,798	1
Maxim Gorkiy	24,220	1	S.S Universe Exploper	22,162	2
MS Asuka	28,856	2	Sapphire Princess	115,875	3
MS Fuji Maru	23,235	7	Sea Bournsprit	9,975	2
Nippon Maru	21,903	2	Universe Explorer	22,162	1
크루즈선(종)	26		총횟수(회)	116	

자료 : 한국문화관광정책연구원

부산항에 입항하는 크루즈선의 입항 시기를 보면, 4월과 5월이 가장 많고, 그 다음은 9월부터 12월까지 고르게 분포되는 가운데 상대적으로 여름과 겨울이 비수기로 나타났다.

〈표 8-9〉 부산항 월별 크루즈 입항 통계(2001년~2005년)

입항 시기(월)	입항 횟수	입항 시기(월)	입항 횟수
1	3	7	11
2	2	8	4
3	3	9	12
4	23	10	15
5	17	11	13
6	7	12	12

자료 : 부산항만 공사 내부 자료

〈그림 8-3〉 부산항

3) 제주항

제주항은 부산항과 더불어 국제크루즈선박의 기항횟수가 가장 많은 지역이다. 그러나 국제크루즈선박을 접안시킬 수 있는 전용부두가 조성되어 있지 않아 일반 부두를 이용하여 접안하고 있다. 게다가 대형선박의 항내 접안을 위해 사용되는 예선이 부족하여 대형선이 입항할 때마다 여수지역에서 임차하여 오기 때문에 크루즈선박의 기항지 여건으로써는 여러모로 불리한 실정이다.

〈표 8-10〉 제주항 국제크루즈선 입항 통계

구 분	입항횟수	관광객(명)
2000	27	9,245
2001	28	12,805
2002	8	2,760
2003	4	1,445
2004	2	753
2005	6	3,205
2006(예정)	16	–

자료 : 한국문화관광정책연구원

제주항은 부산항에 비하여 상대적으로 적은 숫자의 크루즈선이 입항하나, 제주항 역시 꾸준히 국제크루즈선의 입항이 이루어지고 있다.

제주항 국제크루즈선 입항 횟수는 2000년과 2001년 25회 이상 크루즈선이 입항하였으나 2002년 8회로 급격히 감소한 이후 낮은 입항횟수를 보이고 있다.

〈표 8-11〉 제주항 입항 국제크루즈선 현황(2001~2005)

선 명	총톤수(G/T)	입항 년도	연도별 입항횟수(회)	총 입항횟수(회)
Volendam	60,906	2002	1	1
Amsterdam	60,874	2003	1	2
		2005	1	
Rotterdam	59,652	2000	1	1
SuperStar Aries	37,301	2000	11	25
		2001	14	
Asuka	26,856	2005	1	1
Pacific Venus	26,518	2001	1	6
		2002	1	
		2003	2	
		2005	2	
SuperStar Taurus	25,611	2000	15	26
		2001	11	
Fuji Maru	23,235	2002	1	3
		2004	1	
		2005	1	
Nippon Maru	21,903	2002	1	4
		2003	1	
		2004	1	
		2005	1	
Orient Venus	21,884	2001	1	1
Seabourn Spirit	9,975	2002	2	2
Clipper Odyssey	5,218	2001	1	3
		2002	2	

자료 : 한국문화관광정책연구원

2006년에는 제주와 중국 상하이, 일본 나가사키를 연결하는 Costa Allegra호가 제주항에 총 13회 입항할 예정으로 있어 제주항 크루즈선 입항이 크게 증가할 것으로 예상되고 있다. Costa Allegra호는 28,439톤 규모로, 1,000명 정원이며 매회 10시간 체재할 예정이다.

〈그림 8-4〉 제주항

4) 평택항

평택항은 부정기적으로 크루즈선이 입항하고 있으나 2002년, 2003년 스타크루즈의 입항 통계 외에는 집계되지 않고 있는 것으로 나타났다.

스타크루즈는 2006년 평택항에 2주 1회 기항을 검토할 예정인 것으로 알려지고 있다.

〈그림 8-5〉 평택항

5) 동해, 속초항

동해항은 2005년 국제크루즈선이 1회 입항한 것으로 나타나는데 크루즈선은 총 26,518톤 규모의 Pacific Venus호로 승객 408명이 하선하였다. Pacific Venus호는 일본 쓰루가항에서 부산항까지의 루트로 운항한 것으로 동해항은 기항지 역할을 했다.

속초항은 2005년에 총 2회 국제크루즈선이 입항하였는데 2005년 속초항에 입항한 크루즈선은 Asuka호 Pacific Venus호로 각각 28,858톤, 26,518톤이다.

Asuka호는 일본 토야마항에서 일본 니치만항까지 운항하고, Pacific Venus호는 일본 하카다항에서 울산까지의 항로로 운항하여 두 크루즈선 모두 속초항을 기항지로 이용한 것으로 나타났다.

〈그림 8-6〉 동해, 속초항

4. 국내 크루즈산업의 발전과 전망

우리나라 크루즈 관광 시장 환경은 내국인의 항공이용 국외크루즈와 국내 연안크루즈 및 외래객의 크루즈 입항으로 구분하여 설명할 수 있다.

내국인의 항공이용 국외크루즈와 국내 연안크루즈 변화에 가장 커다란 영향을 미치는 내국인 출국자수와 순수 관광목적의 출국자수는 지속적으로 증가하여 1996년 235만 명이던 출국자가 2005년 552만 명으로 증가해 2.35배의 증가를 보이며, 전체 출국자의 54.76%를 차지하고 있다. 또한 2005년 우리나라 전체 출국자 중 45.04%인 454만 명이 순수 관광목적으로 중국과 인근 아시아 등 단거리의 여행목적지를 중심으로 출국하였다. 이는 단기 크루즈 상품이 국내시장에 소개될 경우 순수관광목적의 단기 여행자에 대한 판매가 용이해질 수 있으며 구매가능성이 높을 것으로 예상된다. 또한 외래객 크루즈 입항의 경우 부산을 중심으로 지속적인 증가세를 보이고 있으며, 중국에 관심을 가지고 있는 서구 크루즈선사들이 부산과 제주를 기항항으로 선택하는 경우가 증가하고 있어 크루즈 입항도 증가할 것으로 예상된다.

동북아 교류확대, 소득증대, 여가에 대한 관심 고조 등으로 사업 환경은 호전되고 있으나 아직 항만시설이나 기반시설 조성, 접안시설 및 정박시설의 확보 등이 절실한 시점이다. 또한 크루즈사업 관련법/제도의 정비, 크루즈사업에 대한 관광기금 지원, 크루즈관광에 대한 소비자 인식의 제고, 그리고 다양한 연계 관광상품의 개발이 필요하다. 정책적으로는 초기에는 외국선사의 기항확대에 중점을 두고 점차적으로 모항사업을 유치, 국내선사 육성 등의 방향으로 크루즈사업 환경을 지속적으로 개선해 나가는 것도 적절할 것이다.

국내 크루즈산업은 현재 도입기라고 볼 수 있다. 아직까지 우리나라에서 미개척 분야이기 때문에 크루즈산업에 대하여 정부차원에서 관심을 가지고 지속적인 발전을 해 나가야 할 것이며, 크루즈에 대한 국민적 공감대를 형성하게 된다면 앞으로 국내 크루즈산업의 발전에 원동력이 될 것이다.

제2절
크루즈관련 법규 및 제도

1. 크루즈관련 법규

크루즈관광사업 추진과 관련된 법규는 크게 항만 등 각종 시설에 관한 기반시설 관련법, 크루즈관광 관련사업 및 면허 등에 관한 인허가 관련법, 선원 및 선박의 관리·운영 등에 관한 선박·선원 관련법, 선박의 입·출항에 관한 입·출항 관련법, 선박안전 및 환경 등에 관한 환경·안전 관련법 등으로 유형화할 수 있다.

〈표 8-12〉 크루즈 관광 사업추진 관련법 현황

관련분야	관련법규	주요관련내용
기반시설	국토이용관리법	• 항만구역 등 지정통보(규칙 제3조) • 공공시설 등의 설치 협의(영 제21조) 등
	해양개발기본법	• 항로·항만개발 등 해양공간자원의 이용(제9조, 영 제10조) 등
	항만법	• 항만의 신설·개축·유지 및 보수(제9조) • 종합여객시설 점용허가(제36조) • 항만운영 전산망 구성 및 운영(제70조 3) • 항만시설 사용 및 요금징수(영 20조 2) 등
	민간투자법	• 사회간접자본 시설의 정의(제2조) 등
인허가	해운법	• 해상여객 운송 사업의 종류·면허(제3, 4조) • 해운중개업, 해운대리점업, 선박대리점 및 선박관리업(34조) • 계획조선자금지원(제46조) 등
	항만운송사업법	• 항만운송관련 사업(제2조 ②) 등
	관련진흥법	• 관광객이용시설업 규정(제3조) • 관광유람선업 등록기준(령 제7조) 등
선박·선원	선박법	• 선박의 국적(제2,3조)
	선원보험법	• 보험제도(각 조항)
	선원법	• 선원의 직무(제6조 16조) • 선원의 근로조건(영 제2, 3조) 등
	국제선박등록법	• 국제선박에 대한 지원(제9조) • 등록대상선박(영 제2조) 등
입·출항	개항질서법	• 입·출항의 신고(제5조) • 수리 또는 개선(제7조) 등
	출입국관리법	• 선박 등의 검색(제69조) • 출·입항 예정 통보(제86조) 등
	검역법	• 검역조사(제9조), 무전검역(제22조) 등
	관세법	• 입·출항 절차(제44, 45, 46조) 등
환경·안전	선박안전법	• 구비시설과 장비(제4조 2, 3) • 검사(제5조) • 국제협약 등에 따른 각종 통제(제13조) 등
	해양오염방지법	• 선박으로부터의 폐기물의 배출 규제(제33조) 등
	해양교통안전법	• 해상안전 및 해상교통관리(제6조) • 해상교통관리교육훈련(제7조) • 항로의 지정(규칙 제8조) 등

자료 : 한국문화관광정책연구원

1) 인허가 관련법

크루즈사업 인허가와 관련된 법률로는 해운법, 유선 및 도선사업법, 관광진흥법 등이 있다.

해운법은 해상운송의 질서유지, 해상운송사업의 건전한 발전 도모를 위하여 제정된 것으로, 해상여객운송사업, 해상화물운송사업, 해운중개업, 해운대리점업, 선박대여업 및 선박관리업으로 분류되며 이 중 크루즈는 해상여객사업 중 기타여객운송사업에 해당된다.

유선 및 도선사업법은 면허 또는 신고, 영업구역 및 영업시간, 승선정원, 크루즈사업자의 안전운항 의무, 안전검사 및 안전관리, 요금 및 운임 등에 대하여 규정하고 있다. 크루즈는 도선사업법 중 유선사업에 해당한다.

크루즈사업은 관광진흥법상으로는 관광객이용시설업의 관광유람선업에 해당되는 것으로 볼 수 있다.

〈표 8-13〉 크루즈 인허가 관련법

구 분		내 용
관광진흥법	분 류	• 관광유람선 사업은 관광진흥법 중 관광객이용시설업에 속함
	정 의	• 해운업법에 의한 해상여객운송사업면허를 받는 자 또는 유선 및 도선산업법에 의한 유선업영업신고를 한 자로서 선박을 이용하여 관광객에게 관광을 할 수 있도록 하는 일
	등록기준	• 구조 : 선박안전법의 규정에 의한 구조 및 설비를 갖춘 선박일 것 • 선상시설 : 이용객의 숙박 또는 휴식에 적합한 시설을 갖추고 있을 것 • 위생시설 : 수세식 화장실과 냉·난방 설비를 할 것
유선 및 도선사업법	정 의	• 유선사업은 유선 및 유선장을 갖추고 하천, 호수 또는 바다에서 어업, 관광 기타 유락을 위하여 선박을 대여하거나 유락하는 사람을 승선시키는 것을 영업으로 하는 사업
	면허 또는 신고	• 바다 : 해양경찰청장의 면허를 받거나 시도지사 또는 해양경찰청장에게 신고 • 하천과 바다에 걸쳐 있거나 2개 이상의 시도에 걸쳐 있는 경우 : 유람선을 주로 매어두는 장소를 관할하는 시도지사 또는 해양결찰청장의 면허를 받거나 시도지사 또는 해양경찰청장에게 신고
해운법	분 류	• 크루즈 관광사업은 해양여객운송사업과 관련이 있음
	정 의	• 해상 또는 해상과 인접한 내륙수로에서 여객선으로 사람 또는 사람과 물건을 운송하거나 이에 수반되는 업무를 처리하는 사업으로써 항만운송사업법 규정에 의한 항만운송관련사업 이외의 것을 의미

	분 류	• 내항정기여객운송사업: 국내항간에 일정한 항로 및 일정표에 의하여 운항하는 해상여객운송사업 • 내항부정기여객운송사업: 국내항간에 일정한 항로 또는 일정표에 의하지 아니하고 운항하는 해상여객운송사업 • 외항정기여객운송사업 : 국내항과 외국항간 또는 외국항간에 일정한 항로 및 일정표에 의하여 운항하는 해상여객운송사업 • 외항부정기여객운송사업 : 국내항과 외국항 또는 외국항간에 일정한 항로 및 일정표에 의하지 아니하고 운항하는 해상여객운송사업 • 기타여객운송사업 : 이 이외의 해상여객운송사업

자료 : 한국문화관광정책연구원

2) 카지노 허가

크루즈선내의 카지노 허가와 관련해서는 관광진흥법 제20조 제1항 2호 및 동법시행령 제28조 제2항 2호에 규정되어 있다. 우리나라와 외국 간을 왕래하는 여객선내에 설치할 수 있으며 여객선이 1만 톤급 이상이어야 하고 여객선의 전년도 외국인 수송실적이 문화관광부장관이 공고하는 기준에 적합해야 되는 등의 허가요건이 있다. 이러한 문화관광부장관이 공고하는 기준은 하나의 입법적 미비로 볼 수 있는데 현재 기준이 공고되거나 법령에 예시되어 있는 것은 아니다.

카지노의 허가는 금지된 도박업종에 대해 특별히 허용하는 것임을 감안하여, 허가요건 외에도 카지노 시장상황, 외래 관광객의 증가추세 등을 종합적으로 고려하여 문화관광부 내부의 정책적 판단에 따라 신규허가 여부를 결정하고 있다.

현행기준으로도 정부의 허가만 받으면 우리나라와 외국 간을 왕래하는 여객선 내에 카지노를 설치할 수 있으므로 특별히 크루즈선의 카지노 설치를 위하여 카지노업 허가기준을 개정할 필요성은 적은 것으로 판단된다.

국적선사와 같이 우리나라에 등록된 사업자는 영해, 공해 등 장소를 불문하고 카지노 영업을 위해서는 허가를 받아야 하고 외국인 사업자도 국내에서 영업을 하는 경우에는 국내법의 적용을 받기 때문에 별도로 카지노 허가를 받아야 한다. 단순히 기항하는 외국 크루즈의 경우에는 영해상에서 카지노와 면세점 영업을 하지 않는 것이 국제적인 관례로 되어 있어 허가를 요청하는 경우는 드물 것으로 판단된다. 공해상에서는 크루즈선박의 국적(선적)의 관련 법률에 따르는 것이 국제적인 관례이다.

기본적으로 카지노는 외국인 이용에 한해 허가하고 있는 정책적 취지를 고려할 때 카지노 영업허가를 받더라도 내국인은 카지노시설을 이용할 수 없는 것으로 해석되고 있다. 하지만 실제로는 선상 카지노가 내국인을 상대로 영업을 하더라도 관리, 통제가 어렵다는 것이 난점으로 지적되고 있다. 2000년 이후 부산, 제주, 평택에서 운항했던 스타크루즈에서도 카지노시설이 있었고, 공해상으로 나가서 내국인을 대상으로도 카지노영업을 한 것으로 알려지는데 이 때는 특별히 카지노 허가를 받은 것은 아니다.

외국 크루즈선은 대부분 카지노시설을 갖추고 있고, 크루즈사업에서 카지노 수입의 비중은 상당히 높은 것으로 알려지고 있다. 아시아지역을 운항하는 스타크루즈를 대상으로 조사한 결과(고충섭 1998) 1995년 카지노 수입이 전체 선상수입의 55%에 이르는 것으로 나타났다.

3) 면세점 허가

면세점은 보세판매장과 관광기념품판매장으로 구분 가능하며 국제터미널이 있는 항만에는 출국장면세점이 설치되어 있는 상황이다.

면세점은 법적으로 관세법의 보세판매장에 해당되고 면세점을 설치, 운영하기 위해서는 관세청장의 특허를 받도록 되어 있는데, 외항크루즈의 경우 외국으로 반출하는 조건만 부합하면(관세법 196조) 별 어려움 없이 면세점을 개설할 수 있고, 페리의 경우에도 면세점 개설에는 어려움이 없다.

선상면세점은 보세판매장의 한 종류로 볼 수 있으며 운영인의 자격, 시설요건 등 세부적인 사항에 대해서는 '보세판매장 운영에 관한 고시'에서 규정하고 있다. 출국내국인 구매한도액은 미화 3,000불, 면세한도액은 미화 400불이다.

2. 입출항 관련제도

1) 항 비

크루즈선 관련 항만시설사용료는 선박입출항료, 접안료, 정박료 등으로 구분해 볼 수 있다.

무역항의 항만시설사용 및 사용료에 관한 규정(해양수산부 고시)에 의해 국제 유람선(크루즈선)에 대하여 항만시설사용료 감면을 적용한다(선박입출항료는 50% 감면, 접안료, 정박료는 2006년까지 시한을 두고 50% 감면).

입항실적에 따라 화물에 대해서는 볼륨 인센티브(Voulume Incentive)[2]와 같은 혜택이

2) 볼륨 인센티브제도 : 실적, 물량 증가 등에 따라 해당선사에 직접 인센티브를 지급하는 제도.

있는데 반해 크루즈선에 대해서는 인센티브 제도가 없어서 상대적으로 불이익을 받고 있다고 볼 수 있다.

〈표 8-14〉 항만시설 사용료

구 분	요 율	징수기관
선박입출항료	• 1회 입항 또는 출항 시(1톤당): 128원	정 부
접안료	• 총톤수 150톤 이상의 선박 – 기본료(10톤 · 12시간당) : 외항선 340원, 내항선 114원 – 초과사용료(10톤 · 1시간당) : 외항선 28.4원, 내항선 9.5원	지방자치단체
정박료	• 총톤수 150톤 이상의 선박 – 기본료(10톤 · 12시간당) : 외항선 178원, 내항선 58원 – 초과사용료(10톤 · 1시간당) : 외항선 14.9원, 내항선 4.9원	정 부

자료 : 한국문화관광정책연구원

우리나라 항만은 컨테이너 화물 중심이어서 화물입항료가 외국의 항만보다 저렴하고 선박입출항료, 접안료 등은 외국의 항만보다 높게 책정되어 있는 것으로 알려졌다. 정박료는 외국의 경우 징수하지 않는 경우가 대부분인 것으로 나타났다.

Jarrett은 아시아에서 여객을 모집하는 것과 관련한 비용은 미국과 카리브 해보다 2~3배 가량 많이 든다고 보고한 바 있다(Jarrett 1997). 일부 아시아 국가에서는 비자 발급비용이 많이 들고 관광 상품들이 비싸며, 한편 또 다른 아시아 국가는 항만시설 이용료가 비싼 경우도 있다고 지적했다.

2) 입출항 절차

① 입국심사

"20인 이상 단체여행객 사전세관신고"는 크루즈승객의 입국편의와 관련하여 큰 의미가 없을 것으로 판단된다. 현재도 관세청 "여행자 및 승무원 휴대품 통관에 관한 고시"의 제2-1조에 의하면 유람선을 이용하여 일시 입국하는 외국인 여행자는 대표자 1인의 일괄신고가 가능하도록 되어 있다. 제3국 여행통과객은 입국사증을 소지하고 미국, 일본, 캐나다, 호주, 뉴질랜드로 가는 자와 유럽 입국사증을 소지하고 유럽으로 가는 중국인으로 입국심사 시에 항공권, 목적지 입국사증 등을 확인하여 허가요건에만 부합하면 입국을 허가하고 있다.

외항크루즈선이 우리나라의 여러 항구에 입항하는 프로그램인 경우 기항지 마다 출입국

심사를 반복하는 일이 발생할 수 있으므로 이 경우 처리방법을 확정할 필요가 있다. 현재는 첫 기항지에서 입국과 출국 절차를 마치고 두 번째 기항지 이후에는 이동 인원만 확인하는 임시방편적인 방법을 이용하고 있다. 한번 입국심사를 받으면 국내지역에서는 다시 추가적인 입국심사를 받지 않도록 하는 시스템이 필요하다. 외국의 경우 크루즈선 탑승객의 입국심사의 편리를 위해 선상수속을 확대해가는 추세이다. 세계 대부분의 국가에서는 크루즈 여행객을 유치하고자 하는 노력으로 관광관련 행정당국에서 CIQ 관련당국에 사전 협조를 의뢰하여 간편한 절차로 CIQ 절차를 거치도록 하는 경우가 많다. 크루즈선박의 입항에 대해 호의적인 국가에서는 대개의 경우 다수의 CIQ 관리들이 항구 외항의 도선사들이 탑승하는 도선위치까지 예인선에 동승하여 선박에 선탑하고 도선되어 정박할 선석까지 유도되는 동안 일괄적으로 선상에서 입국수속을 진행한다.

〈표 8-15〉 상황별 상하선 수속 절차

구 분	상 황	절 차
육상수속	크루즈 전용터미널이 있는 경우	수하물 체크인 → CIQ 개별수속 → 편의시설이 있는 버퍼존(중립지대) →승선
	크루즈 전용터미널이 없는 경우	임시여객수속장에서 챰 개별수속 → 도보 또는 셔틀버스로 선석으로 이동 → 승선
선상수속	CIQ 직접면접이 없는 선상수속	도선위치 접근 시부터 선실에서 대기 → 선내 라운지에서 직접 대면 없이 CIQ 일괄수속 → 하선 → 버퍼존 → 입국
	CIQ 직접면접이 있는 선상수속	도선위치 접근 시부터 선실에서 대기 → 선내 라운지에서 안내에 따라 개별적으로 CIQ수속 → 하선 → 버퍼존 → 입국

자료 : 한국문화관광정책연구원

2) 각종 신고

선박의 입·출항 절차는 각 나라마다 행정체계나 행정서류의 양식 그리고 행정처리 관행에 따라 다소 차이가 있으나 기본적으로 세관업무, 출입국관리업무, 검역업무로 구분된다. 대부분의 입출항 선박은 이와 관련된 구체적 행정 처리를 해운 대리점을 통해서 대행하고 있으며, 그 위탁업무 내용과 절차는 다음과 같다.

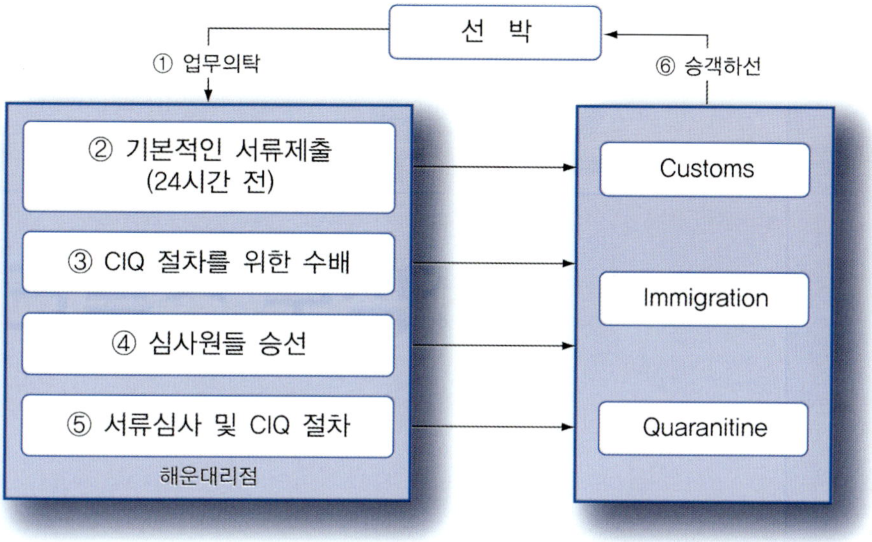

자료 : 한국문화관광정책연구원

〈그림 8-7〉 입·출항 시 해운 대리점의 위탁업무 내용 및 절차

최근의 국제추세는 입·출항시 요구되는 각종 제출서류 및 서식은 국제해사기구(IMO)의 FAL협약(Convention on Facilitaion of International Maritime Traffic)기준으로 통일되고 있는 상황이며, 우리나라의 경우 2001년 3월 협약에 가입하여 2001년 5월 발효되었다.

[참고문헌]

1. 국내문헌

김천중, 「크루즈사업론」, 학문사, 1999.

______, 「제주 크루즈전용항 개발방안」, 연구용역보고서, 2006.

______, 「해양관광 활성화를 위한 해양크루즈사업의 과제」, 국회보고자료, 2006.

이경모, 「크루즈산업의 이해」, 대왕사, 2004.

하인수, 「크루즈산업의 이해」, 현학사, 2004.

한국해양대학교, 「크루즈 전용 터미널의 개발 방향과 해양관광산업의 발전 방안에 관한 연구」, 2002.

한국문화관광정책연구원, 「크루즈산업 육성을 위한 관광진흥계획 수립」, 2006.

한국해양수산개발원, 「크루즈 관광산업 발전기반 조성방안」, 2006.

2. 외국문헌

Blum, Ethel, Worldwide Cruising 14th Edition, Travel Publications, Inc., 2003.

Cudahy, Brain J., The Cruise Ship Phenomenon in North America, Cornell Maritime Press, 2001

Dawson, Philip, Cruise Ship; An Evolution in Design, Conway Maritime Press, 2000.

Dervaes, Claudine, Selling Cruises, Thomson Delmar Learning, 2003.

Dickinson, Bob & Andy Vladimar, Selling the Sea ; An Inside Look at the Cruise Industry, John Wiley & Sons, Inc., 1997.

Douglas, Norman, N. Douglas & R. Derrett, Special Interrest Tourism, John Wiley & Sons Australia, Ltd., 2001

Gold, Hal, The Cruise Book, Delmar publishers Inc. 1990

Hall, C.M. & B. Weiler, Special Interest Tourism, London : Bellhave Press, 1992.

Hughes, Gwyn, "The Developing Market in the Fast East," Seatrade Asia Pacific Convention Marketing the Product Seminar, Singapore, 1991.

Israel, Giora & Laurence Miller, Dictionary of the Cruise Industry, Seatrade

Cruise Academy Publisher, 2002.

Lloyd Harvey, VOYAGES : The Romance of Cruising , Tehabi Books, Del Mar California, 1999.

Mancini, Marc, Ph.D. Cruising : A Guide To The Cruise Line Industry, Delmar, 2000.

Maring, Richard B., Cruise Ship Jobs : The Isiders Guide to Finding and Getting Jobs on Cruise Ship Around the World, Protofino Publishing, 1998.

Miller, Mary Fallon, Cruise Chooser, Miller, 2001.

Millier, William H., The Cruise Ship, London : Conway Maritime Press, 1998.

Scull, Theodore W, 100 Best Cruise Vacations, Globe Pequot Press, 1999.

Vipond, Anne, The complete Cruise, Ocean Cruise Guides Ltd, Vancouver, Canada, 2000.

3. 인터넷 사이트

1) 크루즈관련 조직 · 기구

www.crusing.org (Cruise Line International Association)

www.f-cca.com (Florida Caribbean Cruise Association)

www.iccl.org (International Council of Cruise Lines)

www.imli.org (IMO International Maritime Law Institute)

www.imo.org (International Maritime Organization)

www.jamri.or.jp (Japanese Maritime Research Institute)

www.jasnet.or.jp (The Japanese Shipowners, Association)

www.1r.org (Lloyd's Maritime Information Services)

www.momaf.go.kr (해양수산부)

www.nacoaonline.com (Seatrade Cruise Shipping Convention)

www.singaporemaritimeportal.com (Singapore Maritime Portal)

www.singstat.gov.sg (Statistics Singapore)

제주해양관리단, http://jeju.monaf.go.kr

2) 크루즈관련 사이트

〈예약사이트〉

www.4cruise.com

www.amasafari.com

www.cruise411.com

www.cruisecritic.com

www.cruisemates.com

www.cruise-news.com

www.cruiseweb.com

www.cruisewest.com

www.smallshipcruises.com

〈크루즈선사〉

www.cruisehawaii.com(아메리카 하와이 선사)

www.bergenline.com(미국 베르겐 선사)

www.canival.com(카니발 크루즈선사)

www.celebrity-cruises.com(세리브레이트 크루즈선사)

www.commodoreruise.com(코모도어 크루즈선사)

www.costacruises.com(코스타 크루즈선사)

www.cunardline.com(쿠나르드 선사)

www.disneycruise.com(디즈니 크루즈선사)

www.hollandamerica.com(홀랜드 아메리카 선사)

www.ncl.com(노르웨이지안 크루즈선사)

www.orientlines.com(오리엔트 크루즈선사)

www.royalcaribbean.com(로얄 캐리비안 크루즈선사)

www.premiercruise.com(프리미어 크루즈선사)

www.royalolympiccruises.com(로얄 올림픽 크루즈선사)

www.princesscruises.com(프린세스 크루즈선사)

www.seabourn.com(씨번 크루즈선사)

www.rssc.com(래디슨 쎄븐씨 크루즈선사)

www.silversea.com(실버씨 크루즈선사)
www.regalcruises.com(리갈 크루즈선사)
www.windstarcruises.com(윈드 스타 크루즈선사)
www.asukacruise.co.jp (Asuka Cruise)
www.crystalcruises.com (Crystal Cruises)
www.mol.co.jp (Mitsui O.S.K Lines)
www.mopas.co.jp (Mitsuk O.S.K. Passenger Line)
www.venus-cruise.co.jp (Japan Cruise Line)

Cruise Tourism

부록 1

세계의 크루즈선 제원분석표

크루즈관광의 이해

세계의 크루즈선 재원 분석표

부록1

순 위	크루즈선사	선사 이름	총톤수 (GT)	전장(m)	전폭(m)	건조년도 취항년도	수용인원 (명)	운항속도 (knots)	Draft (m)
1	스타크루즈	SuperStar Virgo	76,800	268.0	32.0		1,960	24.0	
2		SuperStar Libra	42,000	216.0	28.0		1,480	19.0	
3		Star Pisces	40,053	177.0	29.0		1,287	18.0	
4		SuperStar Gemini	19,093	164.0	23.0		800	17.5	
5		MegaStar Aries	3,341	85.5	14.0		66	12.5	
6		MegaStar Taurus	3,341	85.3	14.0		66	12.5	
7	NCL	Norwegian Crown	34,242	187.1	28.1		1,104	20.0	7.3
8		Norwegian Dawn	92,250	294.1	32.0	2002	2,224	25.0	
9		Norwegian Dream	50,764	229.8	28.6	1992	1,748	21.0	7.0
10		Norwegian Jewel	92,000	294.1	32.0	2005	2,376	25.0	8.2
11		Norwegian Majesty	40,876	207.2	27.7	1992	1,462	20.0	
12		Norwegian Spirit	77,000	268.2	32.3		1,966	24.0	7.9
13		Norwegian Star	91,000	294.1	32.0	2001	2,240	25.0	8.5
14		Norwegian Sun	78,309	258.4	32.9	2001	2,002	23.0	7.9
15		Norwegian Wind	50,760	229.8	28.6	1993	1,748	21.0	7.0
16		Pride of Aloha	77,104	259.9	32.9	2004	2,002	23.0	7.9
17		Pride of America	81,000	280.0	32.0		2,138	22.0	8.0
18		Pride of Hawaii	92,000	295.0	33.0		2,376	25.0	8.0
19	Cruise Ferries	Wasa Queen	16,546	155.7	22.0	2001	608	17.0	
20	오리엔트 라인	Marco Polo	22,080	176.2	23.6			19.5	8.2
21	로 얄 캐리비안 인터내셔널	Freedom Of The Seas	160,000	338.9	56.1		3,634	21.6	8.5
22		Adventure Of The Seas	138,000	310.9	48.0	2001	3,114	23.7	8.8
23		Explorer Of The Seas	138,000	310.9	48.0	2000	3,114	23.7	8.8
24		Mariner Of The Seas	138,000	310.9	48.0	2003	3,114	22.0	8.8
25		Navigator Of The Seas	138,000	310.9	48.0	2002	3,114	23.7	8.8

26		Voyager Of The Seas	138,000	310.9	47.5	1999	3,114	23.7	8.8
27		Brilliance Of The Seas	90,090	293.2	32.2	2002	2,501	25.0	8.1
28		Jewel Of The Seas	90,090	293.2	32.2	2004	2,501	25.0	8.1
29		Radiance Of The Seas	90,090	293.2	32.2	2001	2,501	25.0	8.1
30		Serenade Of The Seas	90,090	293.2	32.2	2003	2,501	25.0	8.1
31		Enchantment Of The Seas	80,700	301.7	32.3	1997	2,446	25.0	6.7
32		Grandeur Of The Seas	74,000	279.1	32.3	1996	2,446	22.0	7.6
33		Legend Of The Seas	70,000	264.2	32.0	1995	2,076	24.0	7.5
34		Rhapsody Of The Seas	78,491	278.9	32.2	1997	2,435	22.0	7.6
35		Splendour Of The Seas	70,000	264.2	32.0	1996	2,076	24.0	7.3
36		Vision Of The Seas	78,491	278.9	32.2	1998	2,435	22.0	7.6
37		Majesty Of The Seas	73,941	268.2	32.3	1992	2,744	19.0	7.6
38		Monarch Of The Seas	73,941	268.2	32.3	1991	2,744	19.0	7.6
39		Sovereign Of The Seas	73,192	268.2	32.3	1988	2,852	19.0	7.6
40		Empress Of The Seas	48,563	210.9	30.5	1990	2,020	19.5	7.6
41	셀러브리티 크루즈	Zenith	47,255	207.9	29.0	1992	1,368	21.4	7.3
42		Century	70,606	248.4	32.0	1995	1,770	21.5	7.6
43		Galaxy	77,713	264.0	32.2	1996	1,896	21.5	7.6
44		Mercury	77,713	264.0	32.2	1997	1,884	21.5	7.8
45		Constellation	91,000	294.1	32.2	2002	2,034	24.0	7.3
46		Infinity	91,000	294.1	32.2	2001	2,034	24.0	7.3
47		Millennium	91,000	294.1	32.2	2000	2,032	24.0	8.0
48		Summit	91,000	294.1	32.2	2001	2,034	24.0	
49		Celebrity Xpedition	2,329	90.2	13.1	2001	94	17.0	
50	카니발	Carnival Conquest	110,000	290.2			2,974	21.0	
51		Carnival Destiny	101,353	272.2			2,642	21.0	
52		Carnival Glory	110,000	290.2			2,974	21.0	
53		Carnival Legend	88,500	293.5			2,124	22.0	
54		Carnival Liberty	110,000	290.2			2,642	21.0	
55		Carnival Miracle	88,500	293.5			2,124	22.0	
56		Carnival Pride	88,500	293.5			2,124	22.0	
57		Carnival Spirit	88,500	293.5			2,124	22.0	
58		Carnival Triumph	101,509	272.2			2,758	21.0	

59		Carnival Valor	101,509	272.2			2,758	21.0	
60		Carnival Victory	101,509	272.2			2,758	21.0	
61		Celebration	47,262	223.4			1,486	21.0	
62		Ecstasy	70,367	260.6			2,052	21.0	
63		Fantasy	70,367	260.6			2,052	21.0	
64	카니발	Fascination	70,367	260.6			2,052	21.0	
65		Holiday	46,052	221.6			1,452	21.0	
66		Imagination	70,367	260.6			2,052	21.0	
67		Inspiration	70,367	260.6			2,052	21.0	
68		Paradise	70,367	260.6			2,052	21.0	
69		Sensation	70,367	260.6			2,052	21.0	
70		Caribbean Princess	113,000	289.6		2004	3,100	20.0	
71		Pacific Princess	30,200	181.0		2001	682	20.0	
72		Coral Princess	88,000	293.8		2002	1,950	24.0	
73		Regal Princess	69,845	247.2		1991	1,590	22.5	
74		Crown Princess	113,000	289.6		2006	3,100	20.0	
75		Sapphire Princess	116,000	289.9		2004	2,600	tba	
76		Dawn Princess	77,499	261.3		1997	1,950	21.0	
77	프린세스 크루즈	Sea Princess	77,499	261.3		1998	1,950	21.0	
78		Diamond Princess	113,000	289.9		2002	2,600	tba	
79		Star Princess	109,000	290.0		2002	2,600	24.0	
80		Golden Princess	109,000	290.0		2001	2,600	24.0	
81		Sun Princess	77,499	261.3		1998	1,950	21.0	
82		Grand Princess	109,000	290.0		1998	2,600	24.0	
83		Tahitian Princess	30,000	181.0		1999	700	20.0	
84		Island Princess	88,000	293.8		2002	1,970	24.0	
85		ms Amsterdam	61,000	237.4	32.2		1,380	22.5	
86		ms Maasdam	55,451	219.5	30.8		1,258	22.0	
87		ms Noordam	82,500	289.6	32.3		1,918	24.0	
88	홀랜드 아메리카	ms Oosterdam	85,000	289.9	32.2		1,848	24.0	
89		ms Prinsendam	38,000	203.9	32.3		793	22.0	
90		ms Rotterdam	59,652	237.1	32.2		1,316	25.0	
91		ms Ryndam	55,451	219.5	30.8		1,258	22.0	

92		ms Statendam	55,451	219.5	30.8		1,258	22.0	
93		ms Veendam	55,451	219.5	30.8		1,266	22.0	
94		ms Volendam	60,906	237.7	32.2		1,440	23.0	
95		ms Westerdam	85,000	289.9	32.2		1,848	24.0	
96		ms Zaandam	60,906	237.7	32.2		1,440	23.0	
97		ms Zuiderdam	85,000	289.9	32.2		1,848	24.0	
98	큐나드	Queen Mary 2	150,000	345.0	41.0		2,620	30.0	
99		Queen Elizabeth 2	70,327	293.5	32.0		1,791	25/32.5	9.8
100	Seabourn	Seabourn Pride	10,000	134.1	19.2	1988	208	16.0	5.0
101		Seabourn Spirit	10,000	134.1	19.2	1989	208	16.0	5.0
102		Seabourn Legend	10,000	134.1	19.2	1996	208	16.0	5.0
103	Windstar Cruises	Wind Star	5,350	134.0	15.8	1986	148	8.5/14	4.1
104		Wind Spirit	5,350	134.0	15.8	1988	148	8.5/14	4.1
105		Wind Surf	14,745	187.0	20.0	1990	308	15.0	
106	Costa Cruises Line	Costa Concordia	112,000	290.0	36.0	2006	2,860	20.0	
107		Costa Magica	105,000	271.3	37.8	2004	2,672	20.0	
108		Costa Fortuna	105,000	271.3	37.8	2003	2,720	20.0	
109		Costa Mediterranea	86,000	292.6	32.3	2003	2,114	24.0	
110		Costa Atlantica	86,000	292.6	32.3	2000	2,114	24.0	
111		Costa Victoria	76,000	252.4	32.2	1996	1,928	23.0	
112		Costa Europa	54,000	243.2	30.8	1986/ 2002	1,494	19.0	
113		Costa Romantica	53,000	220.0	31.1	1993/ 2003	1,356	18.5	
114		Costa Classica	53,000	220.0	31.1	1991/ 2001	1,308	18.5	
115		Costa Allegra	28,500	187.8	25.6	1992/ 2001	820	21.5	
116		Costa Marina	25,500	187.8	25.6	1990/ 2002	760	20.5	
117	P&O Cruises	Arcadia	83,000	285.0	32.3	2005	1,952	22.0	7.9
118		Artemis	45,000	230.0	32.5	1984	1,118	20.0	
119		Aurora	76,000	270.0	32.3	2000	1,874	24.0	7.9
120		Oceana	77,449	261.3	32.3	2000	2,016	21.0	7.9

121		Oriana	69,153	260.0	32.3	1995	2,016	24.0	
122	P&O Cruises Australian	Pacific Sky	46,000	240.0		1984	1,550	21.0	
123		Pacific Sun	47,000	223.0		1986	1,896	21.0	
124		Pacific Star	35,000	205.0		1982	1,400	19.0	
125		Pacific Princess	30,200	181.0		2001	682	20.0	
126	Swan Hellenic	Minerva 2	30,277	181.0		2001	700	18.5	6.0
127	AIDA	AIDAcara	38,531	193.3	27.6	1996/2005	590	20.0	6.0
128		AIDAvita	42,289	202.9	28.1	2002	633	20.0	6.2
129		AIDAaura	42,289	202.9	28.1	2003	633	20.0	6.2
130		AIDAblu	70,310	245.1	32.3	1990/2004	840	20.0	8.2
131	Ocean Village	Ocean Village	63,000	246.9	32.3	1987	1,624	21.0	8.2
132	Crystal Cruises	Crystal Symphony	51,044	238.0	30.2		940	20.0	7.6
133		Crystal Serenity	68,000	249.9	32.3		1,080	21.0	7.6
134	Disney Cruise Line	Disney Magic	83,000	293.8	32.3	1998/2005	1,750	21.5	7.7
135		Disney Wonder	83,000	293.8	32.3	1999/2004	1,750	21.5	7.7
136	MSC Cruises	MSC Armonia	58,600	251.2	28.7		1,566	21.0	
137		MSC Lirica	58,825	251.3	28.8		1,560	21.0	
138		MSC Melody	35,143	204.7	30.2		1,492	18.0	
139		MSC Monterey	20,046	171.6	24.5		617	18.0	
140		MSC Musica	89,600	293.8	32.2		2,550	23.0	
141		MSC Opera	59,058	232.6	25.6		1,700	21.0	
142		MSC Rhapsody	16,852	164.9	23.1		766	18.0	
143		MSC Sinfonia	16,852	164.9	23.1		766	18.0	
144	Norwegian Coastal Voyage Inc.	MS Midnatsol	15,000	135.7	21.5	2003	674	18.0	
145		MS Finnmarken	15,000	138.5	21.5	2002	643	18.0	
146		MS Trollfjord	15,000	135.7	21.5	2002	674	18.0	
147		MS Kong Harald	11,200	121.8	19.2	1993	490	18.0	
148		MS Nordkapp	11,386	123.3	19.5	1996	490	18.0	

149		MS Nordlys	11,200	121.8	19.2	1994	482	18.0	
150		MS Nordnorge	11,386	123.3	19.5	1997	464	18.0	
151		MS Polarlys	12,000	123.0	19.5	1996	482	18.0	
152		MS Richard With	11,205	121.8	19.2	1993	490	18.0	
153		MS Narvik	6,257	108.6	16.5	1983/ 1995	318	18.0	
154		MS Vesteralen	6,261	108.6	16.5	1983/ 1995	318	18.0	
155		MS Lofoten	2,621	87.4	13.5	1964	171	16.0	
156		MS Nordstjernen	2,568	87.4	13.2	1956	114	14.0	
157	Oceania Cruises	Insignia	30,200	181.0	25.5	1998/ 2004	684	18.0	5.9
158		Nautica	30,200	181.0	25.5	1998/ 2003	684	18.0	5.9
159		Regatta	30,200	181.0	25.5	1998/ 2003	684	18.0	5.9
160	Radisson Seven Seas Cruises	Seven Seas Voyager	46,000	204.2	28.8		700	20.0	7.0
161		Seven Seas Mariner	50,000	216.1	28.3		700	20.0	6.4
162		Seven Seas Navigator	33,000	170.7	24.7		490	20.0	6.4
163		Paul Gauguin	19,200	156.5	21.6		320	18.0	5.2
164		Explorer II	12,500	132.9	20.1		394	16.0	5.8
165	Silversea Cruises	Silver Cloud	16,800	156.7	21.5	1994/ 1995	296	20.5	
166		Silver Wind	16,800	156.7	21.5	1994/ 1996	296	20.5	
167		Silver Shadow	28,258	186.0	24.9	2000/ 2001	382	21.0	
168		Silver Whisper	28,258	186.0	24.9	2000/ 2002	382	21.0	
169	Fred Olsen	Black Watch	28,613	205.5	25.2	2005	807	20.0	
170		Boudicca	28,388	205.5	25.2	2006	839	20.0	
171		Black Prince	11,209	143.5	20.3	2004	412	18.5	
172		Braemar	19,089	163.8	22.5	2001	727	19.0	
173	Island Cruises	Island Escape	40,132	185.0	27.0		1,740	18.0	
174		Island Star	46,811	208.0			1,875	18.0	

175	Thomson	Thomson Spirit	34,000	214.6	27.1	1983/2002	1,254	18.0	7.5
176		Thomson Celebration	33,930	214.7	27.3		1,250	18.0	
177		The Emerald	26,000	182.6	25.6	1958	1,000	17.0	8.4
178		Thomson Destiny	37,500	214.9	28.4	1982	1,450	19.0	6.8
179	Louis cruise Lines	Calypso	11,162	135.6	19.2	1968/2000	486	16.0	6.4
180	Star Clippers	Royal Clipper	5,000	133.8	16.5	2000	227		5.5
181		Star Clipper	2,298	109.7	15.2	1992	170		5.8
182		Star Flyer	2,298	109.7	15.2	1991	170		5.8
183	Discovery World Cruises	MV Discovery	20,186	168.6	24.4		750	17.5	7.6
184	Sea Dream Yacht Club	Sea Dream I	4,260	104.9	14.3	1984/2002	110	17.0	
185		Sea Dream II	4,260	104.9	14.3	1984/2003	110	17.0	
186	easyCruise	easyCruiseOne	4,077	88.3		1990/2005	170	14.5	
187	미쯔이객선	Nippon Maru	21,903	166.6	24.0	1990	600	18.0	6.6
188		Fujimaru	23,235	167	24.0	1989	600	18.0	6.6
189	NYK Cruises	Asuka	28,856	192.8	24.7	1991	592	21.0	6.7
190	Japan Cruise Line	Orient Venus	21,906	175	24.0	1990	600	18.5	6.5
191		Pacific Venus	26,518	183.4	25.0	1998	696	20.8	6.5
192		Ishikari	14,275	192.5	27.0	1991	854	21.5	6.7

	총톤수(GT)	전장(m)	수용인원(명)
전체 평균	57,040	225	1,495
스타크루즈 그룹 평균(20)	54,028	221	1,561
로얄 캐리비안 그룹 평균(29)	88,665	276	2,366
카니발 그룹 평균(82)	69,407	247	1,725
중소크루즈 그룹 평균(55)	26,368	171	752

5만톤 이하급, 250m 이하	86	107
10만톤 이상급, 300m 이상	24	8

Cruise Tourism

부록 2

크루즈 구직정보

크루즈관광의 이해

부록2 크루즈 구직정보

〈Employment agencies〉

- Cruise Line Appointment
  142 Parkwood Road
  Bournemouth
  Dorset BH5 2BW
  UK
  Phone 01202-418787
  Fax 01202-433464
  Attn : Derek Houghton
- CTI Recruiting & Placement Agency
  SE 17th Street
  Ft. Lauderdale, FL 33316
  Phone (954) 728-9975
  Fax (954) 728-9697
  Attn : Nicky Bruce
- Cruise Crew & Crew On Call
  Cognewaugh Road
  Cos Cob, CT 06807
  Phone (203) 622-5899
- Helsa Shipping
  144 Kolokotronis Street
  185 36 Piraeus, Greece
  Fax Only 011-30-1-4536803
  Attn: Peter Bachtis

- International Shipping Partners
  4700 Biscayne Blvd.
  Miami, FL 33133
  Phone (305) 573-6355
  Fax (305) 573-5177
  Attn: Personnel
  (hire for Sea Escape & Regal Cruises, all positions)
- Oceans Away
  4747 Hollywood Blvd.
  Suite 205
  Hollywood, FL 33021
  Phone (954) 894-2213
  Fax (954) 894-2213
  Attn : Rosemary
- Sea Employment Inc.
  330 Biscayne Blvd.
  Miami, FL 33132
  Phone (305) 530-1415
- The Bren Group
  7610 E. McDonald Drive
  Suite B
  Scottsdale, AZ 85350
  Phone (602) 483-7656
  Fax (602) 483-8106
- Ships Services International
  370 W. Camino Gardens Blvd.
  Boca Raton, FL 33432
  Phone (407) 391-5500
  Attn : Gino Gambato

⟨Directory of Concessionaires⟩

Art Auctioneers

- Art Waves Auctons at Sea

  7100 W. Commercial Blvd., Suite 106

  Ft. Lauderdale, FL 33319

  Phone (305) 746-5554

  Fax (305) 746-5244

  Attn: Bill Panhoff

- Fine Art Sales

  1160 NW 163rd Drive

  Miami, FL 33169

  Phone (305) 625-9566

  Fax (305) 625-4489

  Attn : Ilan Shachar

- Park West Gallery

  29469 Northwestern

  Southfield, MI 48034

  Phone (810) 354-2343

  Fax (810) 354-0387

Casino Staff

- Atlantic Maritime Services

  990 NW 199th St.

  Miami, FL 33169

  Phone (305) 625-7113

- Casinos Austria Maritime

  4651 Sheridan Street, Suite 303

  Hollywood, FL 33021

  Phone (800) 397-4434

  (305) 377-2117

Fax (954) 964-4246

Attn : Beth Murphy

- Casino Enrertainment Ltd.

999 S. Bayshore Drive

Tower One, Suite 608

Miami, FL 33131

Phone (305) 372-2943

Attn : Personnel

- Creater Atlantic Casinos

1050 Lee Wagener Blvd.

Ft. Lauderdale, FL 33335

Phone (954) 359-0001

Fax (954) 359-2797

Attn : Karen Armstrong

- Shore Side Consultants / Tiber Entertainments Group

1007 North America Way, Suite 305

Miami, FL 33132

Phone (305) 926-5858

(305) 381-9544

Computer Consultants

- Marine Computer Enterprises

119 Walnut Drive

Tenafly, NJ 07670

Cruise Staff

- Blue Seas International Cruise Services Inc.

122 West 26th Street, Suite 1202

New York, Ny 10001

Phone (212) 255-3326

- Floating Fleet Ltd.

  P.O. Box 4216

  Portland, ME 04101

  Phone (207) 773-7457

  Fax (207) 773-3967

  Attn : Director of Personnel

- Global Ship Services

  141 NE 3rd Avenue, Suite 203

  Miami, FL 33132

  Phone (305) 374-8649

  Fax (305) 374-4342

  Attn : Lori Watson

- Seven Seas Cruise Ship Placement Service

  530 East 84th Street, Suite 5-R

  New York, NY 10028

  Phone (212) 734-7156

- Ship Services International Inc.

  370 West Camino Gardens Blvd., #301

  Boca Raton, FL 33432

  Phone (407) 391-5500

  Fax (407) 750-7959

  Attn : Gino Gambato

Doctor/Nurse/Medical Consultant

- Cruise Line Medical Consultant

  P.O. Box 853

  Aiea, HI 96701

  Attn : Dr. Wes Young

- Carnival Cruise Lines

  Sea Chest Division

3655 NW 87th Avenue
Miami, FL 33178
Attn : Dr. Hertzenhorn
Medical Crops Leader

- Clinical Consulting Services

3099 SW 8th Street
Miami, FL 33135
or
1200 South Pine Islnad Road
Suite #600
Ft. Lauderdale, FL 33324
Phone (305) 859-9718
Fax (305) 859-9718

- Ship Med Health Care

2000 S. Dixie Hwy., Suite 209
Miami, FL 33133
Phone (305) 856-1388
Attn: Connie Thomson
Regional Secretary
or Dr. Wm. Heymann
Medical Director

- Cedars Medical Center

1400 N.W. 12th Avenue
Miami, FL 33136
Phone (305) 325-5511

Deck & Engineering

- Bay Ship Management Inc.

270 Sylvan Avenue
Englewood Cliffs, NJ 07632-2513

Phone (201) 871-8900

Fax (201) 569-8596

- Crew Service Marine Personnel

104 Freret Street

Morgan City, LA 70380

Phone (504) 385-0650

Fax (504) 384-9774

- Marine & Mercantile Enterprises Inc.

6925 Biscayne Blvd.

Miami, FL 33138

Phone (305) 759-5900

- Maritime Crewing Inc.

2504 Dauphin St., Suite G

Mobile, AL 36606

Phone (334) 471-1100

Fax (334) 471-1169

- Global Ship Services

141 NE 3rd Avenue, Suite 203

Miami, FL 33132

Phone (305) 374-8469

Fax (305) 374-4342

Attn : Lori Watson

- Sawgrass Marine Crewing Inc.

3226 Talleyrand Avenue

Jacksonville, FL 32206

Phone (904) 355-8007

Attn : Personnel

- Seaboard Ship Management Inc.

Sawgrass Corporate Parkway

Davie, FL 33325

Phone (954) 846-1377

Fax (954) 846-9266

Attn : Mr. Mentzoni

Entertainment Staff

- Bramson Entertainment

  1501 Broadway, Suite 2300

  New York, NY 10036

  Phone (212) 354-9575

  Fax (212) 354-9507

  Attn : Linda

- Costa Cruise Line

  1 Bayfront aplaza

  100 South Biscayne Plaza

  Miami, FL 33131

  Phone (305) 358-7325

  Attn : Jodie Lunsford or Maggie Rossi,

  Entertainment Department

- Fiesta Fantastica

  230 SW 8th street

  Aiami, FL 33130

  Phone 44-181-643-8375

Fitness Staff

- Maritime Salon &spa

  8052 NW 14th Street

  Miami, FL 33126

  Phone (305) 592-6460

- Nouveau You

  1007 North America Way

Miami, FL 33132

Job Information Line (305) 358-8379

- Golden Door Spa At Sea

  777 Deer Spirings Road

  Escondido, CA 92033

Food & Beverage Staff

- Canberra Cruise Ship Catering Services (CSCS)

  100 South Biscayne Blvd., Suite 700

  Miami, FL 331331

  Phone (305) 277-4510

- Stevedoring Services Of America

  1525 Pier F Avenue

  Long Beach, CA 90802

  Phone (310) 519-1495

- Triton Cruise Services Inc.

  1040 Port Blvd., Suite 400

  Miami, FL 33131

  Phone (305) 374-2491

  Fax (305) 377-4512

  Attn : Personnel Manager

Gentlemen Hosts

- Lauretta Blake Agency

  4277 Lake Santa Clara Drive

  Santa Clara, CA 95054-1330

  Phone (408) 727-9665

Gift Shop Staff

- Apollo Ship Chandlers

  1775 NW 70 Avenue

Miami, FL 33126
Phone (305) 592-8790

- Bass Mohammid
  8021 NW 14th Street
  Miami, FL 33126
  Phone (305) 592-6460
- Soncoast Cruise Services
  2335 NW 107th Avenue
  Miami, FL 33172
  Phone (305) 591-1763

Hotel Department

- Apollo Ship Chandlers
  1775 NW 197th Avenue, Box 121
  Miami, FL 33126
  Phone (305) 592-8790
- The Floating Fleet Ltd.
  P.O. Box 4216
  Portland, ME 04101
  Phone (207) 772-7457

Lecturers

- Expert Lecture Service
  P.O. Box 510
  Cresskill, NJ 07626
- Expert Lecture Service
  P.O. Box 604
  Cresskill, PR 00709
- Expert Lecture Service
  P.O. Box 16098
  Cresskill, CA 94116

Musicians

- Ade Weinstein
  P.O. Box 37725
  Honolulu, HI 07626
  Phone (808) 653-4227
- Hire Notes
  2200 South Pioneer Way
  Las Vegas, NV 89117
  Phone (702) 255-2087
- Paul McEvoy
  8880 NW 20th Street
  Suite M
  Miami, FL 33172
  Phone (305) 592-2933

Photographers

- Bass Mohammid
  8021 NW 14th Street
  Miami, FL 33126
  Phone (305) 592-6460
- Cruise Ship Picture Company
  1177 South America Way, Suite 200
  Miami, FL 33132
  Phone (305) 539-1903
  Fax (305) 539-1603
  Attn : Paul Smith

Port Lecturers

- On Board Promotions Group
  777 Arther Godfrey Blvd., Suite 320

Miami Beach, FL 33441

Phone (305) 673-0400

- Panoff Publishing Inc.

  10 Fairway Drive, Duite 200

  Deerfield Beach, FL 33441

  Phone (305) 426-0046

Salon Staff

- Allders International Ltd.

  1510 17th Steet

  Ft. Lauderdale, FL 33316

  Phone (305) 763-8551

- Maritime Salon & Spa

  8052 NW 14th Street

  Miami, FL 33126

  Phone (305) 592-6460

- Steiner Group

  1602 Alton Road #521

  Miami Beach, FL 33139

  Phone (305) 539-3109

Shore Excursions Staff

- Travel & Tourist Service, Inc.

  2800 Biscayne Blyd., Ste. 530

  Miami, FL 33137

- Kloster Cruise Ltd.

  Human Resources Dept.

  95 Merrick Way

  Coral Gables, FL 33134

Water Sports Staff / Dive Instructors

- Aqua Fun Adventures Services Inc.

  5821 NE 15th Avenue

  Ft. Lauderdale, FL 33334

  phone (305) 776-1469

  Fax (305) 776-6510

  Attn : Personnel

- Dive In Program / Norwegian Cruise Line

  Shallow Water Development

  1717 N. Bayshore Dr., #1654

  Miami, FL 33132

Index

저/ 자/ 소/ 개

■ 김 천 중(金天中)

- 현재) 용인대학교 관광학과 교수
  용인대학교 관광학과 학과장
  용인대학교 국외여행인솔자연수원 연수원장
  용인대학교 관광사업 협력센터 소장
  용인대학교 크루즈 & 요트마리나연구소 소장
- 학외활동
  한국관광경영학회 부회장
  한국외식경영학회 부회장(전)
- 주요저서
  관광학(1997, 백산출판사)
  관광사업론(1998, 대왕사)
  관광정보론(1998, 대왕사)
  관광정보시스템(1998, 대왕사)
  21세기신여행업(1999, 학문사)
  크루즈사업론(1999, 학문사)
  관광상품론(2002, 학문사)
  여행업 -창업과 경영실무-(2002, 대왕사)
  현대관광상품론(2003, 백산출판사)
  최신관광정보시스템(2003, 대왕사)
  여행과 관광정보(2003, 대왕사)
  요트의 이해와 항해술(2007, 상지)

크루즈관광의 이해

2008년 3월 20일 인 쇄
2008년 3월 25일 발 행

著 者 金 天 中
發行人 (寅製) 秦 旭 相
發行處 白山出版社

서울시 성북구 정릉3동 653-40
등록 : 1974. 1. 9. 제1-72호
전화 : 914-1621, 917-6240
FAX : 912-4438
http://www.baek-san.com
edit@baek-san.com

값 22,000원
ISBN 978-89-6183-066-9